● 燃焼の種類（液体、固体）

燃焼形態		燃焼のしかた	
蒸発燃焼	液体	液面から**蒸発**した可燃性気体が、空気と混合して燃焼する。	第4類の危険物
	固体	加熱により液体となり、液面から**蒸発**した気体が燃焼する。また、**昇華性**の可燃性固体は、固体から直接気体になって燃焼する。	硫黄、固形アルコール（引火性固体）、ナフタリン
表面燃焼		固体が表面で**直接**酸素と反応して、高温を保ちながら燃焼する。	木炭、コークス、練炭
分解燃焼		固体が加熱により**分解**され、発生する可燃性気体が燃焼する。	木材、石炭、プラスチック
内部燃焼（自己燃焼）		液体または固体で、分子内に多くの**酸素**を含むものは、加熱によって**分解**し、空気がなくても燃焼する。	ニトロセルロース、セルロイド

● 各類危険物の性質

類	性質	共通する性状の概要
第1類	酸化性	● 物質自体は燃焼しない**不燃性の固体**。 ● 酸素を含有し、熱、衝撃、摩擦によって分解して酸素を発生する。 ● 酸化性を有し、他の物質を強く酸化させる（**強酸化剤**）。 ● 可燃物と混合すると、激しい燃焼を起こさせる。
第2類	可燃性	● **可燃性の固体**。 ● 酸化されやすい。 ● 比重は1より大きく、水に溶けない。 ● 火炎によって着火しやすく、または比較的低温（40℃未満）で引火しやすい。
第3類	自然発火性物質および禁水性物質	● 一般に**可燃性の液体**または**固体**。 ● 自然発火性および禁水性を有するが、多くは**両方の性質**を有する。 ● **水**と接触すると発熱し、**可燃性ガス**を発生するものがある。 ● **空気**に触れると、**自然発火**するものがある。
第4類	引火性	● **引火性の液体**で、可燃性の蒸気を発生する。 ● 蒸気が**空気**と混合すると、引火または爆発する。 ● 蒸気比重は1より**大きく**、液比重は1より**小さい**ものが多い。 ● 電気の**不導体**で、静電気を発生しやすい。
第5類	自己反応性物質	● **可燃性の液体**または**固体**。 ● 分子内に酸素を含有し、酸素の供給がなくても**内部燃焼（自己燃焼）**するものが多い。 ● 加熱、衝撃、摩擦などにより自己反応を起こして分解し、爆発的に燃焼する。 ● きわめて燃焼が速いため、消火は困難である。
第6類	酸化性	● 物質自体は燃焼しない**不燃性の液体**。 ● 加熱などにより分解して酸素を発生するものがある。 ● 強い酸化性を有し、他の物質を強く酸化させる（**強酸化剤**）。 ● 可燃物と混合すると、可燃物の燃焼を促進させる。

一発合格！

千葉大学大学院教授
赤染元浩 [監修]

乙種

第4類危険物
取扱者試験
〈ここが出る〉問題集

赤シート付き

ナツメ社

本書の特長

本書は、乙種第4類危険物取扱者試験を受験する方を対象とした問題集です。

1 いろいろな形で問題が解ける

本書は、試験に合格できることを目的に、各章を次のように構成しています。

- **練習問題**：試験科目の項目ごとの比較的やさしい問題で構成。**試験4回分以上の問題数**があります。ここで、問題のおおよその内容がわかります。
- **精選問題**：試験科目ごとに、難易度を少し上げた問題で構成。**試験2回分以上の問題数**があります。
- **徹底攻略**：試験科目ごとの、比較的出題率の高い項目の要約。試験直前に使えます。
- **模擬試験**：試験の問題数35問で構成した問題が**6回分**あります。実際の試験のつもりで、時間をはかりながら問題を解いてください。
- **用語集**：大事な用語の意味はここで確認してください。簡単なテキスト代わりになります。
- **解答用紙**：練習問題と精選問題の解答用紙は精選問題の解答&解説の後に付け、模擬試験の解答用紙はその解答&解説の後に付けました。最初にコピーをしておけば何度でも使用できます。本試験で使用する解答カードの見本は、10ページに掲載しました。
- **見返し**：試験の科目ごとに一覧で覚えておくと、問題を解く上で有効なものを掲載しています。

2 たくさん問題が解ける

本書には、全部で実際の試験35問の**12回分以上**の問題を掲載しています。つまり、**420問以上**の問題に挑戦できるわけです。

試験に合格するには、できるだけたくさんの問題を繰り返し解くことです。そうすれば、試験の傾向がしだいにわかりますし、自分の苦手な問題も見えてきます。苦手な問題が見えてきたらラッキー！と思ってください。その問題を集中して解けば、正答率が上がることになるからです。

苦手な問題の解説についてもっと知りたい、あるいはもっと勉強したいという方は、

『一発合格！ 乙種第4類危険物取扱者試験テキスト＆問題集』（ナツメ社）を参考にしてください。詳しく説明していますから、さらに理解が深まり、問題の対応範囲が広がるはずです。

3 わかりやすい解答＆解説

本書の解説では、答がすぐにわかるように、正しいもの・該当するもの・適切なものには「〇」、誤っているもの・該当しないもの・不適切なものには「✕」を付けています。答は、原則として色文字の「〇」「✕」で示しています。ただし、模擬試験では、選択肢の記述が正しく（「〇」）、そのままで特に説明が必要のないものには、解説を加えていない場合があります。

4 マークで一発合格！

本書を効果的に使っていただくために、次のような工夫を凝らしています。

出題率の高い問題には、**出る!** マークを付けました。**出る!** マークの付いている問題が毎回出題されるわけではありませんが、問題を解くときの緩急がつけられます。とはいえ、ほかの問題をおろそかにしてはいけません。なぜなら、頻度が低くても出題されないわけではありません。一通り問題を解くことが大事です。

解答＆解説には、**ヒント1** や **ポイント1** を付け、問題に素早く対応できるようにしています。

出る!	マークが付いていれば、出題率が高い問題であることを示します。特にマークが2つ付いていれば、その中でも出題率がかなり高く重要な問題であることを示します。
ヒント1	すぐに正答がわからなかったときに使えます。 類似問題があるときは、ヒントは最初に出てくる問題に付いています。
ポイント1	・覚えていれば、試験問題の正答率が高くなるもの。 ・引っかけ問題などへの注意喚起。 ・問題を解く上での対策事項。 これらをポイントとしてまとめています。いわば試験対策です。
用	解答＆解説でマークが付いていれば、用語集に解説があることを示します。

加えて、本書には赤シートが付いています。問題の解説で赤シートを使うと、「色文字＋下線」の箇所が一種の穴埋め問題に早変わりします。同じ問題の復習として活用できますから、さらに効果的に記憶学習ができます。ぜひ利用してください。

目次

本書の特長 2
乙種第 4 類危険物取扱者試験の概要 6
乙種第 4 類危険物取扱者試験の問題 8
合格必勝 6 か条 11

I 危険物に関する法令 ……………………………………………… 13

- 練習問題 1 　消防法上の危険物…… 14
- 練習問題 2 　指定数量…… 15
- 練習問題 3 　製造所等の区分、申請・届出の手続き…… 18
- 練習問題 4 　危険物取扱者、保安講習…… 22
- 練習問題 5 　危険物取扱者免状…… 23
- 練習問題 6 　危険物保安監督者等…… 24
- 練習問題 7 　予防規程、定期点検…… 28
- 練習問題 8 　保安距離、保有空地…… 32
- 練習問題 9 　製造所等の基準①（屋外タンク貯蔵所、簡易タンク貯蔵所、屋外貯蔵所）…… 33
- 練習問題10　製造所等の基準②（移動タンク貯蔵所・移送、給油取扱所）…… 36
- 練習問題11　消火設備の基準…… 40
- 練習問題12　貯蔵・取扱いの基準…… 41
- 練習問題13　運搬の基準…… 46
- 練習問題14　義務違反に対する命令…… 50

▶ 精選問題 …… 54

● 徹底攻略 ● …… 84

II 基礎的な物理学および基礎的な化学 ……………………… 85

- 練習問題 1 　燃焼の基礎理論…… 86
- 練習問題 2 　燃焼のしかた、燃焼の難易…… 87
- 練習問題 3 　危険物の性質（燃焼範囲、引火点、発火点、自然発火、粉じん爆発）…… 90
- 練習問題 4 　消火方法、消火剤…… 94
- 練習問題 5 　静電気…… 95
- 練習問題 6 　物質の状態変化、気体の性質…… 98
- 練習問題 7 　熱…… 99

練習問題 8	物理変化と化学変化、物質の種類……102
練習問題 9	化学反応式、熱化学方程式……103
練習問題10	酸と塩基、酸化と還元……106
練習問題11	金属、有機化合物……107

> 精選問題 ……110

● 徹底攻略 ●……128

III 危険物の性質ならびにその火災予防および消火の方法 ……129

練習問題 1	第1類から第6類の概要……130
練習問題 2	第4類に共通する性質……131
練習問題 3	第4類に共通する火災予防方法……136
練習問題 4	第4類に共通する消火方法……137
練習問題 5	第1石油類①(ガソリン)……140
練習問題 6	特殊引火物、アルコール類……144
練習問題 7	第1石油類②(ベンゼン、トルエン他)、第2石油類……145
練習問題 8	第3石油類、第4石油類、動植物油類……151
練習問題 9	安全対策・事故事例……153

> 精選問題 ……155

● 徹底攻略 ●……168

IV 模擬試験 ……169

模擬試験❶……170／模擬試験❷……180／模擬試験❸……191
模擬試験❹……201／模擬試験❺……211／模擬試験❻……221
模擬試験 解答&解説……231

用語集 ……265

前見返し　製造所等の義務、燃焼の種類（液体、固体）、各類危険物の性質
後見返し　第4類の主な危険物

— 5 —

乙種第4類危険物取扱者試験の概要

　危険物取扱者試験は、「一般財団法人 消防試験研究センター」が全国で実施している国家資格試験です。
　危険物取扱者の免状には甲種、乙種、丙種の3種類があり、このうち、乙種危険物取扱者の免状は、第1類、第2類、第3類、第4類、第5類、第6類と分かれています。乙種第4類危険物取扱者試験に合格すれば、たとえば、ガソリンや軽油、灯油といった、私たちになじみのある石油製品を取り扱えます。

1 受験資格・試験方法・手数料

　乙種第4類危険物取扱者試験に受験資格は必要ありません。誰でも受験することができます。試験は、マーク・カード式による筆記試験、5肢択一式で行われます。
　試験の手数料は、4,600円（非課税。2022年4月現在）です。

2 試験日程・試験会場

　具体的な試験日程は、試験会場などにより異なりますが、年に複数回実施されています。試験は、住所や勤務地にかかわらず、全国どこでも希望する地域で受験可能です。試験日程、試験会場については、消防試験研究センターのホームページ（http://www.shoubo-shiken.or.jp/）で確認できます。

3 試験科目と合格基準

　試験は次のとおり3つの科目から出題されます。それぞれの科目の詳細は、あとで説明する「乙種第4類危険物取扱者試験の問題」を参照してください。

試験科目	問題数	試験時間
危険物に関する法令	15	2時間
基礎的な物理学及び基礎的な化学	10	
危険物の性質並びにその火災予防及び消火の方法	10	

　合格するには、試験科目ごとに60%以上の正答が必要です。1科目が100%正答できても、ほかの1科目の正答率が60%未満では不合格となってしまいます。

4 受験申請方法

申請方法には、**書面申請**と**電子申請**の2種類があり、希望する方法で申請できます。同じ試験日への受験申請でも、書面申請と電子申請では受付期間が異なりますから注意してください。

● **書面申請**
　まず願書を入手する必要があります。東京にある消防試験研究センター本部や、各道府県にある支部、各消防本部などで配布しています。また、郵送で入手することも可能です。**願書は全国共通**です。

● **電子申請**
　消防試験研究センターのホームページより手順に従い申請を行います。払込方法には、ペイジー、コンビニエンスストア、クレジットカードなどがあります。

　詳しくは、消防試験研究センターのホームページや受験案内をよく読んで申請手続きを行ってください。

5 受験のための準備

申請後は、試験当日になって慌てないよう準備をします。

- 申請方法にかかわらず、入手した**受験票には**、写真（縦4.5cm×横3.5cm、6か月以内に撮影）を**貼付**します。（試験会場で写真と本人の確認照合が行われます。）
- 鉛筆や消しゴムなどの筆記用具を忘れないように準備します。
- 電卓や計算尺、携帯電話などの機器を使用することはできません。

6 受験から免状取得手続きまで

試験結果発表とその後の手続きをきちんと確認しておくことも大事です。

- 消防試験研究センターのホームページに合格者の受験番号が掲載されますし、試験結果は受験者に郵送されます。
- 試験に合格した場合、免状は申請をしなければ交付されません。必ず申請を行ってください。免状申請に必要な書類や申請方法については、消防試験研究センターのホームページで確認できます。免状は、受験地を管轄する都道府県知事から交付されます。

乙種第4類危険物取扱者試験の問題

　乙種第4類危険物取扱者試験の科目は、「危険物に関する法令」「基礎的な物理学及び基礎的な化学」「危険物の性質並びにその火災予防及び消火の方法」の3つの分野から出題されます。科目ごとの試験問題の順番は、試験によって異なります。
　それぞれの科目の問題項目と、本書の問題の掲載ページを表にして示します。

危険物に関する法令（15問）

　法令に関する問題は、全部で15問出題されます。法用語のまま出題されるところも多いですが、選択肢をしっかり読んで対応してください。この科目からは、**指定数量**や、**消火設備**、**貯蔵・取扱い**、**運搬**、**措置命令**に関する出題率がかなり高いといえます。

項　目	掲載ページ
消防法上の危険物	14、54、170、180、191、201、211、221
指定数量	15、54〜55、170、180、191、201、211、221
製造所等の区分	18、201
申請・届出の手続き	18〜19、55〜56、171、191、203、212、223
危険物取扱者	22、56、172、182、192
保安講習	22、56〜57、203、215、225
危険物取扱者免状	23、57、172、182、192〜193、213、224
危険物保安監督者	24、58〜59、172、182〜183、204、214、222
危険物施設保安員	24、192
危険物保安統括管理者	24、60
予防規程	28、60〜61、170、180、211、221
定期点検	28〜29、61、173、181、192、202、213、223
保安距離、保有空地	32、61〜62、171、181、193、202、213、222
製造所等の基準　製造所	62、212〜213
屋内貯蔵所	63
屋外タンク貯蔵所	33、203
屋内タンク貯蔵所	63
地下タンク貯蔵所	193
簡易タンク貯蔵所	33
屋外貯蔵所	33、63
移動タンク貯蔵所・移送	36〜37、64、171、204〜205、225
給油取扱所	37
セルフスタンド	64、183
販売取扱所	194
標識、掲示板	183、205

項　目	掲載ページ
消火設備の基準、警報設備の基準	40、65、173、184、194、202、212、222、224
貯蔵・取扱いの基準	41～42、66～67、174、184、193、204、214、225
運搬の基準	46～47、67、174、185、195、204、215、224
義務違反に対する命令	50～51、68、174、184、194、202、214、223
事故事例	173、195
法令の混合問題	58、59、60、64～65、181、212

2 基礎的な物理学及び基礎的な化学 (10問)

　基礎的な物理学と化学に関する問題は、全部で10問出題されます。最近の傾向では、これまで出題されたことのないような新問題や難問が1問以上出題されます。とはいえ、**燃焼、消火、静電気**は必ずといっていいほど出題されますから、難しい問題に振り回されないよう基本はしっかりおさえておきましょう。

項　目	掲載ページ
燃焼の基礎理論	86、110、185、196、226
燃焼のしかた	87、110～111、175、205、215、226
燃焼の難易	87、111、176、196、216
危険物の性質　燃焼範囲、引火点、発火点、燃焼点	90～91、111、176、187、197、216
危険物の性質　自然発火、粉じん爆発	91、112、175、217、227
消火方法、消火剤	94、112～113、176、187、198、208、217、226
静電気	95、113、177、186、197、207、217、227
物質の状態変化　物質の三態	98、218
物質の状態変化　沸騰と沸点、密度と比重、水	98、113、187、196
気体の性質	98、114、188、226
熱　熱量、熱容量、比熱	99、114、218
熱　熱の移動	99、114、185、216
熱　熱膨張	99、228
物理変化と化学変化	102、115、175、227
物質の種類	102、115、176、186、206～207
化学反応式、熱化学方程式	103、115～116、177、186、206
酸と塩基	106、116、207、228
酸化と還元	106、116～117、196、228
金属	107、117、198、207、217
有機化合物	107、117、197
物理学・化学の混合問題	112、115、175、185、195、206、207

3 危険物の性質並びに その火災予防及び消火の方法 (10問)

　危険物の性質や火災予防方法、消火方法に関する問題は、全部で10問出題されます。

この科目からは、**危険物の類ごとの性状**や、**第4類に共通する性質**、**火災予防方法**、**消火方法**が必ずといっていいほど出題されます。そのほか、**ガソリン**は高確率で出題されます。

項目	掲載ページ
第1類から第6類の概要	130、155、177、188、198、208、218、228
第4類に共通する性質	131～132、155～156、178、188、198、208、219、229
第4類に共通する火災予防方法	136、156、178、199、209、218～219、229
第4類に共通する消火方法	137、156～157、178～179、189、199、208、229
第1石油類①：ガソリン	140～141、157～158、179、189、200、209、220、230
特殊引火物：ジエチルエーテル、二硫化炭素、アセトアルデヒド、酸化プロピレン	144、158、178、189、220
アルコール類：メタノール、エタノール	144、158、200、210、219、229
第1石油類②：ベンゼン、トルエン、メチルエチルケトン、アセトン	145、158～159、179、190、220、230
第2石油類：灯油、軽油、キシレン、n-ブチルアルコール、酢酸、アクリル酸	145～146、159、189、190、200、210、220、230
第3石油類：重油、ニトロベンゼン、グリセリン	151、179、190、200、210、229
第4石油類	151、159
動植物油類	151、160、179、230
安全対策・事故事例	153、160、190、199、209、219
第4類の混合問題	159、210

解答カード（見本）

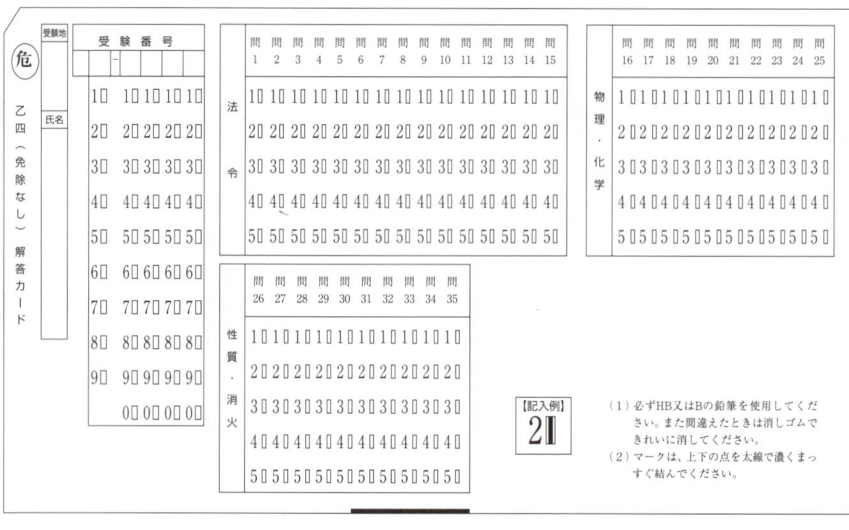

合格必勝6か条

どんな資格試験にもいえることですが、正答を出して合格に近づくには、効率よく問題を解く方法があります。

1 全部で14問まで間違えてもOK

危険物取扱者試験は、全部で35問出題され、合格するには「**科目ごとに60％以上の正答**」が必要です。ということは、「21問以上も正解しなければならないのか」と思いますよね。しかし、逆に考えてみてください。14問も間違えても合格するのです。法令の問題なら15問中6問、物理学・化学の問題なら4問、危険物の性質の問題なら4問が、正答でなくてもいいのです。なんとなく気持ちが軽くなりませんか？

ただし、科目ごとに確実に何問答えられたかは、確認しながら進めてください。

2 わかる問題から解く

出題順に問題を解く必要はありません。自信のない問題や時間のかかる計算問題は後回しにして、確実にわかる問題から片づけるようにしましょう。

科目の説明のところでいいましたが、物理学・化学では新問題や難問が出題される傾向が顕著です。見慣れない問題は、積極的に後回しにすることをおすすめします。

また、誤りを1つ選ぶ問題は、答えやすく正答率も高いものです。一方、5つの選択肢の中から、正しいものや該当するものを複数選ぶ問題は、選択肢すべてを正しく判断できなければならない難しい問題といえます。確実に点をかせげる誤りを1つ選ぶ問題を落とさないようにしましょう。

この場合も、科目ごとに何問答えられたか、科目ごとの合格基準の正答数は大丈夫かを確認しながら進めてください。

3 1問を3分以内で解く

試験の時間は2時間です。35問を2時間で解くわけですから、1問に3分程度の時間をかけることができます。確実にわかる問題は、ゆっくり問題文を読んでも1〜2分で終わり、3分もかからないはずです。あまった時間をちょっと自信のない問題や計算問題に回せます。あせってミスをしないようにしてください。

4 問題文をよく読む

問題文をさっと読み、すぐ選択肢にかかりたくなるのは、誰にでもよくあることです。たとえば、次の２つの問題文を読んでください。

問　…危険物保安監督者を**定めなければならない**製造所等は、次のうちどれか。
問　…危険物保安監督者を**選任しなくてもよい**製造所等は、次のうちどれか。

上の問と下の問では、正答の製造所等がまったく逆になります。下の問をよく読まずに、上の問と同じ答を探していては、正答には近づけず混乱してしまいます。

同じように、誤りを選ぶ問題と正しいものを選ぶ問題では、答がまったく逆になります。ひっかかりやすいのは、正しいものを選ぶ問題です。見慣れた誤りの選択肢があると、思わずマークしてしまいがちです。問題文は最後まできちんと読みましょう。

物理学・化学の問題では、問題文の中に条件があったりしますから、これも要注意です。**問題をよく読み**何を答えればよいかがわかれば、解答がしやすくなります。

5 選択肢をよく読む

選択肢をよく読むことは、最も大事です。いいかげんに選択肢を読んでいると、ちょっとした引っかけ問題にみごとにはまります。それこそ出題者の思うツボです。

たとえば、次の選択肢を読んでください。

　3　第2類の危険物は、可燃性の液体である。

思わず「〇」をしていませんか。選択肢をよく読んでいないと、最後の「液体」を見落としがちです。この選択肢は誤り（✕）で、正しくは「固体」です。

加えて、後回しにしていた難しい問題でも、選択肢をよく読むと答は意外と簡単だったということもあります。

選択肢をきちんと読み、覚えたことを的確にあてはめることが、正答への近道です。

6 数字ものや関係式は丸ごと暗記

法令で出題される、第4類の危険物の**指定数量**や製造等の基準にある数値は、丸ごと暗記してしまいましょう。物理学・化学では、**比熱と熱量の関係式**や**体膨張の関係式**はしっかり覚えておいてください。

危険物の性質では、後見返し「**第4類の主な危険物**」の引火点などは最重要です。大事な数値は太文字で示しています。**比重の数値を覚えきれないときは、1より大きいか小さいかはしっかり把握しておいてください。**

I 危険物に関する法令

よく出る問題

- ●消防法上の危険物………危険物の性状、品名
- ●指定数量………………指定数量の倍数の合計
- ●危険物取扱者免状………書換え・再交付の手続き
- ●定期点検………………対象施設、実施者、実施時期
- ●消火設備………………消火設備の区分
- ●貯蔵・取扱いの基準……すべての製造所等に共通する基準
- ●運搬の基準……………基準の適用範囲、積載方法
- ●義務違反に対する命令…許可の取消し、使用停止命令

解答用紙は p.83 にあります。

危険物の性状、危険物の品名の定義

消防法上の危険物

解答&解説：p. 16

[消防法上の危険物]

問1　法令上、危険物に関する記述について、次のうち誤っているものはどれか。

1 法別表第一の品名欄に掲げる物品で、同表に定める区分に応じ同表の性質欄に掲げる性状を有するものをいう。
2 危険物の性質により、第1類から第6類に区分されている。
3 酸化性固体、可燃性固体、自然発火性物質及び禁水性物質、引火性液体、自己反応性物質、酸化性液体に区分されている。
4 危険物とは、1気圧、0℃において固体又は液体の状態にあるものをいう。
5 法別表第一の品名欄に掲げられているもののほかに政令で定められているものもある。

[危険物の性状]

問2　法別表第一の性質欄に掲げる危険物の性状として、次のうち該当しないものはどれか。

1 可燃性気体
2 自然発火性物質及び禁水性物質
3 酸化性固体
4 自己反応性物質
5 酸化性液体

[特殊引火物の定義]

問3　法令上、次の文の（　）内に当てはまるものはどれか。

「特殊引火物とは、ジエチルエーテル、二硫化炭素その他1気圧において、発火点が100℃以下のもの又は（　）のものをいう。」

1 引火点が -40℃以下
2 引火点が -40℃以下で沸点が 40℃以下
3 引火点が -20℃以下
4 引火点が -20℃以下で沸点が 40℃以下
5 沸点が 40℃以下

練習問題2 指定数量

解答&解説：p.17

[指定数量の倍数]

問4 法令上、指定数量について、次の文の（　）のA～Cに入る語句の組合せとして正しいものはどれか。

「2以上の危険物を同一の場所で貯蔵し、又は取り扱う場合において、それぞれの危険物の（A）を当該危険物の（B）で除し、（C）となるときは、（B）以上の危険物を貯蔵し、又は取り扱っているものとみなす。」

	A	B	C
1	数量	指定数量	その商の和が1以上
2	指定数量	数量	その商の差が1以上
3	数量	指定数量	その商の和が1以下
4	数量	指定数量	その商の和が2以上
5	指定数量	数量	その商の差が2以下

[第4類の危険物の指定数量]

問5 法令で定める第4類の危険物の指定数量について、次のうち誤っているものはどれか。

1　特殊引火物の指定数量は、第4類の中で最も少ない。
2　第1石油類の水溶性液体とアルコール類の指定数量は同じである。
3　第2石油類の水溶性液体と第3石油類の非水溶性液体の指定数量は同じである。
4　第1石油類、第2石油類及び第3石油類は、各類の水溶性液体の指定数量は、それぞれの非水溶性液体の2倍である。
5　第3石油類の水溶性液体と第4石油類の指定数量は同じである。

[指定数量の倍数の合計]

問6 法令上、屋内貯蔵所に次の危険物を貯蔵する場合、貯蔵量の指定数量の倍数の合計は何倍になるか。

ジエチルエーテル……200L　　ガソリン……300L
軽油………………1,000L　　灯油………500L

1　6.0倍　　2　6.5倍　　3　7.0倍　　4　7.5倍　　5　8.0倍

練習問題1 消防法上の危険物

解答＆解説

解答	問1	問2	問3
	4	1	4

問1　答：4　　　　　　　　　　　　　　　　　　　消防法上の危険物

1：○　「法別表第一の品名欄に掲げる物品で、同表に定める区分に応じ同表の性質欄に掲げる性状を有するものをいう」とは、消防法で定める**危険物の定義**。

2：○　消防法別表第一で、危険物の性質により、**第1類**から**第6類**に区分されている。

3：○　危険物は、**酸化性固体**（第1類）、**可燃性固体**（第2類）、**自然発火性物質**および**禁水性物質**（第3類）、**引火性液体**（第4類）、**自己反応性物質**（第5類）、**酸化性液体**（第6類）に区分されている。

4：×　「0℃」が誤り。危険物とは、1気圧、**20℃**において固体または液体の状態にあるものをいう。

5：○　危険物には、法別表第一の品名欄に掲げられているもののほかに、政令で定められているものもある。たとえば、第5類の金属のアジ化物や、第6類のハロゲン間化合物は政令で定める品名。

問2　答：1　　　　　　　　　　　　　　　　　　　危険物の性状

1：×　第1類から第6類の危険物に**気体**のものはない。

2：○　自然発火性物質および禁水性物質は、**第3類**の危険物に該当する性状。

3：○　酸化性固体は、**第1類**の危険物に該当する性状。

4：○　自己反応性物質は、**第5類**の危険物に該当する性状。

5：○　酸化性液体は、**第6類**の危険物に該当する性状。

ポイント1 消防法で定める危険物に気体のものはない。

問3　答：4　　　　　　　　　　　　　　　　　　　特殊引火物の定義

4：○　「特殊引火物とは、ジエチルエーテル、二硫化炭素その他1気圧において、発火点が100℃以下のもの又は**引火点が-20℃以下で沸点が40℃以下**のものをいう。」

練習問題2 指定数量 解答&解説

解答	問4	問5	問6
	1	5	3

問4 答：1 　　　　　　　　　　　　　　　　指定数量の倍数

1：○　「2以上の危険物を同一の場所で貯蔵し、又は取り扱う場合において、それぞれの危険物の**(A)数量**を当該危険物の**(B)指定数量**で除し、**(C)その商の和が1以上**となるときは、**(B)指定数量**以上の危険物を貯蔵し、又は取り扱っているものとみなす。」

問5 答：5 　　　　　　　　　　　　　　　第4類の危険物の指定数量

1：○　特殊引火物の指定数量は、第4類の中で最も少なく **50L** である。
2：○　第1石油類の水溶性液体とアルコール類の指定数量は同じ **400L** である。
3：○　第2石油類の水溶性液体と第3石油類の非水溶性液体の指定数量は同じ **2,000L** である。
4：○　第1石油類の非水溶性液体の指定数量は **200L**、水溶性液体の指定数量は **400L**。第2石油類の非水溶性液体の指定数量は **1,000L**、水溶性液体の指定数量は **2,000L**。第3石油類の非水溶性液体の指定数量は **2,000L**、水溶性液体の指定数量は **4,000L**。それぞれ、水溶性液体の指定数量は非水溶性液体の **2倍** である。
5：×　「同じである」が誤り。第3石油類の水溶性液体の指定数量は **4,000L**、第4石油類の指定数量は **6,000L** で、同じではない。

ポイント2　第1石油類、第2石油類、第3石油類の指定数量：水溶性＝非水溶性の2倍。また、指定数量は、第1石油類の水溶性＝アルコール類、第2石油類の水溶性＝第3石油類の非水溶性。

問6 答：3（7.0倍） 　　　　　　　　　　指定数量の倍数の合計

ヒント1　貯蔵量の指定数量の倍数は、それぞれの危険物の指定数量の倍数の和。

ジエチルエーテルの指定数量の倍数：200L／**50L** ＝ 4.0倍
軽油の指定数量の倍数：1,000L／**1,000L** ＝ 1.0倍
ガソリンの指定数量の倍数：300L／**200L** ＝ 1.5倍
灯油の指定数量の倍数：500L／**1,000L** ＝ 0.5倍
貯蔵量の指定数量の倍数：4.0倍＋1.0倍＋1.5倍＋0.5倍＝ **7.0倍**

製造所等の区分、申請・届出の手続き

製造所等の区分、許可申請、仮貯蔵・仮取扱い、仮使用、届出

解答&解説：p.20〜21

[製造所等の区分]

問7 法令上、製造所等の区分に関する説明として、次のうち正しいものはどれか。

1 屋外貯蔵所…………屋外の場所において、第4類の危険物のみを貯蔵し、又は取り扱う貯蔵所。
2 移動タンク貯蔵所……車両、鉄道の貨車又は船舶に固定されたタンクにおいて、危険物を貯蔵し、又は取り扱う貯蔵所。
3 一般取扱所…………一般の店舗において容器入りのままで危険物を販売するために危険物を貯蔵し、又は取り扱う取扱所。
4 屋内貯蔵所…………屋内の場所において危険物を貯蔵し、又は取り扱う貯蔵所。
5 地下タンク貯蔵所……屋内にあるタンクにおいて危険物を貯蔵し、又は取り扱う貯蔵所。

[設置の手続き]

問8 法令上、製造所等を設置する場合の手続きとして、次のうち正しいものはどれか。

1 市町村長等に届け出る。
2 市町村長等の許可を受ける。
3 所轄消防長又は消防署長の許可を受ける。
4 所轄消防長又は消防署長に届け出る。
5 都道府県知事に届け出る。

[変更工事の手続き]

問9 法令上、製造所等の変更工事を行う場合の手続きについて、次のうち正しいものはどれか。

1 変更工事を開始しようとする日の10日前までに、市町村長等に届け出る。
2 変更工事終了後、10日以内に市町村長等の承認を受ける。
3 変更工事終了後、速やかに市町村長等の許可を受ける。
4 市町村長等から変更許可を受けてから、変更工事を開始する。
5 市町村長等に届け出てから、変更工事を開始する。

練習問題3 製造所等の区分、申請・届出の手続き

[仮貯蔵・仮取扱い]

問10 法令上、製造所等以外の場所において、指定数量以上の危険物を仮に貯蔵する場合の基準として、次のうち正しいものはどれか。
1 貯蔵期間は20日以内と定められている。
2 貯蔵を開始する日の10日前までに市町村長等に届け出る。
3 貯蔵できる危険物の量は、指定数量の倍数が2以下である。
4 市町村条例で定める基準に従って貯蔵する。
5 貯蔵する場合、所轄消防長又は消防署長の承認を受ける。

[仮使用]

問11 法令上、製造所等の変更許可を受けた場合の仮使用について、次のうち正しいものはどれか。
1 完成検査前に市町村長等の承認を受けて、製造所等の全部を使用した。
2 市町村長等の承認を受けて、完成した部分から使用した。
3 完成検査を受け、一部が不合格となったので、検査に合格した部分のみを市町村長等の承認を受けて使用した。
4 完成検査前に市町村長等に届け出て、完成した部分から使用した。
5 完成検査前に、変更の工事に係る部分以外の部分の全部を市町村長等の承認を受けて使用した。

[届出]

問12 法令上、製造所等の所有者等が市町村長等に届け出なければならない場合として、次のうち誤っているものはどれか。
1 製造所等の譲渡又は引渡があったとき。
2 製造所等の位置、構造又は設備を変更しないで、貯蔵し、又は取り扱う危険物の品名、数量又は指定数量の倍数を変更するとき。
3 危険物保安監督者を解任したとき。
4 危険物施設保安員を定めたとき。
5 製造所等の用途を廃止したとき。

練習問題3 製造所等の区分、申請・届出の手続き

解答&解説

解答	問7	問8	問9	問10	問11	問12
	4	2	4	5	5	4

問7　答：4　　　　　　　　　　　　　　　　　　　　　製造所等の区分

1：✗　「第4類の危険物のみ」が誤り。屋外貯蔵所が屋外の場所において貯蔵し、または取り扱うことのできる危険物は、第2類の危険物のうち**硫黄**、硫黄のみを含有するものもしくは引火点が0℃以上の**引火性固体**、または、第4類の危険物のうち引火点が**0℃以上**の第1石油類、**アルコール類**、第2石油類、第3石油類、第4石油類、**動植物油類**である。

2：✗　「鉄道の貨車又は船舶」が誤り。移動タンク貯蔵所は、**車両**に固定されたタンクにおいて、危険物を貯蔵し、または取り扱う貯蔵所。

3：✗　「一般取扱所」が誤り。店舗において容器入りのままで危険物を販売するために危険物を貯蔵し、または取り扱う取扱所は、一般取扱所ではなく**販売取扱所**。

4：◯　屋内貯蔵所は、**屋内の場所**において危険物を貯蔵し、または取り扱う貯蔵所。

5：✗　「屋内にある」が誤り。地下タンク貯蔵所は、**地盤面下に埋没された**タンクにおいて危険物を貯蔵し、または取り扱う貯蔵所。

問8　答：2　　　　　　　　　　　　　　　　　　　　　設置の手続き

2：◯　製造所等を設置する場合、手続き先は**市町村長等**で、手続きは**許可**申請である。

ポイント3　製造所等の手続きは、手続き先と手続きとに分けて覚える。

問9　答：4　　　　　　　　　　　　　　　　　　　　　変更工事の手続き

　変更工事の手続きは、設置の手続きと同じ。

4：◯　製造所等の変更工事を行う場合は、変更工事をする前に**市町村長等**に変更**許可**の申請を行い、許可を受けた**後に**工事を開始する。許可申請までの期限は定められていない。また、手続きは、承認申請でも届出でもない。

ポイント4　変更工事の許可を受けた後でなければ工事を開始できない。

練習問題3 製造所等の区分、申請・届出の手続き　解答＆解説

問10　答：5
仮貯蔵・仮取扱い

1：✕　「20日」が誤り。指定数量以上の危険物を製造所等以外の場所で仮貯蔵できる期間は、**10日**以内と定められている。

2：✕　仮貯蔵する場合、申請までの**期間**は定められていない。また、手続きは、届出ではなく**承認**申請で、申請先は市町村長等ではなく**所轄消防長**または**消防署長**である。

3：✕　仮貯蔵の場合、**貯蔵量**に規定はない。

4：✕　指定数量以上の危険物は、**消防法**に定める基準に従って貯蔵しなければならない。

5：◯　貯蔵する場合、**所轄消防長**または**消防署長**の**承認**を受けなければならない。

ポイント5　仮貯蔵・仮取扱いの手続き先は所轄消防長または消防署長で、手続きは承認申請。

問11　答：5
仮使用

5：◯　仮使用とは、変更工事の対象部分**以外**の全部または一部について、**市町村長等**の**承認**を受け、変更工事部分の完成検査前に**仮に使用**すること。

ポイント6　仮使用の対象は変更工事以外の部分、手続きは承認申請。

問12　答：4
届出

1：◯　製造所等の譲渡または引渡があったときは、譲渡または引渡を受けた者は、**遅滞なく市町村長等**に**届け出**なければならない。

2：◯　製造所等の位置、構造または設備を変更しないで、貯蔵し、または取り扱う危険物の品名、数量または指定数量の倍数を変更するときは、変更しようとする日の**10日前**までに、市町村長等に**届け出**なければならない。

3：◯　危険物保安監督者を解任したときは、**遅滞なく市町村長等**に**届け出**なければならない。

4：✕　**危険物施設保安員**の選任に関しては、**届出**をする必要はない。

5：◯　製造所等の用途を廃止したときは、**遅滞なく**市町村長等に**届け出**なければならない。

ポイント7　危険物施設保安員の選任・解任に届出の必要はない。

甲種危険物取扱者、乙種危険物取扱者、丙種危険物取扱者、保安講習

# 危険物取扱者、保安講習

解答&解説：p.25〜26

[危険物取扱者・危険物の取扱い]

問13 法令上、危険物取扱者及び危険物の取扱いについての記述として、次のうち誤っているものはどれか。

1 危険物取扱者とは、危険物取扱者試験に合格した者をいう。
2 乙種危険物取扱者が、危険物取扱者以外の者の危険物取扱作業に立会う場合には、免状に記載された類のものに限られる。
3 甲種危険物取扱者は、すべての危険物を取り扱うことができる。
4 丙種危険物取扱者は、危険物取扱者以外の者の危険物取扱作業に際し、立会うことはできない。
5 製造所等において、危険物取扱者以外の者が危険物を取り扱う場合には、指定数量未満であっても、甲種危険物取扱者又は当該危険物を取り扱うことができる乙種危険物取扱者の立会いが必要である。

[立会い]

問14 法令上、製造所等において、危険物取扱者以外の者が危険物を取り扱う場合について、次のうち正しいものはどれか。

1 危険物保安監督者を置く製造所では、危険物取扱者の立会いがなくても取り扱うことができる。
2 甲種危険物取扱者の立会いがあれば取り扱うことができる。
3 製造所等の所有者等の立会いがあれば取り扱うことができる。
4 危険物保安監督者を置く製造所では、丙種危険物取扱者の立会いがあれば取り扱うことができる。
5 危険物施設保安員の立会いがあれば取り扱うことができる。

[保安講習]

問15 法令上、危険物の取扱作業の保安に関する講習（以下「講習」という。）について、次のうち正しいものはどれか。

1 危険物取扱者は、すべて3年に1回この講習を受けなければならない。
2 現に危険物の取扱作業に従事していない危険物取扱者には、受講義務はない。
3 危険物取扱者が法令に違反した場合のみ、この講習を受けなければならない。
4 危険物施設保安員は、この講習を受けなければならない。
5 危険物保安監督者に選任された者のみが、この講習を受けなければならない。

危険物取扱者免状、書換え、再交付

危険物取扱者免状

解答&解説：p.26〜27

[危険物取扱者免状]

問16 法令上、免状について、次のうち誤っているものはどれか。
1 乙種免状の交付を受けている者が取り扱うことのできる危険物の種類は、免状に記載されている。
2 免状は、危険物取扱者試験に合格し、申請を行った者に対し、都道府県知事が交付する。
3 免状の種類には、甲種、乙種及び丙種がある。
4 免状の交付を受けている者は、3年ごとに免状の更新を行わなければならない。
5 免状は、交付された都道府県だけでなく、全国で有効である。

[危険物取扱者免状の再交付]

問17 法令上、危険物取扱者免状を汚損・破損又は亡失・滅失した場合の再交付の申請について、次のうち誤っているものはどれか。
1 当該免状を交付した都道府県知事に申請する。
2 当該免状の書換えをした都道府県知事に申請する。
3 勤務地を管轄する都道府県知事に申請する。
4 免状を破損して再交付申請を行う場合は、当該免状を添えて申請する。
5 免状を亡失して再交付を受けた者が、亡失した免状を発見した場合は、その免状を10日以内に再交付した都道府県知事に提出する。

[危険物取扱者免状の書換え・再交付]

問18 法令上、危険物取扱者免状の書換え及び再交付について、次のうち誤っているものはどれか。
1 免状を汚損又は破損、亡失又は滅失したときは、免状を交付した都道府県知事、又は書換えをした都道府県知事に再交付の申請を行う。
2 免状を亡失してその再交付を受けた者は、亡失した免状を発見した場合は、これを10日以内に免状の再交付を受けた都道府県知事に提出する。
3 免状を書換えするときは、免状を交付した都道府県知事又は居住地若しくは勤務地を管轄する都道府県知事に書換えの申請を行う。
4 免状を汚損又は破損し再交付の申請を行うときは、当該免状を添えて申請を行う。
5 氏名又は居住地に変更が生じたときは、免状を交付した都道府県知事、又は居住地若しくは勤務地を管轄する都道府県知事に書換えの申請を行う。

危険物保安監督者、危険物保安統括管理者、危険物施設保安員

 危険物保安監督者等

解答&解説：p.27

[危険物保安監督者]

問19 危険物保安監督者の選任等に関する次の文の下線部分 A〜D について、次のうち誤っているものの組合せはどれか。

「政令で定める製造所等の所有者等は、甲種危険物取扱者、乙種危険物取扱者又は**A丙種危険物取扱者**で、製造所等において**B 3 か月以上**危険物取扱作業の実務経験を有する者の中から危険物保安監督者を選任し、その者が取り扱うことのできる危険物の取扱作業について保安の監督をさせなければならない。製造所等の所有者等は、危険物保安監督者を選任したときは、遅滞なくその旨を**C市町村長等**に**D届け出**なければならない。」

1　A B　　　4　C D
2　A C　　　5　A D
3　B C

[危険物保安監督者の対象施設]

問20 法令上、貯蔵し、又は取り扱う危険物の品名、指定数量の倍数等にかかわらず、危険物保安監督者を定めなければならない製造所等は、次のうちどれか。

1　屋内貯蔵所　　4　地下タンク貯蔵所
2　屋外貯蔵所　　5　屋内タンク貯蔵所
3　給油取扱所

[危険物保安監督者等]

問21 法令上、危険物保安監督者等について、次のうち誤っているものはどれか。

1　危険物施設保安員は、危険物取扱者でなくてもよい。
2　危険物保安監督者は、甲種危険物取扱者又は乙種危険物取扱者でなければならない。
3　危険物保安統括管理者は、危険物取扱者でなくてもよい。
4　危険物保安監督者は、製造所等において 6 か月以上の危険物取扱いの実務経験を有する者でなければならない。
5　危険物施設保安員は、製造所等において 6 か月以上の危険物取扱いの実務経験を有する者でなければならない。

練習問題 4〜6 危険物取扱者、保安講習、危険物取扱者免状、危険物保安監督者等

解答＆解説

解答	問13	問14	問15	問16	問17	問18	問19	問20	問21
	1	2	2	4	3	5	1	3	5

問13　答：1　　　　　　　　　　　　　　　　　　　危険物取扱者・危険物の取扱い

1：✗　**危険物取扱者**とは、危険物取扱者試験に合格し、**危険物取扱者免状**の**交付**を受けた者をいう。危険物取扱者試験に合格しただけでは、危険物取扱者とはいわない。
2：○　乙種危険物取扱者が、危険物取扱者以外の者の危険物取扱作業に立ち会う場合には、**免状に記載された類**のものに限られる。
3：○　甲種危険物取扱者は、**すべての**危険物を取り扱うことができる。
4：○　丙種危険物取扱者は、危険物取扱者以外の者の危険物取扱作業に**立ち会う**ことはできない。
5：○　**製造所等**において、危険物取扱者以外の者が危険物を取り扱う場合には、**指定数量未満**であっても、甲種危険物取扱者または当該危険物を取り扱うことができる乙種危険物取扱者の**立会い**が必要である。

問14　答：2　　　　　　　　　　　　　　　　　　　　　　　　　　　　立会い

1：✗　危険物取扱者以外の者は、**危険物取扱者**の**立会い**がなければ危険物を取り扱うことができない。危険物保安監督者を置く製造所であるか否かには関係がない。
2：○　危険物取扱者以外の者は、**甲種危険物取扱者**の立会いがあれば危険物を取り扱うことができる。
3：✗　選択肢1と同様に、**危険物取扱者**の**立会い**がなければ危険物を取り扱うことができない。所有者等が危険物取扱者かどうかはわからないので、説明としては誤り。
4：✗　**丙種危険物取扱者**は、危険物取扱者以外の者が危険物を取り扱うときの**立会い**はできない。危険物保安監督者を置く製造所であるか否かには関係がない。
5：✗　選択肢1と同様に、**危険物取扱者**の**立会い**がなければ危険物を取り扱うことができない。危険物施設保安員には立会いはできない。

ポイント8　丙種危険物取扱者は、危険物取扱者以外の者の危険物取扱作業に立ち会うことはできない。

問15　答：2　　　　　　　　　　　　　　　　　　　　　　　　　　　　保安講習

1：✗　「すべて」「3年に1回」が誤り。危険物取扱作業に**従事**していない危険物取扱者には、**保安講習**を受講する義務はない。また、**新たに**危険物取扱作業に従事した危険物取扱者の場合は、原則として<u>1年</u>以内に受講しなければならない。継続して危険

物取扱作業に従事している危険物取扱者の場合は、前回の講習を受講した日以後の最初の**4月1日**から**3年**以内に受講しなければならない。
2：◯　現に危険物の取扱作業に**従事していない**危険物取扱者には、受講義務はない。
3：✕　保安講習は、危険物取扱者が法令に**違反した**場合に受講するものではない。
4：✕　**危険物施設保安員**は、保安講習の受講義務の対象ではない。
5：✕　**危険物保安監督者**に選任された者のみに、受講義務があるわけではない。受講義務があるのは、製造所等において、危険物の取扱作業に従事する**危険物取扱者**。

ポイント9　保安講習を受講する義務があるのは、製造所等において、危険物の取扱作業に従事する危険物取扱者。

問16　答：4　　　　　　　　　　　　　　　　　　　　　　　　　危険物取扱者免状

1～3：◯　乙種危険物取扱者の免状の交付を受けている者が取り扱える危険物の種類は、**免状に記載**されている。免状は、危険物取扱者試験に合格し、**申請を行った者**に対し、都道府県知事が交付する。免状の種類には、**甲種**、**乙種**および**丙種**がある。
4：✕　「3年」が誤り。免状に貼付してある写真の有効期間は**10**年なので、**10**年ごとに更新手続き、つまり、書換えの申請をしなければならない。
5：◯　免状は、交付された都道府県だけでなく、**全国**で有効である。

ポイント10　免状の更新手続きは、写真の有効期限と同じく10年ごとに行う。

問17　答：3　　　　　　　　　　　　　　　　　　　　　　　　危険物取扱者免状の再交付

1、2：◯　免状の再交付は、当該免状を**交付した**都道府県知事、または当該免状の**書換えをした**都道府県知事に申請することができる。
3：✕　免状の再交付は、免状を**交付**または**書換え**をした都道府県知事に申請できる。免状の**書換え**を行ったのが勤務地を管轄する都道府県知事であれば、再交付申請は勤務地を管轄する都道府県知事に行うことができる。しかし、選択肢3からは、当該免状の書換えを行った都道府県知事が特定できないので、正しいとはいえない。
4：◯　免状を破損して再交付申請を行う場合は、当該**免状を添えて**申請する。
5：◯　免状を亡失して再交付を受けた者が、亡失した免状を発見した場合は、その免状を**10日以内**に再交付した都道府県知事に提出する。

問18　答：5　　　　　　　　　　　　　　　　　　　　　　危険物取扱者免状の書換え・再交付

1：◯　免状を汚損または破損、亡失または滅失したときは、免状を**交付した**都道府県知事、または**書換え**をした都道府県知事に再交付の申請を行う。
2：◯　免状を亡失してその再交付を受けた者は、亡失した免状を発見した場合は、これを**10日以内**に免状の再交付を受けた都道府県知事に提出する。

練習問題 4〜6 危険物取扱者、保安講習、危険物取扱者免状、危険物保安監督者等　解答&解説

3：○　免状を書換えするときは、免状を**交付した**都道府県知事または**居住地**もしくは**勤務地**を管轄する都道府県知事に書換えの申請を行う。

4：○　免状を汚損または破損し再交付の申請を行うときは、当該**免状を添えて**申請を行う。

5：✕　「居住地」が誤り。免状の記載事項に**居住地**はない。よって、居住地が変わっても書換えの申請をする必要はない。書換えの申請は、**氏名**や**本籍地**など免状の記載事項に変更が生じたときは行わなければならない。

ポイント11 居住地を変更しても免状の書換え申請をする必要はない。

問19　答：1（AとB）　危険物保安監督者

A：✕　**丙種危険物取扱者**は、危険物保安監督者にはなれない。

B：✕　危険物保安監督者は、甲種危険物取扱者または乙種危険物取扱者で、製造所等において**6か月**以上の危険物取扱作業の実務経験を有する者の中から選任する。

C、D：○　製造所等の所有者等は、危険物保安監督者を選任したときは、遅滞なくその旨を**市町村長等**に届け出なければならない。

ポイント12 丙種危険物取扱者は、危険物保安監督者にはなれない。

問20　答：3　危険物保安監督者の対象施設

3：○　**給油取扱所**には、危険物の品名や指定数量の倍数等にかかわらず、危険物保安監督者を定めなければならない。

1、2、4、5：✕　**屋内貯蔵所**、屋外貯蔵所、**地下タンク貯蔵所、屋内タンク貯蔵所**は、危険物の品名や指定数量の倍数等の**条件によって**危険物保安監督者を定めなければならない製造所等である。

ポイント13 条件にかかわらず危険物保安監督者を定めなければならない製造所等は、製造所、屋外タンク貯蔵所、給油取扱所、移送取扱所、一部の一般取扱所の5つ。前見返しの「製造所等の義務」を参照。

問21　答：5　危険物保安監督者等

1：○　**危険物施設保安員**は、製造所等の構造や設備に詳しい者であれば、**危険物取扱者**でなくてもよい。

2、4：○　危険物保安監督者は、**甲種危険物取扱者**または**乙種危険物取扱者**で、**製造所等**において6か月以上の危険物取扱いの実務経験を有する者でなければならない。

3：○　**危険物保安統括管理者**は、事業の実施に関して統括管理できる者であれば、**危険物取扱者**でなくてもよい。

5：✕　危険物施設保安員は、製造所等の構造や設備に詳しい者であれば、製造所等において**6か月**以上の危険物取扱いの**実務経験**を有する者でなくてもよい。

予防規程の作成・対象施設、定期点検の実施者・対象施設

予防規程、定期点検

解答&解説：p.30〜31

[予防規程]

問22 法令上、製造所等において定めなければならない予防規程について、次のうち誤っているものはどれか。

1 予防規程は、危険物保安監督者が定めなければならない。
2 予防規程を定めたときは、市町村長等の認可を受けなければならない。
3 予防規程を変更するときは、市町村長等の認可を受けなければならない。
4 市町村長等は、火災予防上必要があるときは予防規程の変更を命ずることができる。
5 製造所等の所有者等及びその従業者は、予防規程を守らなければならない。

[予防規程の対象施設]

問23 法令上、次のA〜Eに掲げる製造所等のうち、指定数量の倍数により予防規程を定めなければならないものの組合せはどれか。

A 製造所
B 地下タンク貯蔵所
C 移動タンク貯蔵所
D 販売取扱所
E 屋外タンク貯蔵所

1 AとB
2 BとC
3 CとD
4 DとE
5 AとE

[定期点検]

問24 法令上、製造所等の定期点検について、次のうち誤っているものはどれか。ただし、規則で定める漏れの点検及び固定式の泡消火設備に関する点検を除く。

1 定期点検は製造所等の位置、構造及び設備が技術上の基準に適合しているかについて行う。
2 乙種危険物取扱者は、定期点検を行うことができる。
3 危険物施設保安員は、定期点検を行うことができる。

4　丙種危険物取扱者は、定期点検を行うことができない。
5　定期点検は、原則として1年に1回以上行い、その点検記録を一定期間保存しなければならない。

[定期点検]

問25 法令上、製造所等の定期点検について、次のうち正しいものはどれか。ただし、規則で定める漏れの点検及び固定式の泡消火設備に関する点検を除く。
1　特定の製造所等に対し、市町村長等が定期的に行うものである。
2　すべての製造所等が対象である。
3　原則として、1年に1回以上行わなければならない。
4　危険物取扱者以外の者は、定期点検を行うことができない。
5　定期点検の記録は、1年間保存しなければならない。

[定期点検の実施者]

問26 法令上、定期点検の実施者として、次のうち適切でない者はどれか。ただし、規則で定める漏れの点検及び固定式の泡消火設備に関する点検を除く。
1　免状の交付を受けていない危険物保安統括管理者
2　甲種危険物取扱者の立会いを受けた、免状の交付を受けていない者
3　乙種危険物取扱者の立会いを受けた、免状の交付を受けていない者
4　丙種危険物取扱者の立会いを受けた、免状の交付を受けていない者
5　免状の交付を受けていない危険物施設保安員

[定期点検の実施対象施設]

問27 法令上、製造所等において、定期点検を行わなければならないもののみの組合せはどれか。
A　販売取扱所
B　屋内タンク貯蔵所
C　移動タンク貯蔵所
D　地下タンクを有する給油取扱所
E　簡易タンク貯蔵所

1　AとB
2　BとC
3　CとD
4　DとE
5　AとE

練習問題7　予防規程、定期点検

解答＆解説

解答	問22	問23	問24	問25	問26	問27
	1	5	4	3	1	3

問22　答：1　　　　　　　　　　　　　　　　　　　　　　　予防規程

1：✕　「危険物保安監督者」が誤り。予防規程を定めなければならないのは、製造所等の**所有者等**である。
2：○　予防規程を**定めた**ときは、市町村長等の**認可**を受けなければならない。
3：○　予防規程を**変更**するときは、市町村長等の**認可**を受けなければならない。
4：○　市町村長等は、火災予防上必要があるときは予防規程の**変更**を命ずることができる。
5：○　製造所等の**所有者等**およびその**従業者**は、予防規程を守らなければならない。

問23　答：5（AとE）　　　　　　　　　　　　　　　　　予防規程の対象施設

A：○　指定数量の倍数が10以上の**製造所**は、予防規程を定めなければならない。
B〜D：✕　地下タンク貯蔵所、移動タンク貯蔵所、販売取扱所には、指定数量の倍数にかかわらず予防規程を定める必要はない。
E：○　指定数量の倍数が200以上の**屋外タンク貯蔵所**は、予防規程を定めなければならない。

ポイント14　指定数量の倍数にかかわらず予防規程を定めなければならない製造所等は、給油取扱所と移送取扱所の2つ。前見返しの「製造所等の義務」を参照。

問24　答：4　　　　　　　　　　　　　　　　　　　　　　　定期点検

1：○　定期点検は、製造所等の位置、構造および設備が**技術上の基準に適合**しているかについて行う。
2、3：○　定期点検を行うことができるのは、危険物取扱者（甲種、**乙種**、丙種）、または**危険物施設保安員**である。
4：✕　「行うことができない」が誤り。**丙種危険物取扱者**は、定期点検を行うことができる。
5：○　定期点検は、原則として**1年に1回以上**行い、その点検記録を一定期間（原則として**3年間**）保存しなければならない。

ポイント15　丙種危険物取扱者は、定期点検を行うことも無資格者が行う定期点検の立会いもできる。

練習問題 7　予防規程、定期点検　解答&解説

問25　答：3　　　　　　　　　　　　　　　　　　　　　　　　　　定期点検

1：✕　「市町村長等が定期的に行うもの」が誤り。定期点検は、市町村長等が行うものではなく、製造所等の**所有者等**が定期的に行うものである。
2：✕　「すべて」が誤り。定期点検は、**屋内タンク貯蔵所**、**簡易タンク貯蔵所**、**販売取扱所**の3つには義務づけられていない。その他の製造所等は、**指定数量の倍数**などによって義務づけられているものと、条件にかかわらず義務づけられているものがある。
3：○　定期点検は、原則として、**1年に1回以上**行わなければならない。
4：✕　危険物取扱者以外の者であっても、**危険物施設保安員**は定期点検を行うことができる。
5：✕　「1年」が誤り。定期点検の記録は、原則として**3年**間保存しなければならない。

問26　答：1　　　　　　　　　　　　　　　　　　　　　　　　定期点検の実施者

1：✕　**危険物取扱者免状**の交付を受けていない危険物保安統括管理者は、定期点検を行うことはできない。
2：○　**甲種危険物取扱者の立会い**を受ければ、免状の交付を受けていない者であっても定期点検を行うことができる。
3：○　**乙種危険物取扱者の立会い**を受ければ、免状の交付を受けていない者であっても定期点検を行うことができる。
4：○　**丙種危険物取扱者の立会い**を受ければ、免状の交付を受けていない者であっても定期点検を行うことができる。
5：○　危険物取扱者免状の交付を受けていなくても、**危険物施設保安員**は、定期点検を行うことができる。

問27　答：3（CとD）　　　　　　　　　　　　　　　　　　定期点検の実施対象施設

A：✕　**販売取扱所**には、定期点検が義務づけられていない。
B：✕　**屋内タンク貯蔵所**には、定期点検が義務づけられていない。
C：○　**移動タンク貯蔵所**はすべて、定期点検を行わなければならない。
D：○　**地下タンクを有する給油取扱所**は、定期点検を行わなければならない。
E：✕　**簡易タンク貯蔵所**には、定期点検が義務づけられていない。

ポイント16　条件にかかわらず定期点検を実施しなければならない製造所等は、地下タンク貯蔵所、移動タンク貯蔵所、移送取扱所、および地下タンクを有する製造所等。前見返しの「製造所等の義務」を参照。

保安距離の対象施設、保安対象物と保安距離、保有空地の対象施設

保安距離、保有空地

解答&解説：p.34〜35

[保安対象物]

問28 法令上、製造所等から一定の距離（保安距離）を保たなければならない旨の規定が設けられていない建築物は、次のうちどれか。

1　住居（製造所等の存する敷地と同一の敷地内に存するものを除く。）
2　劇場　　　4　重要文化財
3　小学校　　5　使用電圧が5,000Vの特別高圧架空電線

[保安距離の対象施設]

問29 法令上、学校、病院等の建築物等から一定の距離（保安距離）を設けなければならない旨の規定がある製造所等は、次のうちどれか。

1　屋外貯蔵所　　　　4　屋内タンク貯蔵所
2　地下タンク貯蔵所　5　給油取扱所
3　移動タンク貯蔵所

[保安対象物と保安距離]

問30 法令上、製造所等から一定の距離（保安距離）を保たなければならない旨の規定が設けられている建築物等とその距離の組合せとして、次のうち正しいものはどれか。

1　病院……………………………………………………… 50m以上
2　高等学校………………………………………………… 30m以上
3　小学校…………………………………………………… 20m以上
4　劇場……………………………………………………… 15m以上
5　使用電圧が7,000Vをこえ、35,000V以下の特別高圧架空電線
　　………………………………………………… 水平距離10m以上

[保有空地の対象施設]

問31 次に掲げる製造所等のうち、危険物を取り扱う建築物等の周囲に空地を保有しなければならない旨の規定が設けられているものはいくつあるか。

屋内タンク貯蔵所　　屋外タンク貯蔵所　　屋内貯蔵所　　屋外貯蔵所
簡易タンク貯蔵所（屋外に設けるもの）　　給油取扱所

1　1つ　　2　2つ　　3　3つ　　4　4つ　　5　5つ

屋外タンク貯蔵所、簡易タンク貯蔵所、屋外貯蔵所

製造所等の基準①

解答＆解説：p.35

[屋外タンク貯蔵所の防油堤]

問32 次の危険物を貯蔵している3基の屋外貯蔵タンクを同一敷地内に隣接して設置し、この3基が共用の防油堤を造る場合、防油堤の最低限必要な容量として、正しいものはどれか。

灯油…………1,000L
軽油…………3,000L
ガソリン……5,000L

1　1,100L　　4　5,500L
2　3,300L　　5　9,900L
3　5,000L

[簡易タンク貯蔵所の基準]

問33 法令上、簡易タンク貯蔵所の位置、構造及び設備の技術上の基準について、次のうち誤っているものはどれか。

1　簡易貯蔵タンクは、容易な移動を防ぐため、地盤面、架台等に固定しなければならない。
2　簡易貯蔵タンクをタンク専用室に設ける場合は、タンクと専用室の壁との間に1m以上の間隔を保たなければならない。
3　1つの簡易タンク貯蔵所に設置する簡易貯蔵タンクは、3基までとし、同一品質の危険物は2基以上設置してはならない。
4　簡易貯蔵タンクの外面には、さびどめのための塗装をしなければならない。
5　簡易貯蔵タンク1基の容量は、600L以下としなければならない。

[屋外貯蔵所の基準]

問34 法令上、次の危険物のうち、屋外貯蔵所で貯蔵し、又は取り扱うことができないものはどれか。

1　硫化りん
2　アルコール類
3　引火性固体（引火点が0℃以上のものに限る。）
4　第1石油類（引火点が0℃以上のものに限る。）
5　動植物油類

練習問題 8〜9 保安距離、保有空地、製造所等の基準①

解答＆解説

解答	問28	問29	問30	問31	問32	問33	問34
	5	1	2	4	4	2	1

問28　答：5　　　　　　　　　　　　　　　　　　　　　　　　保安対象物

保安距離を保たなければならない規定が設けられている建築物を○で、規定が設けられていない建築物を×で示す。

1〜4：○　製造所等と同一の敷地内にあるものを除く**住居**、**劇場**、**小学校**、**重要文化財**には保安距離を保たなければならない。

5：×　使用電圧が **5,000 V** の特別高圧架空電線との間には、保安距離に関する規定は設けられていない。保安距離に関する規定が設けられているのは、使用電圧 **7,000 V** を超える特別高圧架空電線。

問29　答：1　　　　　　　　　　　　　　　　　　　　　　　保安距離の対象施設

1：○　**屋外貯蔵所**には、保安距離を設けなければならない。

2〜5：×　**地下タンク貯蔵所**、**移動タンク貯蔵所**、**屋内タンク貯蔵所**、**給油取扱所**には、保安距離を設ける必要はない。

ポイント17　保安距離が必要な製造所等は、製造所、屋内貯蔵所、屋外タンク貯蔵所、屋外貯蔵所、一般取扱所の5つ。前見返しの「製造所等の義務」を参照。

問30　答：2　　　　　　　　　　　　　　　　　　　　　　　保安対象物と保安距離

1：×　「50m」が誤り。**病院**のような多数の人を収容する建築物との間に保たなければならない保安距離は、**30m** 以上。

2：○　選択肢1と同様、**高等学校**との間に保たなければならない保安距離は、30m 以上。

3：×　「20m」が誤り。選択肢1と同様、**小学校**との間に保たなければならない保安距離は、**30m** 以上。

4：×　「15m」が誤り。選択肢1と同様、**劇場**との間に保たなければならない保安距離は、**30m** 以上。

5：×　「10m」が誤り。使用電圧が **7,000 V** を超え、**35,000 V** 以下の特別高圧架空電線との間に保たなければならない保安距離は、水平距離 **3 m** 以上。

練習問題8〜9 保安距離、保有空地、製造所等の基準① 解答＆解説

問31　答：4　　　　　　　　　　　　　　　　　　　　保有空地の対象施設

屋内タンク貯蔵所✕、屋外タンク貯蔵所◯、屋内貯蔵所◯、屋外貯蔵所◯、屋外に設ける簡易タンク貯蔵所◯　給油取扱所✕

　よって、保有空地を設けなければならない製造所等は**4つ**。

ポイント18　保有空地の必要な製造所等は、保安距離の必要な5つの製造所等に、屋外に設ける簡易タンク貯蔵所と地上設置の移送取扱所を加えた7つ。前見返しの「製造所等の義務」を参照。

問32　答：4　(5,500L)　　　　　　　　　　　　　　　　屋外タンク貯蔵所の防油堤

4：◯　屋外タンク貯蔵所に設置された3基の屋外貯蔵タンクのうち、最大容量のタンクはガソリンの5,000L。
　　防油堤の最低限必要な容量 = 5,000L × **110%** = **5,500L**

ポイント19　2基以上の屋外貯蔵タンクがある場合、防油堤の最低限必要な容量は、最大容量のタンクの110%。

問33　答：2　　　　　　　　　　　　　　　　　　　　簡易タンク貯蔵所の基準

1：◯　簡易タンク貯蔵所に設置する簡易貯蔵タンクは、容易な移動を防ぐため、**地盤面、架台等**に固定しなければならない。

2：✕　「1m」が誤り。簡易貯蔵タンクをタンク専用室に設ける場合は、タンクと専用室の壁との間に **0.5m** 以上の間隔を保たなければならない。

3：◯　1つの簡易タンク貯蔵所に設置する簡易貯蔵タンクは **3基** までとし、**同一品質**の危険物は **2基以上** 設置してはならない。

4：◯　簡易貯蔵タンクの外面には、**さびどめ**のための**塗装**をしなければならない。

5：◯　簡易貯蔵タンク1基の容量は、**600L以下**としなければならない。

問34　答：1　　　　　　　　　　　　　　　　　　　　屋外貯蔵所の基準

ヒント3　屋外貯蔵所で貯蔵・取扱いのできる危険物は、第2類の危険物のうち硫黄、硫黄のみを含有するものもしくは引火点が0℃以上の引火性固体、または第4類の危険物のうち引火点が0℃以上の第1石油類、アルコール類、第2石油類、第3石油類、第4石油類、動植物油類。

1：✕　**硫化りん**は、貯蔵・取扱いのできない第 **2** 類の危険物。
2：◯　**アルコール類**は、貯蔵・取扱いのできる**第4類**の危険物。
3：◯　**引火点が0℃以上の引火性固体**は、貯蔵・取扱いのできる**第2類**の危険物。
4：◯　**引火点が0℃以上の第1石油類**は、貯蔵・取扱いのできる**第4類**の危険物。
5：◯　**動植物油類**は、貯蔵・取扱いのできる**第4類**の危険物。

練習問題 10 製造所等の基準②

移動タンク貯蔵所・移送、給油取扱所

解答&解説：p.38〜39

[移動タンク貯蔵所の基準]

問35 法令上、移動タンク貯蔵所の位置、構造及び設備の技術上の基準として、次のうち誤っているものはどれか。ただし、特例基準が適用されるものを除く。

1　屋外の防火上安全な場所又は壁、床、はり及び屋根を耐火構造とし、若しくは不燃材料で造った建築物の1階に常置しなければならない。
2　移動貯蔵タンクの配管は、先端部に弁等を設けなければならない。
3　静電気による災害が発生するおそれのある液体の危険物の移動貯蔵タンクには、接地導線を設けなければならない。
4　移動貯蔵タンクの底弁手動閉鎖装置のレバーは、手前に引き倒すことにより閉鎖装置を作動させるものでなければならない。
5　移動貯蔵タンクの容量は、10,000L以下としなければならない。

[移動タンク貯蔵所の取扱いの基準]

問36 法令上、移動タンク貯蔵所の取扱い基準について、次の文の（　）内に当てはまるものはどれか。

「移動貯蔵タンクから、危険物を貯蔵し、又は取り扱うタンクに引火点が（　）の危険物を注入する場合には、移動タンク貯蔵所の原動機を停止させなければならない。」

1　0℃以下
2　常温（20℃）未満
3　常温（20℃）以下
4　40℃未満
5　60℃未満

[移送の基準]

問37 法令上、移動タンク貯蔵所における移送の基準について、次のうち誤っているものはどれか。

1　危険物を移送する際は、当該危険物を取り扱うことのできる危険物取扱者が乗車していなければならない。
2　危険物を移送する危険物取扱者は、免状を携帯していなければならない。
3　移動タンク貯蔵所には、完成検査済証及び定期点検の点検記録等を備え付けておかなければならない。
4　定期的に危険物を移送する場合には、移送経路その他必要な事項を出発地の消

防署に届け出なければならない。
5 危険物を移送する者は、移送の開始前に、移動貯蔵タンクの底弁その他の弁、マンホール及び注入口のふた、消火器等の点検を十分に行わなければならない。

[移送の基準]

問38 法令上、移動タンク貯蔵所による危険物の移送について、次のうち正しいものはどれか。
1 1人の運転要員による運転時間が、1日当たり6時間を超える移送であるときは、2人以上の運転要員を確保する。
2 危険物を移送するために乗車している危険物取扱者は、免状の写しを携帯していなければならない。
3 危険物取扱者以外の者は、移動貯蔵タンクを運転してはならない。
4 消防吏員及び警察官が火災防止のために特に必要と認められる場合には、これを停止し、免状の提示を求めることができる。
5 移動貯蔵タンクから危険物が著しく漏れる等の災害が発生するおそれのある場合は、災害を防止するため応急措置を講じなければならないが、消防機関に通報する必要はない。

[給油取扱所の建築物]

問39 次のうち、給油取扱所に附帯する業務のための用途として、法令上、設けることができないものはどれか。
1 給油のために出入りする者を対象とした喫茶店
2 給油取扱所の所有者等以外の当該給油取扱所に勤務する者のための住居
3 灯油の詰替に出入りする者を対象とした展示場
4 自動車等の点検・整備に出入りする者を対象としたコンビニエンスストア
5 給油取扱所の業務を行うための事務所

[給油取扱所の取扱いの基準]

問40 法令上、給油取扱所（航空機、船舶及び鉄道給油取扱所を除く。）の危険物の取扱いの技術上の基準に適合しないものは、次のうちどれか。
1 自動車に給油するときは、固定給油設備を使用して直接給油する。
2 自動車に給油するときは、自動車の原動機を停止させる。
3 自動車の一部又は全部が給油空地からはみ出たまま給油するときは、防火上の細心の注意を払って行う。
4 自動車の洗浄を行う場合は、引火点を有する液体の洗剤を使用しない。
5 油分離装置にたまった危険物は、あふれないように随時くみ上げる。

練習問題10 製造所等の基準②

解答＆解説

解答	問35	問36	問37	問38	問39	問40
	5	4	4	4	2	3

問35　答：5　　　　　　　　　　　　　　　　　　　　　移動タンク貯蔵所の基準

1：○　移動タンク貯蔵所は、屋外の防火上安全な場所または壁、床、はりおよび屋根を**耐火構造**とし、もしくは**不燃材料**で造った建築物の**1階**に常置しなければならない。

2：○　移動貯蔵タンクの配管は、**先端部に弁等**を設けなければならない。

3：○　ガソリン、ベンゼンその他**静電気**による災害が発生するおそれのある液体の危険物の移動貯蔵タンクには、**接地導線**を設けなければならない。

4：○　移動貯蔵タンクの**底弁手動閉鎖装置**のレバーは、手前に引き倒すことにより閉鎖装置を**作動**させるものでなければならない。

5：×　「10,000L」が誤り。移動貯蔵タンクの容量は、**30,000L**以下としなければならない。

問36　答：4　　　　　　　　　　　　　　　　　　　　移動タンク貯蔵所の取扱いの基準

4：○　「移動貯蔵タンクから、危険物を貯蔵し、又は取り扱うタンクに引火点が**40℃未満**の危険物を注入する場合には、移動タンク貯蔵所の原動機を停止させなければならない。」

問37　答：4　　　　　　　　　　　　　　　　　　　　　　　　　　　　移送の基準

1：○　危険物を移送する際は、移送する危険物を取り扱える**危険物取扱者**が乗車していなければならない。

2：○　危険物を移送する危険物取扱者は、**免状を携帯**していなければならない。

3：○　移動タンク貯蔵所には、**完成検査済証**および**定期点検の点検記録等**を備え付けておかなければならない。

4：×　「定期的に」が誤り。**アルキルアルミニウム等**を移送する場合に限り、移送経路その他必要な事項を記載した書面を関係消防機関へ送付しなければならないが、定期的に危険物を移送する場合であっても**届出**の必要はない。

5：○　危険物を移送する者は、**移送の開始前**に、移動貯蔵タンクの底弁その他の弁、マンホールおよび注入口のふた、消火器等の**点検**を十分に行わなければならない。

練習問題10 製造所等の基準② 解答＆解説

問38　答：4　　　　　　　　　　　　　　　　　　　　移送の基準

1：✕　「6時間」が誤り。1人の運転要員による運転時間が、1日当たり**9時間**を超える移送であるときは、2人以上の運転要員を確保する。
2：✕　「免状の写し」が誤り。危険物を移送する場合、移動タンク貯蔵所に乗車する危険物取扱者は免状の写しではなく、**免状**を**携帯**していなければならない。
3：✕　「運転してはならない」が誤り。危険物取扱者が乗車していれば、危険物取扱者以外の者が移動貯蔵タンクを**運転**することができる。
4：◯　消防吏員および警察官は、危険物の移送に伴う火災防止のため特に必要と認められる場合には、走行中の移動タンク貯蔵所を**停止させ**、**免状の提示**を求めることができる。
5：✕　「消防機関に通報する必要はない」が誤り。移動貯蔵タンクから危険物が著しく漏れる等の災害が発生するおそれのある場合は、災害を防止するため応急措置を講ずるとともに、最寄りの**消防機関**等に**通報**しなければならない。

問39　答：2　　　　　　　　　　　　　　　　　　　　給油取扱所の建築物

1：◯　給油のために出入りする者を対象とした**喫茶店**は、設けることができる。
2：✕　給油取扱所の所有者等の住居は設けることができるが、**勤務する者**のための**住居**は設けることができない。
3：◯　灯油の詰替に出入りする者を対象とした**展示場**は、設けることができる。
4：◯　自動車等の点検・整備に出入りする者を対象とした**コンビニエンスストア**は、設けることができる。
5：◯　給油取扱所の業務を行うための**事務所**は、設けることができる。

問40　答：3　　　　　　　　　　　　　　　　　　　給油取扱所の取扱いの基準

　給油取扱所における危険物の取扱いの基準に適合するものを◯で、適合しないものを✕で示す。
1：◯　自動車に給油するときは、**固定給油設備**を使用して直接給油する。
2：◯　自動車に給油するときは、自動車の**原動機**を停止させる。
3：✕　「防火上の細心の注意を払って行う」が適合しない。自動車の一部または全部が給油空地から**はみ出たままで**給油してはならない。
4：◯　自動車の洗浄を行う場合は、**引火点**を有する液体の洗剤を使用しない。
5：◯　油分離装置にたまった危険物は、あふれないように**随時**くみ上げる。給油取扱所を含め、すべての製造所等に共通する貯蔵・取扱いの基準である。

練習問題 11 消火設備の基準

消火設備の区分、消火設備の設置基準

解答&解説：p. 43

[消火設備の区分]

問41 法令上、製造所等に設置する消火設備の区分について、次のうち誤っているものはどれか。

1 水バケツは、第5種の消火設備である。
2 粉末消火設備は、第4種の消火設備である。
3 泡消火設備は、第3種の消火設備である。
4 スプリンクラー設備は、第2種の消火設備である。
5 屋内消火栓設備は、第1種の消火設備である。

[消火設備の区分]

問42 法令上、製造所等に設置する消火設備の区分について、次のうち第5種の消火設備に該当するものはどれか。

1 スプリンクラー設備
2 泡を放射する大型の消火器
3 屋外消火栓設備
4 二酸化炭素を放射する小型の消火器
5 ハロゲン化物消火設備

[消火設備の設置基準]

問43 法令上、次に掲げる製造所等において、その規模、貯蔵し又は取り扱う危険物の最大数量等にかかわらず、第5種の消火設備を2個以上設けなければならないものは、次のうちどれか。

1 屋内貯蔵所
2 屋内タンク貯蔵所
3 地下タンク貯蔵所
4 一般取扱所
5 第2種販売取扱所

[消火設備の基準]

問44 法令上、製造所等の消火設備について、次のうち誤っているものはどれか。

1 霧状の強化液を放射する小型の消火器及び乾燥砂は、第5種の消火設備である。
2 所要単位の計算方法として、危険物は指定数量の10倍を1所要単位とする。
3 地下タンク貯蔵所には、第5種の消火設備を2個以上設ける。
4 電気設備に対する消火設備は、電気設備のある場所の面積100m²ごとに1個以上設ける。
5 消火粉末を放射する大型の消火器は、第5種の消火設備である。

12 貯蔵・取扱いの基準

製造所等に共通する基準、取扱いの基準、製造所等ごとの貯蔵・取扱いの基準

解答＆解説：p.44〜45

[共通する貯蔵・取扱いの基準]

問45 法令上、危険物の貯蔵又は取扱いのすべてに共通する技術上の基準として、次のうち誤っているものはどれか。

1. 許可若しくは届出に係る品名以外の危険物又はこれらの許可若しくは届出に係る数量若しくは指定数量の倍数を超える危険物を貯蔵し、又は取り扱ってはならない。
2. 危険物が漏れ、あふれ、又は飛散しないように必要な措置を講じなければならない。
3. 可燃性の蒸気が滞留するおそれのある場所では、電線と電気器具とを完全に接続し、火花を発する機械器具、工具等を使用してはならない。
4. 危険物のくず、かす等は、1週間に1回以上当該危険物の性質に応じて安全な場所で廃棄その他適当な処置をしなければならない。
5. 危険物が残存しているおそれがある設備、機械器具、容器等を修理する場合は、安全な場所において、危険物を完全に除去した後に行わなければならない。

[取扱いの基準]

問46 危険物の取扱いのうち、消費及び廃棄の技術上の基準として、次のうち誤っているものはどれか。

1. 焼入れ作業は、危険物が危険な温度に達しないようにして行うこと。
2. 焼却による危険物の廃棄は、燃焼又は爆発によって他に危害又は損害を及ぼすおそれが大きいので行ってはならない。
3. 埋没する場合は、危険物の性質に応じて安全な場所で行うこと。
4. 染色又は洗浄の作業は、可燃性の蒸気が発生するので換気に注意するとともに、廃液をみだりに放置しないで安全に処置すること。
5. バーナーを使用する場合は、バーナーの逆火を防ぎ、かつ、危険物があふれないようにすること。

[製造所等ごとの貯蔵の基準]

問47 法令上、危険物の貯蔵の技術上の基準として、次のうち誤っているものはどれか。

1. 貯蔵所には、原則として危険物以外の物品を貯蔵してはならない。
2. 屋内貯蔵所においては、容器に収納して貯蔵する危険物の温度が60℃を超えないように必要な措置を講じなければならない。

3 移動貯蔵タンクには、当該タンクに貯蔵し、又は取り扱う危険物の類、品名及び最大数量を表示しなければならない。
4 屋外貯蔵タンクの周囲に防油堤が設けられている場合、当該防油堤の水抜口は通常閉鎖しておき、内部に滞油し、又は滞水したときは遅滞なく排出しなければならない。
5 移動タンク貯蔵所には、「完成検査済証」、「定期点検記録」、「危険物貯蔵所の譲渡又は引渡の届出書」、「危険物の品名、数量又は指定数量の倍数の変更の届出書」を備え付けなければならない。

[製造所等ごとの貯蔵の基準]

問48 法令上、危険物の貯蔵の技術上の基準について、次のうち誤っているものはどれか。
1 屋外貯蔵タンクに設けられている防油堤の水抜口は、通常は開放しておかなければならない。
2 屋内貯蔵タンクの元弁は、危険物を入れ、又は出すとき以外は閉鎖しておかなければならない。
3 地下貯蔵タンクの計量口は、計量するとき以外は閉鎖しておかなければならない。
4 簡易貯蔵タンクの通気管は、常に開放しておかなければならない。
5 移動貯蔵タンクの底弁は、使用時以外は閉鎖しておかなければならない。

[貯蔵・取扱いの基準]

問49 法令上、製造所等における危険物の貯蔵・取扱いの基準について、次のうち誤っているものはどれか。
1 危険物を容器に収納して貯蔵し、又は取り扱うときは、その容器は当該危険物の性質に適応し、かつ、破損、腐食、さけめ等がないものでなければならない。
2 屋内貯蔵所においては、容器に収納して貯蔵する危険物の温度が55℃を超えないように必要な措置を講じなければならない。
3 屋内貯蔵所及び屋外貯蔵所においては、原則として危険物は法令基準に適合した容器に収納して貯蔵しなければならない。
4 屋内貯蔵所及び屋外貯蔵所においては、危険物を収納した容器は絶対に積み重ねてはならない。
5 危険物を収納した容器を貯蔵し、又は取り扱う場合には、みだりに転倒させ、落下させ、衝撃を加え、又は引きずる等の粗暴な行為を行ってはならない。

練習問題11 消火設備の基準

解答＆解説

解答	問41	問42	問43	問44
	2	4	3	5

問41　答：2　　　　　　　　　　　　　　　　　　　　　　　消火設備の区分

1：○　水バケツは、**第5種**の消火設備である。
2：×　「**第4種**」が誤り。粉末消火設備は、第**3**種の消火設備である。
3：○　泡消火設備は、**第3種**の消火設備である。
4：○　スプリンクラー設備は、**第2種**の消火設備である。
5：○　屋内消火栓設備は、**第1種**の消火設備である。

問42　答：4　　　　　　　　　　　　　　　　　　　　　　　消火設備の区分

1：×　スプリンクラー設備は、第**2**種の消火設備。
2：×　泡を放射する**大型**の消火器は、第**4**種の消火設備。
3：×　屋外消火栓設備は、第**1**種の消火設備。
4：○　二酸化炭素を放射する**小型**の消火器は、**第5種**の消火設備。
5：×　ハロゲン化物消火設備は、第**3**種の消火設備。

ポイント20　「大」がつけば第4種、「小」がつけば第5種。屋内・屋外がつけば第1種。

問43　答：3　　　　　　　　　　　　　　　　　　　　　消火設備の設置基準

3：○　その規模や、貯蔵し、または取り扱う危険物の最大数量等にかかわらず、第5種の消火設備を2個以上設けなければならない製造所等は、**地下タンク貯蔵所**。

問44　答：5　　　　　　　　　　　　　　　　　　　　　　消火設備の基準

1：○　**霧状の強化液**を放射する**小型**の消火器および**乾燥砂**は、**第5種**の消火設備である。
2：○　**所要単位**の計算方法として、危険物は指定数量の**10倍**を1所要単位とする。
3：○　地下タンク貯蔵所には、**第5種**の消火設備を**2個**以上設ける。
4：○　**電気設備**に対する消火設備は、電気設備のある場所の面積**100m²**ごとに**1個**以上設ける。
5：×　「第5種」が誤り。消火粉末を放射する**大型**の消火器は、第**4**種の消火設備である。

練習問題12 貯蔵・取扱いの基準

解答＆解説

解答	問45	問46	問47	問48	問49
	4	2	2	1	4

問45　答：4　　　　　　　　　　　　　　共通する貯蔵・取扱いの基準

1：○　許可を受けたまたは届出をした**品名**以外の危険物、またはこれらの許可を受けたまたは届出をした**数量**もしくは**指定数量の倍数**を超える危険物を貯蔵し、または取り扱ってはならない。

2：○　危険物が漏れ、あふれ、または飛散しないように**必要な措置**を講じなければならない。

3：○　可燃性の蒸気が滞留するおそれのある場所では、電線と電気器具とを完全に接続し、**火花を発する機械器具、工具等**を使用してはならない。

4：✕　「1週間」が誤り。危険物のくず、かす等は、<u>1日</u>に1回以上当該危険物の性質に応じて安全な場所で廃棄その他適当な処置をしなければならない。

5：○　危険物が**残存**しているおそれがある設備、機械器具、容器等を**修理**する場合は、安全な場所において、危険物を**完全に除去した後**に行わなければならない。

ポイント21　くず・かす等の廃棄などは1日に1回以上。

問46　答：2　　　　　　　　　　　　　　　　　　　　取扱いの基準

1：○　焼入れ作業は、危険物が**危険な温度**に達しないようにして行うこと。

2：✕　「行ってはならない」が誤り。危険物の廃棄は**焼却**によって行うことができる。ただし、焼却する場合は、**安全な場所**で、かつ、燃焼または爆発によって他に危害または損害を及ぼすおそれのない方法で行うとともに、**見張り人**をつけることと定められている。

3：○　埋没する場合は、危険物の性質に応じて**安全な場所**で行うこと。

4：○　**染色**または**洗浄**の作業は、可燃性の蒸気が発生するので**換気**に注意するとともに、廃液をみだりに放置しないで**安全**に処置すること。

5：○　バーナーを使用する場合は、バーナーの**逆火**を防ぎ、かつ、危険物が**あふれないように**すること。

ポイント22　危険物の廃棄は、焼却によって行うことができる。

問47　答：2　　　　　　　　　　　　　　製造所等ごとの貯蔵の基準

1：○　貯蔵所には、原則として**危険物以外**の物品を貯蔵してはならない。

2：✕　「60℃」が誤り。屋内貯蔵所においては、容器に収納して貯蔵する危険物の温度が **55℃** を超えないように必要な措置を講じなければならない。
3：○　移動貯蔵タンクには、当該タンクに貯蔵し、または取り扱う **危険物の類**、**品名** および **最大数量** を表示しなければならない。
4：○　屋外貯蔵タンクの周囲に防油堤が設けられている場合、当該防油堤の **水抜口（みずぬきぐち）** は通常 **閉鎖** しておき、内部に滞油し、または滞水したときは遅滞なく排出しなければならない。
5：○　移動タンク貯蔵所には、「**完成検査済証**」、「**定期点検記録**」、「**危険物貯蔵所の譲渡又は引渡の届出書**」、「**危険物の品名、数量又は指定数量の倍数の変更の届出書**」を備え付けなければならない。

ポイント23　屋内貯蔵所においては、容器内の危険物の温度が 55℃ を超えないようにする。

問48　答：1　　　　　　　　　　　　　　　　製造所等ごとの貯蔵の基準

1：✕　「開放」が誤り。屋外貯蔵タンクに設けられている防油堤の **水抜口** は、通常は **閉鎖** しておかなければならない。
2：○　屋内貯蔵タンクの **元弁（もとべん）** は、危険物を入れ、または出すとき以外は **閉鎖** しておかなければならない。
3：○　地下貯蔵タンクの **計量口** は、計量するとき以外は **閉鎖** しておかなければならない。
4：○　簡易貯蔵タンクの **通気管** は、タンク内の圧力変化を防ぐため、常に **開放** しておかなければならない。
5：○　移動貯蔵タンクの **底弁（ていべん）** は、使用時以外は **閉鎖** しておかなければならない。

問49　答：4　　　　　　　　　　　　　　　　　貯蔵・取扱いの基準

1：○　危険物を容器に収納して貯蔵し、または取り扱うときは、その **容器** は当該危険物の **性質に適応し**、かつ、破損、腐食、さけめ等がないものでなければならない。
2：○　屋内貯蔵所においては、容器に収納して貯蔵する危険物の温度が **55℃** を超えないように必要な措置を講じなければならない。
3：○　屋内貯蔵所および屋外貯蔵所においては、原則として危険物は法令基準に適合した **容器に収納して** 貯蔵しなければならない。
4：✕　「絶対に積み重ねてはならない」が誤り。屋内貯蔵所および屋外貯蔵所においては、危険物を収納した容器を積み重ねて貯蔵することができる。ただし、容器は **3 m** を超えて積み重ねてはならないと定められている。
5：○　危険物を収納した容器を貯蔵し、または取り扱う場合には、みだりに転倒させ、落下させ、衝撃を加え、または引きずる等の **粗暴な行為** を行ってはならない。

― 45 ―

練習問題 13 運搬の基準

運搬基準の適用、運搬容器・積載方法・運搬方法の基準

解答&解説：p.48〜49

[運搬基準の適用]

問50 法令上、危険物の運搬に関する技術上の基準について、次のうち正しいものはどれか。

1. 貨物自動車で運搬する場合に限り適用を受ける。
2. 指定数量以上の危険物を運搬する場合に適用を受ける。
3. 夜間に運搬する場合に適用を受ける。
4. 危険物を密閉容器に入れて運搬する場合には適用を受けない。
5. 運搬する数量に関係なく適用を受ける。

[運搬容器の表示]

問51 運搬容器の外部には規則で定められた事項を表示するが、この表示事項について規則で定められていないものは、次のうちどれか。ただし、最大容積2.2L以下のものを除く。

1. 品名
2. 危険等級
3. 消火方法
4. 化学名
5. 数量

[危険等級]

問52 法令上、危険物の運搬容器の外部には危険物の危険性の程度に応じ、原則として危険等級を表示しなければならないが、次のうち危険等級Ⅱに該当しないものはどれか。

1. エタノール
2. ガソリン
3. 重油
4. ベンゼン
5. アセトン

[運搬の積載基準]

問53 法令上、危険物の運搬に関する技術上の基準として、危険物を積載する場合の運搬容器を積み重ねる高さの制限として定められているものは、次のうちどれか。

1. 1m以下
2. 2m以下
3. 3m以下
4. 4m以下
5. 5m以下

[混載]

問54 法令上、危険物を車両で運搬する場合、混載が禁止されているものは、次のうちどれか。ただし、それぞれの危険物は指定数量の10分の1を超えるものとする。

1 第1類の危険物と第4類の危険物
2 第2類の危険物と第4類の危険物
3 第2類の危険物と第5類の危険物
4 第3類の危険物と第4類の危険物
5 第4類の危険物と第5類の危険物

[運搬の基準]

問55 法令上、危険物の運搬に関する技術上の基準について、次のうち定められていないものはどれか。

1 危険物の運搬は、その容器、積載方法、運搬の方法について、技術上の基準に従って行わなければならない。
2 指定数量以上の危険物を車両で運搬するときは、当該危険物に適応する消火設備を設けなければならない。
3 運搬容器の外部には、危険物の品名や危険等級、危険物の数量等を表示し積載しなければならない。
4 指定数量以上の危険物を車両で運搬するときは、「危」の標識を掲げなくてはならない。
5 指定数量以上の危険物を車両で運搬するときは、危険物取扱者が乗車しなければならない。

[運搬の基準]

問56 法令上、危険物の運搬に関する技術上の基準について、次のうち誤っているものはどれか。

1 指定数量以上の危険物を車両で運搬する場合は、所轄消防長又は消防署長に届け出なければならない。
2 第4類の危険物と第6類の危険物とは指定数量の10分の1以下である場合を除き、混載してはならない。
3 運搬容器は、収納口を上方に向けて積載しなければならない。
4 運搬容器の外部には、原則として危険物の品名、数量等を表示して積載しなければならない。
5 指定数量以上の危険物を車両で運搬する場合は、標識を掲げるほか、消火設備を備えなければならない。

練習問題13 運搬の基準

解答＆解説

解答	問50	問51	問52	問53	問54	問55	問56
	5	3	3	3	1	5	1

問50　答：5　　　　　　　　　　　　　　　　　　　　運搬基準の適用

1：✕　運搬に関する技術上の基準は、どのような自動車であっても**車両等**によって危険物を運搬する場合は適用を受ける。

2：✕　運搬に関する技術上の基準は、指定数量以上の危険物を運搬する場合だけでなく、**指定数量未満**の危険物を運搬する場合にも適用を受ける。

3：✕　運搬に関する技術上の基準は、**昼夜**に関係なく危険物を運搬する場合は適用を受ける。

4：✕　運搬に関する技術上の基準は、危険物を**密閉容器**に入れて運搬する場合も適用を受ける。

5：○　運搬に関する技術上の基準は、指定数量以上であっても指定数量未満であっても、**数量に関係なく**適用を受ける。

ポイント24　運搬の基準は危険物の数量に関係なく適用される。

問51　答：3　　　　　　　　　　　　　　　　　　　　運搬容器の表示

規則で定められた表示事項を○で、定められていない表示事項を✕で示す。

1：○　**品名**は、規則で定められた表示事項である。
2：○　**危険等級**は、規則で定められた表示事項である。
3：✕　**消火方法**は、規則で定められた表示事項ではない。
4：○　**化学名**は、規則で定められた表示事項である。
5：○　**数量**は、規則で定められた表示事項である。

問52　答：3　　　　　　　　　　　　　　　　　　　　　　危険等級

1：○　エタノールは、**危険等級Ⅱ**に該当する危険物。
2：○　ガソリンは、危険等級Ⅱに該当する危険物。
3：✕　重油は、危険等級Ⅱではなく、危険等級**Ⅲ**に該当する危険物。
4：○　ベンゼンは、危険等級Ⅱに該当する危険物。
5：○　アセトンは、危険等級Ⅱに該当する危険物。

ポイント25　第4類の危険物の危険等級：危険等級Ⅰは特殊引火物、危険等級Ⅱは第1石油類とアルコール類、その他は危険等級Ⅲ。

練習問題13 運搬の基準 解答＆解説

問53　答：3
運搬の積載基準

3：○　運搬容器を積み重ねる場合は、高さを **3m** 以下としなければならない。

問54　答：1
混載

混載できるものを○で、混載が禁止されているものを×で示す。
1：×　第**1**類と第**4**類の危険物は、**混載**が禁止されている。
2〜5：○　第2類と第4類の危険物、第2類と第5類の危険物、第3類と第4類の危険物、第4類と第5類の危険物は、それぞれ混載できる。

ポイント26　混載可能なのは、類の数字を足して7になる組合せと、第4類に第2類または第5類（これも足すと7になる）の組合せと覚える。

問55　答：5
運搬の基準

定められているものを○で、定められていないものを×で示す。
1：○　危険物の運搬は、その**容器**、**積載方法**、**運搬の方法**について、技術上の基準に従って行わなければならない。
2：○　**指定数量以上**の危険物を車両で運搬するときは、当該危険物に適応する**消火設備**を設けなければならない。
3：○　運搬容器の外部には、危険物の**品名**や**危険等級**、**危険物の数量等**を表示し積載しなければならない。
4：○　**指定数量以上**の危険物を車両で運搬するときは、「**危**」の標識を掲げなくてはならない。
5：×　「乗車しなければならない」が誤り。危険物の数量にかかわらず、危険物を運搬する車両に**危険物取扱者**が**乗車する**必要はない。

ポイント27　移送では危険物取扱者が乗車しなければならないが、運搬では危険物取扱者が乗車する必要はない。

問56　答：1
運搬の基準

1：×　危険物を車両で運搬する場合は、指定数量未満であっても指定数量以上であっても、所轄消防長または消防署長に対し**届出**の必要はない。
2：○　**第4類**の危険物と**第6類**の危険物とは、指定数量の10分の1以下である場合を除き、**混載**してはならない。
3：○　運搬容器は、収納口を**上方に向けて**積載しなければならない。
4：○　運搬容器の外部には、原則として危険物の**品名**、**危険等級**、**化学名**、**数量等**を表示して積載しなければならない。
5：○　**指定数量以上**の危険物を車両で運搬する場合は、「**危**」の標識を掲げるほか、危険物に適応する**消火設備**を備えなければならない。

49

練習問題 14 義務違反に対する命令

措置命令、許可の取消し、使用停止命令

解答&解説：p.52〜53

[市町村長等からの命令]

問57 法令上、製造所等又は危険物の所有者等に対して、市町村長等から発令される命令について、次のうち誤っているものはどれか。

1. 危険物の貯蔵取扱基準の遵守命令
2. 製造所等の使用停止命令
3. 危険物施設保安員の解任命令
4. 予防規程の変更命令
5. 無許可貯蔵等の危険物に対する措置命令

[許可の取消し]

問58 法令上、市町村長等が製造所等の所有者等に対して許可の取消しを命ずることができる事由に該当しないものは、次のうちどれか。

1. 製造所等の位置、構造又は設備の無許可変更
2. 完成検査前の製造所等の使用
3. 定期点検が義務づけられている製造所等における定期点検の未実施
4. 危険物保安監督者の解任命令違反
5. 製造所等の位置、構造及び設備の基準適合命令違反

[許可の取消し]

問59 法令上、市町村長等から製造所等の所有者等に対して製造所等の許可の取消しを命ぜられる事由として、次のうち誤っているものはどれか。

1. 位置、構造及び設備が技術上の基準に違反している製造所等に対する、修理、改造又は移転命令に従わなかったとき。
2. 製造所の構造を無許可で変更したとき。
3. 完成検査を受けないで、屋外貯蔵所を使用したとき。
4. 地下タンク貯蔵所の定期点検を規定の期間内に行わなかったとき。
5. 屋外タンク貯蔵所において、危険物の貯蔵又は取扱いの基準遵守命令に違反したとき。

練習問題14 義務違反に対する命令

[使用停止命令]

問60 法令上、危険物保安監督者を定めなければならない製造所等において、市町村長等から製造所等の使用停止を命ぜられることがあるものは、次のうちどれか。
1 危険物保安監督者を定めていないとき。
2 危険物保安監督者を定めたときの届出を怠ったとき。
3 危険物保安監督者が、法又は法に基づく命令の規定に違反したとき。
4 危険物保安監督者が、危険物の取扱作業の保安に関する講習を受講していないとき。
5 危険物保安監督者を解任したときの届出を怠ったとき。

[使用停止命令]

問61 法令上、製造所等の使用停止を命ぜられる事由に該当しないものは、次のうちどれか。
1 製造所等の位置、構造又は設備を無許可で変更したとき、又は完成検査を受けないで製造所等を使用したとき。
2 市町村長等による製造所等の修理、改造又は移転の命令に従わないとき。
3 危険物保安監督者を定めなければならない製造所等において、それを定めていないとき、又は定めていても、その者に危険物の取扱作業に関する保安の監督をさせていないとき。
4 屋外タンク貯蔵所の保安の検査を受けていないとき。
5 製造所を譲り受けて、その旨を市町村長等に届け出なかったとき。

[使用停止命令]

問62 法令上、市町村長等から製造所等の所有者等に対する使用停止命令の事由に該当しないものは、次のうちどれか。
1 危険物保安監督者に危険物の取扱作業の保安の監督をさせていないとき。
2 危険物保安監督者を定めなければならない施設において、それを定めていないとき。
3 仮使用の承認又は完成検査を受けずに製造所等を使用していたとき。
4 危険物の貯蔵又は取扱い基準の遵守命令に違反したとき。
5 危険物保安監督者が免状の返納命令を受けたとき。

練習問題14 義務違反に対する命令

解答＆解説

解答	問57	問58	問59	問60	問61	問62
	3	4	5	1	5	5

問57　答：3　　　　　　　　　　　　　　　　市町村長等からの命令

1：○　危険物の**貯蔵・取扱い**が技術上の**基準に違反**しているときは、危険物の貯蔵取扱基準の遵守命令が発令される。

2：○　**危険物保安監督者を選任**していないときなどは、製造所等の使用停止命令が発令される。

3：×　**危険物施設保安員**の選任・解任に関しては**届出**の義務はない。よって、市町村長等からの解任命令が発令されることはない。

4：○　**火災予防上必要**があるときは、予防規程の変更命令が発令される。

5：○　市町村長等の**許可を受けず**に指定数量以上の危険物を貯蔵し、または取り扱っているときは、無許可貯蔵等に対する危険物の除去等の命令が発令される。

問58　答：4　　　　　　　　　　　　　　　　　　　　　　許可の取消し

1～3：○　製造所等の位置、構造または設備の**無許可変更**、**完成検査前**の製造所等の使用、定期点検が義務づけられている製造所等における**定期点検の未実施**は、いずれも許可の取消しを命ずる事由に該当する。

4：×　危険物保安監督者の**解任命令**に従わなかったときは、製造所等の**使用停止命令**の事由には該当するが、許可の取消しの事由には該当しない。

5：○　製造所等の位置、構造および設備の**基準適合命令（修理、改造または移転命令）違反**は、許可の取消しを命ずる事由に該当する。

問59　答：5　　　　　　　　　　　　　　　　　　　　　　許可の取消し

1～4：○　**修理、改造または移転命令に従わなかった**とき、製造所の構造を**無許可で変更**したとき、**完成検査を受けないで屋外貯蔵所を使用**したとき、地下タンク貯蔵所の**定期点検**を規定の期間内に**行わなかった**ときは、いずれも許可の取消しを命ぜられる。

5：×　屋外タンク貯蔵所において、危険物の**貯蔵または取扱いの基準遵守命令**に違反したときは、**使用停止**を命ぜられることはあるが、許可の取消しを命ぜられることはない。

問60　答：1　　　　　　　　　　　　　　　　　　　　　　使用停止命令

1：○　危険物保安監督者を**定めていない**ときは、製造所等の使用停止を命ぜられる。

— 52 —

練習問題14 義務違反に対する命令 解答＆解説

2：✗　危険物保安監督者を定めたときの**届出**を怠ったときは、届出の義務違反にはなるが、製造所等の使用停止を命ぜられることはない。

3：✗　危険物保安監督者が、法または法に基づく命令の規定に**違反**したときは、危険物保安監督者の**解任**を命ぜられるが、製造所等の使用停止を命ぜられることはない。

4：✗　危険物保安監督者が、危険物の取扱作業の保安に関する講習を**受講していない**ときは、**都道府県知事**から危険物取扱者免状の**返納**を命ぜられることはあるが、市町村長等から製造所等の使用停止を命ぜられることはない。

5：✗　選択肢2と同様、危険物保安監督者を解任したときの**届出**を怠ったときは、製造所等の使用停止を命ぜられることはない。

ポイント28　届出の義務違反や保安講習の未受講は、許可の取消しにも使用停止命令にも該当しない。

問61　答：5　　　　　　　　　　　　　　　　　　使用停止命令

1：○　製造所等の位置、構造または設備を**無許可で変更**したとき、または**完成検査を受けないで**製造所等を使用したときは、使用停止を命ぜられる事由に該当する。

2：○　市町村長等による製造所等の**修理、改造または移転の命令に従わない**ときは、使用停止を命ぜられる事由に該当する。

3：○　危険物保安監督者を定めなければならない製造所等において、それを**定めていない**とき、または定めていても、その者に危険物の取扱作業に関する**保安の監督をさせていない**ときは、使用停止を命ぜられる事由に該当する。

4：○　屋外タンク貯蔵所の**保安検査**を受けていないときは、使用停止命令を命ぜられる事由に該当する。

5：✗　製造所を譲り受けて、その旨を市町村長等に**届け出**なかったときは、届出の義務違反にはなるが、使用停止命令を命ぜられる事由には該当しない。

問62　答：5　　　　　　　　　　　　　　　　　　使用停止命令

1～4：○　危険物保安監督者に危険物の取扱作業の**保安の監督をさせていない**とき、危険物保安監督者を定めなければならない施設において、それを**定めていない**とき、**仮使用の承認**または**完成検査を受けずに**製造所等を使用していたとき、危険物の**貯蔵または取扱い基準の遵守命令に違反した**ときは、いずれも使用停止命令の事由に該当する。

5：✗　危険物保安監督者が免状の**返納**命令を受けたときは、製造所等の使用停止命令の事由には該当しない。免状の返納命令の管轄は**都道府県知事**で、使用停止命令の管轄は市町村長等であり、管轄が異なる。

ポイント29　危険物取扱者免状や保安講習の管轄は都道府県知事であって、市町村長等ではない。

危険物に関する法令

精選問題

問1 法別表第一備考に掲げられている第4類の危険物の品名の定義として、次のうち正しいものはどれか。

1. 特殊引火物とは、ジエチルエーテル、二硫化炭素その他1気圧において、発火点が100℃以下のもの又は引火点が-20℃以下で沸点が40℃以下のものをいう。
2. 第1石油類とは、ガソリン、軽油その他1気圧において引火点が21℃未満のものをいう。
3. 第2石油類とは、灯油、アセトンその他1気圧において引火点が21℃以上70℃未満のものをいう。
4. 第3石油類とは、重油、シリンダー油その他1気圧において引火点が70℃以上200℃未満のものをいう。
5. 第4石油類とは、ギヤー油、クレオソート油その他1気圧において引火点が200℃以上250℃未満のものをいう。

解答&解説：p. 69

問2 第4類の危険物の品名について、次のうち誤っているものはどれか。

1. ジエチルエーテルは、特殊引火物に該当する。
2. ガソリンは、第1石油類に該当する。
3. 軽油は、第2石油類に該当する。
4. 重油は、第3石油類に該当する。
5. クレオソート油は、第4石油類に該当する。

解答&解説：p. 69

問3 法令上、次の危険物を同一の場所に貯蔵する場合、指定数量の倍数の合計が最も大きい組合せはどれか。

1. メタノール1,000L、ガソリン100L
2. 灯油200L、重油3,000L
3. 重油600L、ジエチルエーテル600L
4. アセトン200L、トルエン50L
5. ガソリン50L、軽油1,000L

解答&解説：p. 69

問4 ある屋外貯蔵タンクに第4類の危険物Aが1,000L貯蔵されている。Aは、非水溶性で、常温（20℃）、1気圧において、引火点 −22℃、沸点 69℃、発火点 240℃であった。法令上、この屋外貯蔵タンクに貯蔵されている危険物Aは、指定数量の何倍であるか。

1　0.5倍　　4　5.0倍
2　1.0倍　　5　20.0倍
3　2.5倍

解答＆解説：p.70

問5 法令上、次の文の（　）内のA～Cに当てはまる語句の組合せとして、正しいものは次のうちどれか。

「製造所等（移送取扱所を除く。）を設置しようとする者は、消防本部及び消防署を置く市町村の区域にあっては（A）、その他の区域にあっては当該区域を管轄する（B）の許可を受けなければならない。設置許可を受けた者は、工事完了後に（C）を受け、許可どおり設置されているかどうかの確認を受けなければならない。」

	A	B	C
1	消防長又は消防署長	市町村長	機能検査
2	市町村長	都道府県知事	完成検査
3	市町村長	都道府県知事	機能検査
4	消防長	市町村長	完成検査
5	消防署長	都道府県知事	完成検査

解答＆解説：p.70

問6 法令上、製造所等の仮使用の申請として、次のうち正しいものはどれか。

1　屋内タンク貯蔵所の一部変更の許可を受け、工事期間中及び完成検査を受けるまでの間、変更工事に係る部分以外の部分について仮使用の申請をした。
2　屋内貯蔵所の設置の許可を受け、工事を開始したが、その工事中に限り、許可された品名、数量の危険物の貯蔵のため、仮使用の申請をした。
3　移送取扱所の完成検査を受けた結果、不良箇所が見つかったので、不良箇所以外について、仮使用の申請をした。
4　給油取扱所の全部変更の許可を受け、工事中であるが、完成検査前検査に合格した地下専用タンクについて、仮使用の申請をした。
5　屋外タンク貯蔵所の設置許可を受け、工事が完了したので、完成検査を受ける前に、仮使用の申請をした。

解答＆解説：p.70

問7 製造所等に必要な手続きとして、次のうち誤っているものはどれか。

1 製造所等以外の場所で、指定数量以上の危険物を、10日以内の期間、仮に貯蔵し、又は取り扱う場合は、所轄消防長又は消防署長の承認を受けなければならない。
2 製造所等において、予防規程の内容を変更する場合は、市町村長等の認可を受けなければならない。
3 製造所等の位置、構造又は設備を変更しようとする場合は、市町村長等の変更の許可を受けなければならない。
4 製造所等の位置、構造又は設備を変更しないで、貯蔵し、又は取り扱う危険物の種類又は数量を変更した場合は、速やかに所轄消防署長の認可を受けなければならない。
5 製造所等の変更工事に係る部分以外の全部又は一部を、完成検査前に仮に使用する場合は、市町村長等の承認を受けなければならない。

解答&解説：p. 70～71

問8 法令上、製造所等における危険物取扱者及び危険物の取扱いについて、次のうち正しいものはどれか。

1 製造所等において、指定数量未満の危険物であれば、危険物取扱者以外の者であっても、危険物取扱者の立会いがなくても危険物を取り扱うことができる。
2 危険物取扱者は、製造所等の位置、構造及び設備について、技術上の基準の維持に努めなければならない。
3 丙種危険物取扱者は、移動タンク貯蔵所に乗車し、ガソリンの移送を行うことができる。
4 すべての乙種危険物取扱者は、丙種危険物取扱者が取り扱うことができる危険物を、自ら取り扱うことができる。
5 危険物取扱者であれば、危険物取扱者以外の者による危険物の取扱作業に立ち会うことができる。

解答&解説：p. 71

問9 法令上、危険物の取扱作業の保安に関する講習について、次のA～Eのうち、誤っているもののみの組合せはどれか。

A 現に製造所等において危険物の取扱作業に従事している者は、居住地若しくは勤務地を管轄する市町村長が行う講習を受けなければならない。
B 受講義務者には、危険物保安統括管理者として定められた者で、免状を有しない者は含まれない。

C 受講義務者は、受講した日から5年以内ごとに次回の講習を受けなければならない。
D 危険物保安監督者として選任された者は、受講義務者に含まれる。
E 受講義務者が、受講を怠ったときは、免状の交付を受けた都道府県知事から免状の返納を命ぜられることがある。

1　AとB　　　2　BとC　　　3　AとC　　　4　BとE　　　5　DとE

> 解答&解説：p.71

問10 法令上、危険物の取扱作業の保安に関する講習（以下「講習」という。）について、次の（　）内のA～Cのうち該当する年数で正しいものはどれか。

「製造所等において危険物の取扱作業に従事する危険物取扱者は、当該取扱作業に従事することとなった日から（A）以内に講習を受けなければならない。ただし、当該取扱作業に従事することとなった日前（B）以内に免状の交付を受けている場合又は講習を受けている場合は、それぞれ当該免状の交付を受けた日又は当該講習を受けた日以後における最初の4月1日から（C）以内に講習を受けることをもって足りるものとする。」

	A	B	C
1	2年	3年	4年
2	1年	2年	3年
3	1年	3年	5年
4	2年	1年	3年
5	1年	2年	4年

> 解答&解説：p.72

問11 法令上、危険物取扱者免状について、次のうち正しいものはどれか。

1 免状を亡失したときは再交付申請を、また汚損したときは書換え申請をそれぞれ行わなければならない。
2 免状を亡失した者は、亡失した日から1年以内に再交付申請を行わなければならない。
3 免状の書換え申請は、居住地又は勤務地を管轄する市町村長に対して行わなければならない。
4 免状は、危険物取扱者試験に合格した者に対し、都道府県知事が交付する。
5 免状の再交付申請は、当該免状を交付した都道府県知事に対してのみ行うことができる。

> 解答&解説：p.72

問12 法令上、危険物取扱者等について、次のうち誤っているものはどれか。

1 製造所等において、危険物の取扱作業に従事する危険物取扱者は、一定期間ごとに都道府県知事が行う危険物の取扱作業の保安に関する講習を受けなければならない。
2 危険物取扱者は、免状の記載事項に変更を生じたときは、遅滞なく、本籍地を管轄する市町村長に免状の書換えを申請しなければならない。
3 免状を亡失してその再交付を受けた者が亡失した免状を発見した場合は、これを10日以内に免状の再交付を受けた都道府県知事に提出しなければならない。
4 都道府県知事は、法に違反している危険物取扱者に対し、その免状の返納を命ずることができる。
5 製造所等においては、甲種危険物取扱者が立ち会えば、危険物取扱者以外の者でもすべての危険物を取り扱うことができる。

解答&解説：p.72

問13 法令上、10日以内の制限があるのは、次のうちどれか。

1 所轄消防署長から承認を受け、指定数量以上の危険物を製造所等以外の場所で仮に貯蔵し、又は取り扱うことができる期間。
2 製造所等の変更工事中に、市町村長等の承認を受け、変更工事部分以外の部分について仮に使用できる期間。
3 予防規程を定めてから、市町村長等に認可の申請をする期間。
4 製造所等の所有者等が危険物保安監督者を定め、市町村長等に届け出るまでの期間。
5 都道府県知事から免状の返納命令を受けてから、返納するまでの期間。

解答&解説：p.73

問14 法令上、危険物保安監督者を選任しなくてもよい製造所等は、次のうちどれか。

1 製造所
2 屋外タンク貯蔵所
3 移動タンク貯蔵所
4 給油取扱所
5 移送取扱所

解答&解説：p.73

問15 法令上、次のA～Dの危険物取扱者又は危険物保安監督者に関する記述として、正しいもののみの組合せはどれか。

A 製造所等において、危険物取扱者以外の者は、危険物保安監督者が立ち会えば、危険物を取り扱うことができる。
B 丙種危険物取扱者は、危険物保安監督者に選任されることはない。
C 危険物保安監督者を選任又は解任したときは、遅滞なくその旨を市町村長等に届け出なければならない。
D 危険物保安監督者の選任の要件である危険物取扱いの実務経験は、製造所等における経験には限定されない。

1 A、B、C
2 A、C
3 B、C、D
4 A、B、D
5 C、D

解答&解説：p. 73

問16 法令上、危険物保安監督者又は危険物取扱者に関する説明として、次のうち誤っているものはどれか。

1 危険物保安監督者は、危険物の取扱作業に関する保安の監督を行う場合は、誠実に職務を行わなければならない。
2 危険物保安監督者は、危険物施設保安員を置く必要のない製造所等においては、危険物施設保安員の業務を行わなければならない。
3 製造所等において、指定数量未満の危険物を取り扱う場合は、甲種又は乙種の危険物取扱者の立会いがなくても、危険物取扱者以外の者が危険物を取り扱うことができる。
4 製造所等において、丙種危険物取扱者の立会いがあれば、危険物取扱者以外の者が定期点検（規則に定める漏れの点検を除く。）を行うことができる。
5 危険物取扱者は、法又は法に基づく命令の規定に違反した場合は、免状を返納させられることがある。

解答&解説：p. 73～74

問17 法令上、一定数量以上の第4類の危険物を貯蔵し、又は取り扱う製造所等で、危険物保安統括管理者を選任しなければならないものは、次のうちどれか。

1 製造所
2 給油取扱所
3 屋外タンク貯蔵所
4 第2種販売取扱所
5 屋内貯蔵所

解答＆解説：p.74

問18 法令上、製造所等の区分、及び貯蔵し又は取り扱う危険物の品名、数量等に関係なく、すべての製造所等の所有者等に共通して義務づけられているのは、次のうちどれか。

1 製造所等に危険物保安監督者を定めること。
2 製造所等に自衛消防組織を置くこと。
3 製造所等の位置、構造及び設備を技術上の基準に適合するよう維持すること。
4 製造所等の火災を予防するため、予防規程を定めること。
5 製造所等に危険物施設保安員を定めること。

解答＆解説：p.74

問19 法令上、製造所等において定めなければならない予防規程について、次のうち誤っているものはどれか。

1 予防規程を定めた場合は、市町村長等の認可を受けなければならない。
2 製造所等の構造を変更したため、火災予防上、不適切な予防規程を変更することとしたが、いったん、認可を受けているため、特に市町村長等に対する手続きを要さない。
3 予防規程に関して、火災の予防のため必要とされるときは、市町村長等から変更を命ぜられることがある。
4 予防規程には、地震発生時において、施設及び設備の点検、応急措置等に関することを定めなければならない。
5 予防規程には、災害その他の非常の場合に取るべき措置について定めなければならない。

解答＆解説：p.74

問20 法令上、予防規程に定めなければならない事項に該当しないものは、次のうちどれか。

1 製造所等の位置、構造及び設備を明示した書類及び図面の整備に関すること。
2 危険物保安監督者が旅行、疾病その他の事故によってその職務を行うことができない場合に、その職務を代行する者に関すること。

3 危険物施設の運転又は操作に関すること。
4 危険物の保安のための巡視、点検及び検査に関すること。
5 製造所等において発生した火災及び消火のために受けた損害調査に関すること。
　解答＆解説：p.74～75

問21 法令上、製造所等の定期点検について、次のうち正しいものはどれか。ただし、規則で定める漏れの点検及び固定式の泡消火設備に関する点検を除く。
1 危険物取扱者が立会った場合であっても、危険物取扱者以外の者が、定期点検を行うことはできない。
2 定期点検は、3年に1回行わなければならない。
3 定期点検の記録は、1年間保存しなければならない。
4 移動タンク貯蔵所及び地下タンクを有する給油取扱所は、定期点検の実施対象である。
5 危険物施設保安員が定められている製造所等は、定期点検を免除されている。
　解答＆解説：p.75

問22 法令上、製造所等の定期点検が義務づけられているものは、次のうちどれか。
1 地下タンクを有する製造所
2 すべての屋外タンク貯蔵所
3 すべての屋外貯蔵所
4 すべての屋内タンク貯蔵所
5 簡易タンクのみを有する給油取扱所
　解答＆解説：p.75

問23 法令上、製造所等のうち、学校や病院等の建築物等から、一定の距離（保安距離）を保たなければならない旨の規定が設けられていないものは、次のうちどれか。
1 一般取扱所
2 製造所
3 屋外タンク貯蔵所
4 屋内タンク貯蔵所
5 屋外貯蔵所
　解答＆解説：p.75

問24 法令上、製造所等の周囲に保たなければならない空地（以下「保有空地」という。）について、次のうち誤っているものはどれか。
1 貯蔵し、又は取り扱う危険物の指定数量の倍数によって、保有空地の幅が定められている。
2 保有空地には物品等を放置してはならない。
3 学校や病院等、一定の距離（保安距離）を保たなければならない施設に対しては保有空地を確保する必要はない。
4 製造所と一般取扱所の保有空地の幅は同じである。
5 保有空地を必要としない施設もある。

問25 法令上、危険物を取り扱う建築物の周囲に、一定の幅の空地を保有しなければならない旨の規定が設けられている製造所等の組合せは、次のうちどれか。
1 販売取扱所　　　　　屋外貯蔵所
2 地下タンク貯蔵所　　屋内タンク貯蔵所
3 移動タンク貯蔵所　　屋内貯蔵所
4 屋外貯蔵所　　　　　屋内貯蔵所
5 給油取扱所　　　　　屋外に設ける簡易タンク貯蔵所

問26 法令上、製造所の位置、構造及び設備の技術上の基準について、次のうち正しいものはどれか。ただし、特例基準が適用されるものを除く。
1 危険物を取り扱う建築物は、地階を有することができる。
2 危険物を取り扱う建築物の延焼のおそれのある部分以外の窓にガラスを用いる場合は、網入ガラスにしないことができる。
3 指定数量の倍数が5以上の製造所には、周囲の状況によって安全上支障がない場合を除き、規則で定める避雷設備を設けなければならない。
4 危険物を取り扱う建築物の壁及び屋根は、耐火構造とするとともに、天井を設けなければならない。
5 電動機及び危険物を取り扱う設備のポンプ、弁、接手等は、火災の予防上支障のない位置に取り付けなければならない。

問27 指定数量の倍数が10を超えるガソリンを貯蔵する屋内貯蔵所の位置、構造及び設備の技術上の基準について、法令上、次のうち誤っているものはどれか。

1 地盤面から軒までの高さが10m未満の平屋建とし、床は地盤面より低くしなければならない。
2 壁、柱及び床を耐火構造とし、かつ、はりを不燃材料で造らなければならない。
3 床面積は、1,000m² を超えないものとしなければならない。
4 屋根を不燃材料で造るとともに、金属板その他の軽量な不燃材料でふき、かつ、天井を設けてはならない。
5 架台を設ける場合には、不燃材料で造るとともに、堅固な基礎に固定しなければならない。

解答&解説：p.77

問28 法令上、平家建としなければならない屋内タンク貯蔵所の位置、構造及び設備の技術上の基準について、次のうち正しいものはどれか。

1 タンク専用室の窓又は出入口にガラスを用いる場合は、網入ガラスにしなければならない。
2 屋内貯蔵タンクには、容量制限が定められていない。
3 屋内貯蔵タンクは建築物内に設置されるため、タンクの外面にはさびどめのための塗装をしないことがある。
4 タンク専用室の出入口のしきいは、床面と段差が生じないように設けなければならない。
5 貯蔵タンクと専用室の壁との間には1m以上の間隔を保たなければならない。

解答&解説：p.77

問29 屋外貯蔵所において、貯蔵できる危険物の組合せとして、次のうち正しいものはどれか。

1	ジエチルエーテル	灯油	動植物油類
2	ガソリン	二硫化炭素	赤りん
3	重油	硫黄	引火点が0℃以上の引火性固体
4	カリウム	アセトアルデヒド	エタノール
5	硝酸	過酸化水素	硫化りん

解答&解説：p.77

問30 法令上、移動タンク貯蔵所による危険物の移送について、次のうち正しいものはどれか。

1. 移動タンク貯蔵所による危険物の移送は、当該移動タンク貯蔵所の所有者が甲種の免状を所有する場合、危険物取扱者が乗車しなくても行うことができる。
2. 移動タンク貯蔵所により危険物を移送する場合は、免状を携帯しなくてもよい。
3. 移動タンク貯蔵所の完成検査済証は、紛失を避けるため事業所に保管しておかなければならない。
4. 移動タンク貯蔵所により危険物を移送する場合には、消防吏員及び警察官が火災防止のために特に必要と認められる場合でも、これを停止し、免状の提示を求めることはできない。
5. 移動タンク貯蔵所によるガソリンの移送は、丙種危険物取扱者を乗車させ、これを行うことができる。

解答&解説：p. 78

問31 法令上、顧客に自ら自動車等に給油させるための顧客用固定給油設備の構造及び設備の技術上の基準として、次のうち誤っているものはどれか。

1. 給油ノズルは、自動車等の燃料タンクが満量になったときに自動的にブザー等の警報が発する構造としなければならない。
2. 給油ホースは、著しい引張力が加わったときに安全に分離するとともに、分離した部分からの危険物の漏えいを防止できる構造としなければならない。
3. ガソリン及び軽油相互の誤給油を有効に防止できる構造としなければならない。
4. 1回の連続した給油量及び給油時間の上限をあらかじめ設定できる構造としなければならない。
5. 地震時にホース機器への危険物の供給を自動的に停止する構造としなければならない。

解答&解説：p. 78

問32 法令上の用語の説明として、次のうち誤っているものはどれか。

1. 顧客用固定給油設備…………顧客に自ら自動車等に給油させるための固定給油設備をいう。
2. 顧客用固定注油設備…………顧客に自ら灯油又は軽油を容器に詰め替えさせるための固定注油設備をいう。
3. 準特定屋外タンク貯蔵所……屋外タンク貯蔵所で、その貯蔵し、又は取り扱う液体の危険物の最大数量が 500kL 以上 1,000kL 未満のものをいう。
4. 特定屋外タンク貯蔵所………屋外タンク貯蔵所で、その貯蔵し、又は取り扱う

　　　　　　　　　　　　　液体の危険物の最大数量が1,000kL以上のもの
　　　　　　　　　　　　　をいう。
5　高引火点危険物……………引火点が130℃以上の第4類の危険物をいう。

解答＆解説：p. 78〜79

問33 法令上、消火設備の区分として、次のA〜Eのうち正しいものはいくつあるか。
A　屋外消火栓設備………………………第1種消火設備
B　水噴霧消火設備………………………第2種消火設備
C　不活性ガス消火設備…………………第3種消火設備
D　消火粉末を放射する小型の消火器……第4種消火設備
E　乾燥砂…………………………………第5種消火設備

1　1つ　　　3　3つ　　　5　5つ
2　2つ　　　4　4つ

解答＆解説：p. 79

問34 法令上、危険物とその火災に適応する第5種の消火設備との組合せで、次のうち誤っているものはどれか。ただし、第5類、第6類の危険物のうち、その他のもので政令で定めるものを除く。
1　水消火器（棒状）…………………第4類、第5類、第6類の危険物
2　強化液消火器（霧状）………………第4類、第5類、第6類の危険物
3　二酸化炭素消火器……………………第4類の危険物
4　泡消火器………………………………第4類、第5類、第6類の危険物
5　粉末消火器（炭酸水素塩類等）………第4類の危険物

解答＆解説：p. 79

問35 法令上、第5種の消火設備を防護対象物の各部分から一つの消火設備に至る歩行距離が20m以下となるように設けなければならない製造所等は、次のうちどれか。ただし、第1種から第4種までの消火設備とは併置しないものとする。
1　販売取扱所
2　地下タンク貯蔵所
3　屋内貯蔵所
4　移動タンク貯蔵所
5　給油取扱所

解答＆解説：p. 79

問36 危険物の貯蔵又は取扱いについて、危険物の類ごとに共通する技術上の基準において、「水との接触を避けること。」と定められているものは、次のA～Eのうちいくつあるか。

A 第1類の危険物のうち、アルカリ金属の過酸化物
B 第2類の危険物のうち、鉄粉、金属粉及びマグネシウム
C 第3類の危険物のうち、黄りん
D 第4類の危険物
E 第6類の危険物

1 1つ
2 2つ
3 3つ
4 4つ
5 5つ

解答&解説：p.79～80

問37 製造所等における危険物の貯蔵・取扱いの基準について、次のうち正しいものはどれか。

1 危険物を保護液中に保存する場合は、当該危険物の一部を露出させておくこと。
2 製造所等では許可された危険物と同じ類、同じ数量であれば、品名については随時変更することができる。
3 危険物のくず、かす等は、1週間に1回以上当該危険物の性質に応じて安全な場所で廃棄その他適当な処置をすること。
4 可燃性蒸気が滞留するおそれのある場所で火花を発する機械器具、工具等を使用する場合には、十分に換気を行うこと。
5 危険物は、原則として海中又は水中に流出させ、又は投下しないこと。

解答&解説：p.80

問38 製造所等における危険物の貯蔵又は取扱いについての説明として、次のうち正しいものはどれか。

1 危険物を廃棄する場合に焼却の方法で行うときは、燃焼や爆発によって他に危害や損害を及ぼすおそれのない方法で行い、見張人をつけなければならないが、安全な場所の場合は見張人をつける必要はない。
2 屋内貯蔵所においては、容器に収納して貯蔵する危険物の温度が60℃を超えないように必要な措置を講じなければならない。
3 給油取扱所で危険物を専用タンクに注入するときは、当該タンクに接続されている固定給油設備の使用を中止しなければならない。

4 給油取扱所で自動車の一部が給油空地からはみ出たまま給油した。
5 移動貯蔵タンクから危険物を貯蔵し、又は取り扱うタンクに危険物を注入するとき、移動タンク貯蔵所の原動機を停止させなければならない危険物は特殊引火物のみである。

解答＆解説：p.80〜81

問39 法令上、危険物の運搬の技術上の基準について、灯油20L入りのポリエチレン製運搬容器の外部に行う表示として、定められていないものは次のうちどれか。
1 「第2石油類」　　4 「火気厳禁」
2 「危険等級Ⅲ」　　5 「20L」
3 「ポリエチレン製」

解答＆解説：p.81

問40 危険物の運搬に関する技術上の基準について、次のうち誤っているものはどれか。
1 原則として、温度変化等により危険物が漏れないように運搬容器を密封して収納すること。
2 収納する危険物と危険な反応を起こさないなど、当該危険物の性質に適応した材質の運搬容器に収納すること。
3 液体の危険物は、運搬容器の内容積の90％以下の収納率であって、かつ、60℃の温度において漏れないように十分な空間容積を有して運搬容器に収納すること。
4 第4類の危険物と第6類の危険物は、指定数量の10分の1以下である場合を除き、混載しないこと。
5 運搬容器を積み重ねる場合は、高さ3m以下とすること。

解答＆解説：p.81

問41 法令上、危険物を車両で運搬する場合の技術上の基準として、次のうち正しいものはどれか。
1 危険物の運搬は、危険物取扱者が行わなければならない。
2 危険物を混載して運搬することは一切禁じられている。
3 指定数量以上の危険物を運搬する場合は、当該危険物に適応する消火設備を備え付けなければならない。
4 運搬する容器の構造等についての基準はあるが、積載方法についての基準はない。
5 指定数量以上の危険物を運搬する場合は、市町村長等に届け出なければならない。

解答＆解説：p.81

問42 製造所等における法令違反と、それに対して市町村長等から受ける命令等の組合せとして、次のうち誤っているものはどれか。

1 製造所等の位置、構造及び設備が技術上の基準に適合しないとき。
　……製造所等の修理、改造又は移転命令
2 製造所等における危険物の貯蔵又は取扱いの方法が技術上の基準に違反しているとき。……危険物の貯蔵、取扱基準遵守命令
3 許可を受けないで、製造所等の位置、構造又は設備を変更したとき。
　……使用停止命令又は許可の取消し
4 公共の安全の維持又は災害発生の防止のため、緊急の必要があるとき。
　……製造所等の一時使用停止命令又は使用制限
5 危険物保安監督者が、その責務を怠っているとき。
　……危険物の取扱作業の保安に関する講習の受講命令

解答&解説：p. 82

問43 法令上、市町村長等から製造所等の所有者等に対する使用停止命令の事由に該当しないものは、次のうちどれか。

1 製造所において、危険物保安監督者に危険物の取扱作業の保安の監督をさせていないとき。
2 屋外タンク貯蔵所において、危険物保安監督者を定めていないとき。
3 給油取扱所において、所有者等が市町村長等からの危険物保安監督者の解任命令に違反したとき。
4 移送取扱所において、危険物保安監督者が免状の返納命令を受けたとき。
5 屋内貯蔵所において、危険物の貯蔵又は取扱いの基準の遵守命令に違反したとき。

解答&解説：p. 82

問44 法令上、製造所等において、市町村長等から許可の取消し又は使用停止を命ぜられる事由に該当しないものは、次のうちどれか。

1 変更の許可を受けずに、タンクを交換して使用した。
2 製造所等の構造の一部を改造するように命令を受けたが、1年後に改造する計画を立て使用を継続した。
3 完成検査を受ける前に使用を開始した。
4 定期点検の時期を過ぎたが、使用を継続した。
5 危険物保安監督者を解任したが、市町村長等に届け出なかった。

解答&解説：p. 82

精選問題 危険物に関する法令

解答＆解説

解答	問1	問2	問3	問4	問5	問6	問7	問8	問9	問10	問11	問12	問13	問14	問15
	1	5	3	4	2	1	4	3	3	2	4	2	1	3	1
	問16	問17	問18	問19	問20	問21	問22	問23	問24	問25	問26	問27	問28	問29	問30
	3	1	3	2	5	4	1	4	3	4	5	1	1	3	5
	問31	問32	問33	問34	問35	問36	問37	問38	問39	問40	問41	問42	問43	問44	
	1	5	3	3	3	2	5	3	3	3	3	5	4	5	

問1　答：1　　　　　　　　　　　　　　　　　　　　　　　　　第4類の品名の定義

1：○　「特殊引火物とは、ジエチルエーテル、二硫化炭素その他1気圧において、発火点が100℃以下のもの又は引火点が -20℃以下で沸点が40℃以下のものをいう」は、特殊引火物の定義である。
2：✕　「軽油」が誤り。第1石油類の定義は、「第1石油類とは、アセトン、ガソリンその他1気圧において引火点が21℃未満のものをいう」である。
3：✕　「アセトン」が誤り。第2石油類の定義は、「第2石油類とは、灯油、軽油その他1気圧において引火点が21℃以上70℃未満のものをいう」である。
4：✕　「シリンダー油」が誤り。第3石油類の定義は、「第3石油類とは、重油、クレオソート油その他1気圧において引火点が70℃以上200℃未満のものをいう」である。
5：✕　「クレオソート油」が誤り。第4石油類の定義は、「第4石油類とは、ギヤー油、シリンダー油その他1気圧において引火点が200℃以上250℃未満のものをいう」である。

問2　答：5　　　　　　　　　　　　　　　　　　　　　　　　　第4類の危険物の品名

1～4：○　ジエチルエーテルは**特殊引火物**に、ガソリンは**第1石油類**に、軽油は**第2石油類**に、重油は**第3石油類**に、それぞれ該当する。
5：✕　「第4石油類」が誤り。クレオソート油は、第3石油類に該当する。

問3　答：3　（12.3倍）　　　　　　　　　　　　　　　　　　　指定数量の倍数の合計

1：✕　メタノール1,000L／400L＋ガソリン100L／200L＝2.5＋0.5＝3.0倍
2：✕　灯油200L／1,000L＋重油3,000L／2,000L＝0.2＋1.5＝1.7倍
3：○　重油600L／2,000L＋ジエチルエーテル600L／50L＝0.3＋12.0＝12.3倍
4：✕　アセトン200L／400L＋トルエン50L／200L＝0.5＋0.25＝0.75倍
5：✕　ガソリン50L／200L＋軽油1,000L／1,000L＝0.25＋1.0＝1.25倍

— 69 —

問4　答：4 (5.0倍)　　　　　　　　　　　　　　　　　　　　　　　指定数量の倍数

> **ヒント4**　引火点、沸点、発火点に第4類の品名の定義を当てはめて、危険物Aの品名を特定する。

4：○　非水溶性で引火点が −20℃以下ならば特殊引火物も考えられるが、危険物Aは沸点69℃、発火点240℃なので、特殊引火物の定義「発火点が100℃以下のものまたは」「沸点が40℃以下のもの」に当てはまらない。次に、<u>第1石油類</u>を考えると、定義「引火点21℃未満のもの」が当てはまる。また、非水溶性からアルコール類は当てはまらない。よって、危険物Aは第1石油類の非水溶性液体で、指定数量は<u>200L</u>。
危険物Aの指定数量の倍数：1,000L ／ 200L ＝ **5.0倍**

問5　答：2　　　　　　　　　　　　　　　　　　　　　　　　　　　　　　設置許可

2：○　「製造所等（移送取扱所を除く。）を設置しようとする者は、消防本部及び消防署を置く市町村の区域にあっては(A)<u>市町村長</u>、その他の区域にあっては当該区域を管轄する(B)<u>都道府県知事</u>の許可を受けなければならない。設置許可を受けた者は、工事完了後に(C)<u>完成検査</u>を受け、許可どおり設置されているかどうかの確認を受けなければならない。」

問6　答：1　　　　　　　　　　　　　　　　　　　　　　　　　　　　　　仮使用

> **ヒント5**　仮使用は、製造所等の位置、構造、設備の変更許可を受けた場合に申請できる手続き。

1：○　仮使用の申請は、許可を受けて製造所等（屋内タンク貯蔵所）の一部を変更する場合に、工事期間中および完成検査を受けるまでの間、変更工事の対象部分<u>以外</u>の全部または一部を<u>仮に使用</u>するために、市町村長等に対して行う手続き。

問7　答：4　　　　　　　　　　　　　　　　　　　　　　　　　　　　　申請と届出

1：○　10日以内の期間に限り仮貯蔵・仮取扱いをする場合は、**所轄消防長**または**消防署長**の承認を受けなければならない。
2：○　予防規程の内容を**変更**する場合は、市町村長等の**認可**を受けなければならない。
3：○　製造所等の位置、構造または設備を**変更**しようとする場合は、市町村長等の変更の**許可**を受けなければならない。
4：×　「速やかに所轄消防長の認可を受けなければならない」が誤り。製造所等の位置、構造または設備を変更しないで、貯蔵し、または取り扱う危険物の種類または数量を変更しようとする場合は、変更しようとする日の<u>10日前</u>までに、<u>市町村長等</u>に<u>届け出</u>なければならない。

5：〇　製造所等の変更工事に係る部分以外の全部または一部を、完成検査前に仮に使用する場合は、市町村長等の**承認**を受けなければならない。

問8　答：3　　　　　　　　　　　　　　　　　　　　　危険物取扱者・危険物の取扱い

1：✕　**製造所等**において、危険物取扱者以外の者が危険物を取り扱う場合は、**指定数量未満**であっても、危険物取扱者の**立会い**がなければ危険物を取り扱うことはできない。
2：✕　製造所等の位置、構造および設備について、技術上の基準の維持に努めるのは、**所有者等**の責務である。危険物取扱者の責務は、危険物の**貯蔵・取扱い**の技術上の基準を遵守するとともに、危険物の保安の確保について細心の注意を払うことである。
3：〇　ガソリンは**丙種危険物取扱者**が取り扱えるので、移送を行うことができる。
4：✕　乙種危険物取扱者が取り扱える危険物は、**免状**に記載された**類**に限られる。丙種危険物取扱者が取り扱える危険物を自ら取り扱う場合は、第**4**類の危険物の免状を持っていなければならない。
5：✕　「危険物取扱者であれば」が誤り。**丙種危険物取扱者**は、危険物取扱者以外の者による危険物の取扱作業に**立ち会う**ことはできない。

ポイント30　製造所等において危険物取扱者以外の者が危険物を取り扱うときは、指定数量未満であっても危険物取扱者の立会いが必要。

問9　答：3（AとC）　　　　　　　　　　　　　　　　　　　　　　　　保安講習

A：✕　「居住地若しくは勤務地を管轄する市町村長が行う」が誤り。**保安講習**は、市町村長ではなく、**都道府県知事**が実施するものである。また、保安講習は**全国どこでも**受講できる。
B：〇　受講義務者は、製造所等において、危険物の取扱作業に従事する**危険物取扱者**。危険物保安統括管理者として定められた者であっても、危険物取扱者の免状を有していなければ受講義務はない。
C：✕　「受講した日から5年以内ごとに」が誤り。受講義務者は、受講した日以後の最初の**4月1日**から**3年**以内ごとに次回の講習を受講しなければならない。
D：〇　**危険物保安監督者**として選任された者は危険物取扱者なので、受講義務者に含まれる。
E：〇　受講義務者が、**受講を怠ったとき**は、免状の交付を受けた都道府県知事から免状の**返納**を命ぜられることがある。

ポイント31　継続して危険物取扱作業に従事している危険物取扱者は、前回の講習を受講した日以後の最初の4月1日から3年以内に受講しなければならない。

問10 答：2 　　　　　　　　　　　　　　　　　　　　　　　　保安講習の受講時期

2：○ 「製造所等において危険物の取扱作業に従事する危険物取扱者は、当該取扱作業に従事することとなった日から(A) 1年以内に講習を受けなければならない。ただし、当該取扱作業に従事することとなった日前(B) 2年以内に免状の交付を受けている場合又は講習を受けている場合は、それぞれ当該免状の交付を受けた日又は当該講習を受けた日以後における最初の4月1日から(C) 3年以内に講習を受けることをもって足りるものとする。」

問11 答：4 　　　　　　　　　　　　　　　　　　　　　　　　　危険物取扱者免状

1：✕ 「汚損したときは書換え申請」が誤り。免状を亡失したときも汚損したときも、再交付申請を行わなければならない。
2：✕ 「1年以内」が誤り。免状を亡失した者は、再交付申請を行わなければならないが、申請までの期間は定められていない。
3：✕ 「市町村長」が誤り。免状の書換え申請は、居住地または勤務地を管轄する都道府県知事、または、免状を交付した都道府県知事に対して行わなければならない。
4：○　免状は、危険物取扱者試験に合格した者に対して**都道府県知事から交付される**。ただし、免状の交付を受けるには申請が必要である。
5：✕ 「当該免状を交付した都道府県知事に対してのみ」が誤り。免状の再交付申請は、当該免状を交付した都道府県知事だけでなく、免状の書換えをした都道府県知事に対しても行うことができる。

ポイント32 免状の書換えなどの申請は都道府県知事に対して行う。

問12 答：2 　　　　　　　　　　　　　　　　　　　　　　　　　危険物取扱者免状等

1：○　製造所等において、**危険物の取扱作業に従事する**危険物取扱者は、一定期間ごとに都道府県知事が行う危険物の取扱作業の保安に関する講習を受けなければならない。
2：✕ 「本籍地を管轄する市町村長」が誤り。危険物取扱者は、免状の記載事項に変更を生じたときは、免状を交付した都道府県知事、または、居住地もしくは勤務地を管轄する都道府県知事に、遅滞なく、免状の書換えを申請しなければならない。
3：○　免状を亡失してその再交付を受けた者が亡失した免状を発見した場合は、これを10日以内に免状の再交付を受けた都道府県知事に提出しなければならない。
4：○　都道府県知事は、**法に違反している**危険物取扱者に対し、その免状の返納を命ずることができる。
5：○　製造所等においては、**甲種危険物取扱者**が立ち会えば、危険物取扱者以外の者でも**すべて**の危険物を取り扱うことができる。

精選問題 解答＆解説

問13　答：1　　　　　　　　　　　　　　　　　　　10日以内の制限

1：○　仮貯蔵・仮取扱いの期間は10日以内と定められている。
2：×　仮使用に期間は定められていない。
3：×　予防規程を定めてから、認可の申請までの期間は定められていない。
4：×　危険物保安監督者を定め、市町村長等に届け出るまでの期間は定められていない。
5：×　免状の返納命令を受けてから、返納するまでの期間は定められていない。

ポイント33　「10日」の制限がある手続きは、仮貯蔵・仮取扱い、品名・数量等の変更届け、亡失した免状を発見したとき。

問14　答：3　　　　　　　　　　　　　　　　　危険物保安監督者の対象施設

選任しなければならない製造所等を○で、選任しなくてもよい製造所等を×で示す。
3：×　移動タンク貯蔵所には、危険物保安監督者を選任する必要はない。
1、2、4、5：○　製造所、屋外タンク貯蔵所、給油取扱所、移送取扱所には、いずれも条件にかかわらず危険物保安監督者を選任しなければならない。

ポイント34　すべての移動タンク貯蔵所には危険物保安監督者を選任する必要がない。

問15　答：1（A、B、C）　　　　　　　　　　　　　　　危険物保安監督者

A：○　危険物保安監督者は**危険物取扱者**でもある。製造所等において、危険物取扱者以外の者は、危険物保安監督者が立ち会えば、危険物を取り扱うことができる。
B：○　**丙種危険物取扱者**は、危険物保安監督者に選任されることはない。
C：○　危険物保安監督者を**選任**または**解任**したときは、遅滞なくその旨を市町村長等に**届け出**なければならない。
D：×　「限定されない」が誤り。危険物保安監督者の選任の要件である危険物取扱いの実務経験は、製造所等における経験に限定される。

問16　答：3　　　　　　　　　　　　　　　危険物保安監督者・危険物取扱者

1：○　危険物保安監督者は、危険物の取扱作業に関する保安の監督を行う場合は、**誠実に職務**を行わなければならない。
2：○　危険物保安監督者は、危険物施設保安員を置く必要のない製造所等においては、**危険物施設保安員の業務**を行わなければならない。
3：×　製造所等において、危険物取扱者以外の者が危険物を取り扱う場合は、指定数量未満であっても、危険物取扱者の立会いがなければ危険物を取り扱うことはできない。
4：○　製造所等において、**丙種危険物取扱者の立会い**があれば、危険物取扱者以外の者が定期点検（規則に定める漏れの点検を除く）を行うことができる。

5：〇　危険物取扱者は、法または法に基づく**命令の規定に違反**した場合は、免状を**返納**させられることがある。

問17　答：1　　　　　　　　　　　　　　　　　　　　危険物保安統括管理者の対象施設

1：〇　**製造所**には、危険物保安統括管理者を選任しなければならない。
2～5：✕　給油取扱所、屋外タンク貯蔵所、第2種販売取扱所、屋内貯蔵所には、いずれも危険物保安統括管理者を選任する必要はない。

問18　答：3　　　　　　　　　　　　　　　　　　　　　　　　　　所有者等の義務

1：✕　危険物保安監督者の選任は、**移動タンク貯蔵所**には義務づけられていない。よって、すべての製造所等の所有者等に共通していない。
2：✕　自衛消防組織の設置を義務づけられているのは、**一定規模以上**の製造所等を有する事業所である。よって、すべての製造所等の所有者等に共通していない。
3：〇　製造所等の位置、構造および設備を**技術上の基準**に適合するよう**維持**することは、すべての所有者等に共通して義務づけられている。
4：✕　予防規程の作成は、**屋内タンク貯蔵所**、**地下タンク貯蔵所**、**簡易タンク貯蔵所**、**移動タンク貯蔵所**、**販売取扱所**には義務づけられていない。よって、すべての製造所等の所有者等に共通していない。
5：✕　危険物施設保安員の選任を義務づけられているのは、**製造所**、**移送取扱所**、**一般取扱所**の3つ。よって、すべての製造所等の所有者等に共通していない。

問19　答：2　　　　　　　　　　　　　　　　　　　　　　　　　　　　予防規程

1：〇　予防規程を定めた場合は、市町村長等の**認可**を受けなければならない。
2：✕　「特に市町村長等に対する手続きを要さない」が誤り。予防規程を**変更**しようとするときは、市町村長等の**認可**を受けなければならない。認可を受けなければ予防規程を変更することはできない。
3：〇　予防規程に関して、火災の予防のため必要とされるときは、**市町村長等**から**変更**を命ぜられることがある。
4：〇　予防規程には、地震発生時において、施設および設備の**点検**、**応急措置等**に関することを定めなければならない。
5：〇　予防規程には、災害その他の非常の場合に取るべき**措置**について定めなければならない。

問20　答：5　　　　　　　　　　　　　　　　　　　　　　　　予防規程に定める事項

1～4：〇　予防規程には、製造所等の位置、構造および設備を明示した**書類**および**図面**

の整備に関することや、**危険物保安監督者**が旅行、疾病その他の事故によってその職務を行うことができない場合に、その**職務を代行する者**に関すること、危険物施設の**運転**または**操作**に関すること、危険物の保安のための**巡視**、**点検**および**検査**に関することなどを定めなければならない。

5：✕ 製造所等において発生した火災および消火のために受けた<u>損害調査</u>に関することは、予防規程に定める事項には該当しない。

問21　答：4　　　　　　　　　　　　　　　　　　　　　　　　　定期点検

1：✕ 危険物取扱者（甲種、乙種、丙種）が<u>立ち会った</u>場合は、危険物取扱者以外の者が、<u>定期点検</u>を行うことができる。

2：✕ 「3年に1回」が誤り。定期点検は、原則として<u>1年</u>に<u>1回以上</u>行わなければならない。

3：✕ 「1年」が誤り。定期点検の記録は、原則として<u>3年</u>間保存しなければならない。

4：○ **移動タンク貯蔵所**および**地下タンクを有する給油取扱所**は、定期点検の実施対象である。

5：✕ 定期点検を実施しなければならない製造所等は政令で定められている。危険物施設保安員を置く製造所等が、定期点検を<u>免除</u>されるといった定めはない。

問22　答：1　　　　　　　　　　　　　　　　　　　　　定期点検の実施対象施設

1：○ <u>地下タンクを有する製造所</u>には、定期点検が義務づけられている。

2、3：✕ 「すべて」が誤り。指定数量の倍数が200以上の<u>屋外タンク貯蔵所</u>と、指定数量の倍数が100以上の<u>屋外貯蔵所</u>には定期点検が義務づけられているが、<u>すべて</u>ではない。

4：✕ すべての**屋内タンク貯蔵所**には、定期点検が義務づけられていない。

5：✕ 「簡易タンクのみ」が誤り。定期点検が義務づけられているのは、<u>地下タンク</u>を有する給油取扱所である。

問23　答：4　　　　　　　　　　　　　　　　　　　　　　　保安距離の対象施設

保安距離を保たなければならない規定が設けられている製造所等を○で、規定が設けられていない製造所等を✕で示す。

4：✕ <u>屋内タンク貯蔵所</u>には、保安距離を保つ必要はない。

1、2、3、5：○ **一般取扱所**、**製造所**、**屋外タンク貯蔵所**、**屋外貯蔵所**には、いずれも保安距離を保たなければならない。

問24　答：3　　　　　　　　　　　　　　　　　　　　　　　　　　保有空地

1：○　保有空地の幅は、貯蔵し、または取り扱う危険物の**指定数量の倍数**によって定められている。
2：○　保有空地には**物品等を放置**してはならない。
3：✗　保安距離を保たなければならない製造所等は<u>すべて</u>、保有空地を確保する必要がある。
4：○　製造所と一般取扱所の保有空地の幅は**同じ**である。指定数量の倍数が10以下の場合は3m以上、指定数量の倍数が10を超える場合は5m以上。
5：○　屋内タンク貯蔵所、地下タンク貯蔵所、移動タンク貯蔵所、給油取扱所、販売取扱所は、保有空地を必要としない。

ポイント35　製造所の基準と一般取扱所の基準は原則同じ。製造所を覚えておけばよい。

問25　答：4　　　　　　　　　　　　　　　　　　　　　　　　保有空地の対象施設

1：✗　販売取扱所には保有空地の必要はないが、<u>屋外貯蔵所</u>には保有空地が必要である。
2：✗　地下タンク貯蔵所、屋内タンク貯蔵所のどちらにも保有空地の必要はない。
3：✗　移動タンク貯蔵所には保有空地の必要はないが、<u>屋内貯蔵所</u>には保有空地が必要である。
4：○　<u>屋外貯蔵所</u>、<u>屋内貯蔵所</u>のどちらにも保有空地が必要である。
5：✗　給油取扱所には保有空地の必要はないが、<u>屋外に設ける</u>簡易タンク貯蔵所には保有空地が必要である。

問26　答：5　　　　　　　　　　　　　　　　　　　　　　　　　製造所の基準

1：✗　「地階を有することができる」が誤り。製造所⑲の危険物を取り扱う建築物は、<u>地階</u>を有しないものでなければならない。
2：✗　「網入りガラスにしないことができる」が誤り。危険物を取り扱う建築物の窓にガラスを用いる場合は、<u>網入</u>ガラスにしなければならない。網入ガラスは、延焼のおそれのある部分には限定されていない。
3：✗　「指定数量の倍数が5以上」が誤り。指定数量の倍数が<u>10</u>以上の製造所には、周囲の状況によって安全上支障がない場合を除き、規則で定める<u>避雷設備</u>を設けなければならない。
4：✗　「耐火構造とするとともに、天井を設けなければならない」が誤り。危険物を取り扱う建築物の壁および屋根は<u>不燃材料</u>で造らなければならない。また、製造所の場合、天井に関する規定は設けられていない。
5：○　**電動機**および危険物を取り扱う設備の**ポンプ**、**弁**、**接手等**は、火災の予防上支障のない位置に取り付けなければならない。

問27　答：1　屋内貯蔵所の基準

1：✗　「10m」「低くしなければならない」が誤り。屋内貯蔵所は、地盤面から軒までの高さが **6m** 未満の平屋建とし、床は地盤面**以上**としなければならない。

2：◯　壁、柱および床を**耐火構造**とし、かつ、はりを**不燃材料**で造らなければならない。

3：◯　床面積は、1,000m² を超えないものとしなければならない。

4：◯　屋根を**不燃材料**で造るとともに、金属板その他の軽量な不燃材料でふき、かつ、**天井**を設けてはならない。

5：◯　架台を設ける場合には、**不燃材料**で造るとともに、堅固な基礎に固定しなければならない。

問28　答：1　屋内タンク貯蔵所の基準

1：◯　屋内タンク貯蔵所のタンク専用室の窓または出入口にガラスを用いる場合は、**網入ガラス**にしなければならない。

2：✗　「容量制限が定められていない」が誤り。屋内貯蔵タンクの容量は、指定数量の倍数の **40倍** 以下、または、第4石油類および動植物油類以外の第4類の危険物の場合は **20,000L** 以下としなければならない。

3：✗　「さびどめのための塗装をしないことがある」が誤り。屋内貯蔵タンクの外面には、さびどめのための**塗装**をしなければならない。建築物内に設置されることとは関係がない。

4：✗　「床面と段差が生じないように設けなければならない」が誤り。タンク専用室の出入口のしきいは、床面から **0.2m** 以上の高さとしなければならない。

5：✗　「1m」が誤り。貯蔵タンクと専用室の壁との間に保たなければならない間隔は、**0.5m** 以上。2基以上のタンク相互間の間隔も同じ。

問29　答：3　屋外貯蔵所の基準

1：✗　ジエチルエーテル（**特殊引火物**）✗、灯油（**第2石油類**）◯、動植物油類◯

2：✗　ガソリン（引火点が **0℃未満の第1石油類**）✗、二硫化炭素（**特殊引火物**）✗、赤りん（貯蔵できない第**2**類）✗

3：◯　重油（**第3石油類**）◯、硫黄（**貯蔵できる第2類**）◯、引火点が0℃以上の引火性固体（**貯蔵できる第2類**）◯

4：✗　カリウム（第**3**類）✗、アセトアルデヒド（**特殊引火物**）✗、エタノール（アルコール類）◯

5：✗　硝酸（第**6**類）✗、過酸化水素（第**6**類）✗、硫化りん（貯蔵できない第**2**類）✗

問30　答：5　　　　　　　　　　　　　　　　　　　　　　　　　　　　移送の基準

1：✗　「危険物取扱者が乗車しなくても行うことができる」が誤り。移動タンク貯蔵所による危険物の移送は、当該移動タンク貯蔵所の所有者が甲種の免状を所有する場合であっても、危険物取扱者が**乗車**して行わなければならない。

2：✗　「免状を携帯しなくてもよい」が誤り。移動タンク貯蔵所により危険物を移送する場合は、免状を**携帯**していなければならない。

3：✗　「事業所に保管しておかなければならない」が誤り。移動タンク貯蔵所の完成検査済証は、移動タンク貯蔵所に**備え付け**なければならない。

4：✗　「停止し、免状の提示を求めることはできない」が誤り。消防吏員および警察官が火災防止のために特に必要と認められる場合には、走行中の移動タンク貯蔵所を**停止**させ、免状の**提示**を求めることができる。

5：◯　ガソリンは**丙種危険物取扱者**が取り扱える危険物なので、移動タンク貯蔵所に乗車させ、これを行うことができる。

ポイント36　移送する危険物を取り扱える危険物取扱者が乗車し、免状は必ず携帯する。

問31　答：1　　　　　　　　　　　　　　　　　　　　　　　　　　　　セルフスタンドの基準

1：✗　「自動的にブザー等の警報が発する構造」が誤り。給油ノズルは、燃料タンクが満量になったときに**給油**を自動的に**停止する**構造としなければならない。

2：◯　給油ホースは、著しい引張力が加わったときに安全に**分離**するとともに、分離した部分からの**危険物の漏えいを防止できる**構造としなければならない。

3：◯　ガソリンおよび軽油相互の**誤給油を有効に防止できる**構造としなければならない。

4：◯　1回の連続した**給油量**および給油時間の**上限**をあらかじめ**設定できる**構造としなければならない。

5：◯　地震時にホース機器への危険物の**供給を自動的に停止する**構造としなければならない。

問32　答：5　　　　　　　　　　　　　　　　　　　　　　　　　　　　法令上の用語の定義

1：◯　顧客用固定給油設備とは、**顧客に自ら自動車等に給油**させるための**固定給油設備**をいう。

2：◯　顧客用固定注油設備とは、**顧客に自ら灯油または軽油を容器に詰め替え**させるための**固定注油設備**をいう。

3：◯　準特定屋外タンク貯蔵所とは、屋外タンク貯蔵所のうち、その貯蔵し、または取り扱う液体の危険物の最大数量が **500kL 以上 1,000kL 未満**のものをいう。

4：◯　特定屋外タンク貯蔵所とは、屋外タンク貯蔵所のうち、その貯蔵し、または取り扱う液体の危険物の最大数量が **1,000kL 以上**のものをいう。

5：✕ 「130℃」が誤り。高引火点危険物⑪とは、引火点が100℃以上の第4類の危険物をいう。

問33　答：3（A、C、E）　消火設備の区分

A：○　屋外消火栓設備は、**第1種**消火設備。
B：✕　「第2種」が誤り。水噴霧消火設備は、**第3**種消火設備。
C：○　不活性ガス消火設備は、**第3種**消火設備。
D：✕　「第4種」が誤り。消火粉末を放射する**小型**の消火器は、**第5**種消火設備。
E：○　乾燥砂は、**第5種**消火設備。

問34　答：1　第5種消火設備と危険物

ヒント6　第5類と第6類の酸素を含む危険物に窒息効果のある消火器は有効ではないが、冷却効果のある水系消火器（水、強化液、泡）は適応する。

1：✕　**棒状**の水消火器は、第5類と第6類の危険物火災には適応するが、第**4**類の危険物火災には適応しない。
2：○　**霧状**の強化液消火器は、第4類、第5類、第6類のいずれの危険物火災にも適応する。
3、5：○　二酸化炭素消火器と炭酸水素塩類等の**粉末消火器**は、第4類の危険物の火災に適応する。
4：○　**泡消火器**は、第4類、第5類、第6類のいずれの危険物火災にも適応する。

ポイント37　第5類と第6類の危険物に適応する消火器がわからなくても、第4類の危険物の火災に絞って、適応しない消火器を当てはめればよい。

問35　答：3　消火設備の設置基準

ヒント7　第5種の消火設備を防護対象物の各部分から1つの消火設備に至る歩行距離が20m以下となるように設けなければならない製造所等は、地下タンク貯蔵所、簡易タンク貯蔵所、移動タンク貯蔵所、給油取扱所、販売取扱所の5つを**除く**製造所等。

3：○　屋内貯蔵所では、消火設備に至る歩行距離が**20m以下**となるように設けなければならない。

1、2、4、5：✕　販売取扱所、地下タンク貯蔵所、移動タンク貯蔵所、給油取扱所では、第5種の消火設備を**有効に**消火できる位置に設置しなければならない。

問36　答：2（A、B）　類ごとの貯蔵・取扱いの基準

A：○　第1類の危険物のうち、アルカリ金属の過酸化物は、水と作用して酸素と熱を発生するため、**水との接触**を避けることと定められている。

B：○ 第2類の危険物のうち、鉄粉、金属粉およびマグネシウムは、**水または酸との接触**を避けることと定められている。

C：× 第3類の危険物のうち、黄りんは、自然発火性を有するため空気との接触を避けることと定められている。

D：× 第4類の危険物は、引火性を有するため火花などとの接触や過熱を避けることと定められている。

E：× 第6類の危険物は、酸化性を有するため可燃物との混合や接触を避けることと定められている。

問37　答：5　　　　　　　　　　　　　　　貯蔵・取扱いの基準

1：×「一部を露出させておくこと」が誤り。危険物を保護液中に保存する場合は、当該危険物を保護液から露出させないこと。

2：× 製造所等では許可された危険物と同じ類、同じ数量であっても、品名を変更しようとする場合は、10日前までに届出をしなければ変更はできない。

3：×「1週間」が誤り。危険物のくず、かす等は、1日に1回以上当該危険物の性質に応じて安全な場所で廃棄その他適当な処置をすること。

4：×「十分に換気を行うこと」が誤り。可燃性蒸気が滞留するおそれのある場所では、火花を発する機械器具、工具等を使用してはならない。

5：○ 危険物を廃棄する場合は、原則として**海中**または**水中**に流出させ、または投下しないこと。

ポイント38 可燃性蒸気が滞留するおそれのある場所では、火花を発する機械器具、工具等を使用してはならない。

問38　答：3　　　　　　　　　　　　　　　貯蔵・取扱いの基準

1：×「安全な場所の場合は見張人をつける必要はない」が誤り。危険物を廃棄する場合に焼却の方法で行うときは、安全な場所であっても、必ず見張人をつけなければならない。

2：×「60℃」が誤り。屋内貯蔵所においては、容器に収納して貯蔵する危険物の温度が55℃を超えないように必要な措置を講じなければならない。

3：○ 給油取扱所で危険物を専用タンクに注入するときは、当該タンクに接続されている固定給油設備の使用を中止しなければならない。

4：×「はみ出たまま給油した」が誤り。給油取扱所で自動車の一部が給油空地からはみ出たままで給油してはならない。

5：×「特殊引火物のみ」が誤り。移動貯蔵タンクから危険物を貯蔵し、または取り扱うタンクに危険物を注入するとき、移動タンク貯蔵所の原動機を停止させなければなら

ないのは、引火点 **40℃**未満の危険物の場合。

問39　答：3　　　　　　　　　　　　　　　　　　　　運搬容器の表示

　外部に行う表示として定められているものを〇で、定められていないものを✕で示す。
3：✕　ポリエチレン製のような**容器の材質**は、運搬容器の外部に行う表示として定められていない。
1、2、4、5：〇　**危険物の品名**（第2石油類）、**危険等級**（危険等級Ⅲ）、収納する危険物に応じた**注意事項**（火気厳禁）、**危険物の数量**（20L）は、いずれも運搬容器の外部に行う表示として定められている。

問40　答：3　　　　　　　　　　　　　　　　　　　　　運搬の基準

1：〇　原則として、温度変化等により危険物が漏れないように運搬容器を**密封して**収納すること。
2：〇　収納する危険物と危険な反応を起こさないなど、当該危険物の**性質に適応した**材質の運搬容器に収納すること。
3：✕　「90%」「60℃」が誤り。液体の危険物は、運搬容器の内容積の **98%**以下の収納率で、かつ、**55℃**の温度において漏れないように十分な空間容積を有して運搬容器に収納すること。
4：〇　第**4**類の危険物と第**6**類の危険物は、指定数量の10分の1以下である場合を除き、**混載**しないこと。
5：〇　運搬容器を積み重ねる場合は、高さ**3m以下**とすること。

問41　答：3　　　　　　　　　　　　　　　　　　　　　運搬の基準

1：✕　運搬には**危険物取扱者**が**乗車する**必要はない。
2：✕　「一切」が誤り。第4類と第6類の危険物のように混載を禁じられている組合せはあるが、**組合せ**によっては混載して運搬できる場合がある。たとえば、第**4**類と、第**2**類や第**5**類の危険物は混載して運搬できる。
3：〇　指定数量以上の危険物を運搬する場合は、当該危険物に適応する**消火設備**を備え付けなければならない。
4：✕　「積載方法についての基準はない」が誤り。危険物の運搬は、**容器**、**積載方法**、**運搬の方法**について、技術上の基準に従って行わなければならない。
5：✕　危険物を車両で運搬する場合は、指定数量の倍数などに関係なく市町村長等にも所轄消防署長などにも**届け出る**必要はない。ただし、運搬中に災害が発生するおそれがあるときは、最寄りの消防機関等へ通報しなければならない。

ポイント39　運搬の場合は、届出をする必要はない。

問42　答：5　　　　　　　　　　　　　　　　　　　　　　　市町村長等からの命令

1：〇　製造所等の**位置**、**構造**および**設備**が技術上の基準に適合しないときは、製造所等の**修理**、**改造または移転命令**を受ける。
2：〇　製造所等における危険物の**貯蔵または取扱い**の方法が技術上の基準に違反しているときは、危険物の**貯蔵、取扱基準遵守命令**を受ける。
3：〇　許可を受けないで、製造所等の位置、構造または設備を**変更**したときは、**使用停止命令**または**許可の取消し**を受ける。
4：〇　**公共の安全の維持**または**災害発生の防止**のため、緊急の必要があるときは、製造所等の**一時使用停止命令**または**使用制限**を受ける。
5：✕　「危険物の取扱作業の保安に関する講習の受講命令」が誤り。危険物保安監督者が、その責務を怠っているときは、危険物保安監督者の**解任命令**を受ける。

問43　答：4　　　　　　　　　　　　　　　　　　　　　　　　　　　使用停止命令

4：✕　移送取扱所において、危険物保安監督者が免状の**返納**命令を受けたときは、製造所等の使用停止命令の事由には該当しない。免状の返納命令の管轄は**都道府県知事**で、使用停止命令の管轄は市町村長等であり、管轄が異なる。
1～3、5：〇　製造所において危険物保安監督者に危険物の取扱作業の**保安の監督をさせていないとき**、屋外タンク貯蔵所において危険物保安監督者を**定めていないとき**、給油取扱所において所有者等が市町村長等からの危険物保安監督者の**解任命令に違反したとき**、屋内貯蔵所において危険物の**貯蔵または取扱いの基準の遵守命令に違反したとき**は、いずれも使用停止命令の事由に該当する。

問44　答：5　　　　　　　　　　　　　　　　　　　　　　許可の取消し・使用停止命令

1：〇　変更の許可を受けずに、タンクを交換して使用したのは、製造所等の設備の**無許可変更**になり、許可の取消しまたは使用停止を命ぜられる事由に該当する。
2：〇　製造所等の構造の一部を改造するように命令を受けたが、1年後に改造する計画を立て使用を継続したのは、構造に関わる**修理、改造または移転命令に違反**していることになり、許可の取消しまたは使用停止を命ぜられる事由に該当する。
3：〇　完成検査を受ける前に使用を開始したのは、**完成検査前使用**になり、許可の取消しまたは使用停止を命ぜられる事由に該当する。
4：〇　定期点検の時期を過ぎたが、使用を継続したのは、**定期点検の未実施**になり、許可の取消しまたは使用停止を命ぜられる事由に該当する。
5：✕　危険物保安監督者を解任したが、市町村長等に**届け出**なかったのは、届出義務違反にはなるが、製造所等の許可の取消しまたは使用停止を命ぜられる事由には該当しない。

解答用紙 危険物に関する法令

練習問題

問1	問2	問3	問4	問5	問6	問7	問8	問9	問10	問11
問12	問13	問14	問15	問16	問17	問18	問19	問20	問21	問22
問23	問24	問25	問26	問27	問28	問29	問30	問31	問32	問33
問34	問35	問36	問37	問38	問39	問40	問41	問42	問43	問44
問45	問46	問47	問48	問49	問50	問51	問52	問53	問54	問55
問56	問57	問58	問59	問60	問61	問62				

精選問題

問1	問2	問3	問4	問5	問6	問7	問8	問9	問10	問11
問12	問13	問14	問15	問16	問17	問18	問19	問20	問21	問22
問23	問24	問25	問26	問27	問28	問29	問30	問31	問32	問33
問34	問35	問36	問37	問38	問39	問40	問41	問42	問43	問44

徹底攻略

危険物に関する法令の問題

主な項目ごとに、比較的出題率の高い内容を要約して掲載しました。試験直前に復習のつもりで確認すると有効です。

項目	内 容
消防法上の危険物	・危険物は1気圧20℃で液体または固体であって、危険物に気体のものはない。
指定数量	・複数の危険物の指定数量の倍数は、それぞれの危険物の指定数量の倍数の合計。
手続き（承認）	・仮貯蔵・仮取扱い：製造所等以外の場所で、所轄消防長または消防署長の承認を受けて、指定数量以上の危険物を10日以内の期間仮に貯蔵し、取り扱うこと。 ・仮使用：製造所等の位置、構造または設備を変更する場合に、変更工事部分の完成検査前に、市町村長等の承認を受けて変更工事以外の部分を仮に使用すること。
危険物取扱者	・丙種危険物取扱者は、無資格者による危険物の取扱作業への立会いはできない。 ・製造所等において、無資格者が危険物を取り扱う場合は、指定数量未満であっても、その危険物を取り扱える危険物取扱者が立ち会わなければならない。
危険物取扱者免状	・書換え：氏名・本籍の変更、写真が10年を経過したとき、交付した都道府県知事または居住地もしくは勤務地を管轄する都道府県知事に申請する。
危険物保安監督者	・丙種危険物取扱者は、危険物保安監督者になれない。 ・危険物保安監督者の要件は、製造所等における6か月以上の実務経験。 ・条件にかかわらず選任しなければならない製造所等：製造所、屋外タンク貯蔵所、給油取扱所、移送取扱所、一部の一般取扱所の5つ。
予防規程	・製造所等の所有者等は、予防規程を定めたとき、変更しようとするときは、市町村長等の認可を受けなければならない。
定期点検	・丙種危険物取扱者は、定期点検も、無資格者が行う定期点検の立会いもできる。 ・条件にかかわらず、定期点検実施対象の製造所等：地下タンクを有する製造所・給油取扱所・一般取扱所、地下タンク貯蔵所、移動タンク貯蔵所、移送取扱所の6つ。
保安距離	・保安距離の必要な製造所等：製造所、屋内貯蔵所、屋外タンク貯蔵所、屋外貯蔵所、一般取扱所の5つ。
移動タンク貯蔵所（移送）	・移送する危険物を取り扱える危険物取扱者が乗車し、免状を携帯する。 ・移動タンク貯蔵所に備え付ける書類：完成検査済証、定期点検記録、譲渡・引渡の届出書、品名・数量または指定数量の倍数の変更の届出書の4つ。
消火設備	・第3種消火設備：水蒸気、水噴霧、泡、不活性ガス、ハロゲン化物、粉末の消火設備。 ・第4種消火設備＝大型消火器、第5種消火設備＝小型消火器。
貯蔵・取扱い	・危険物のくず、かす等は、1日に1回以上廃棄など適当な処置をする。 ・危険物が残存し、または残存しているおそれがある設備、機械器具、容器等を修理する場合は、安全な場所において、危険物を完全に除去した後に行う。 ・可燃性の蒸気が滞留するおそれのある場所では、電線と電気器具とを完全に接続し、火花を発する機械器具、工具等を使用してはならない。 ・屋内貯蔵所においては、容器内の危険物の温度が55℃を超えないようにする。 ・危険物の廃棄は、焼却によって行うことができる。
運搬	・運搬の基準は、指定数量未満であっても指定数量以上であっても適用される。 ・運搬するときは、危険物取扱者の乗車も、消防機関等への届出も必要ない。
許可の取消しまたは使用停止命令	・許可の取消しまたは使用停止命令の対象：無許可変更、完成検査前使用、仮使用の承認前使用、修理、改造または移転命令違反、定期点検未実施。 ・使用停止命令の対象：貯蔵・取扱基準遵守命令違反、危険物保安監督者を定めていないときや保安の監督をさせていないとき、および解任命令違反。 ・対象外：届出の義務違反、保安講習の未受講、免状の返納命令や書換え等の未実施。

II 基礎的な物理学および基礎的な化学

よく出る問題

- 燃焼の基礎理論…………燃焼の三要素
- 燃焼のしかた……………物質とその燃焼のしかた
- 燃焼の難易………………燃焼のしやすさ
- 危険物の性質……………燃焼範囲、引火点
- 消火方法・消火剤………消火効果、火災と適応消火剤
- 静電気……………………静電気の発生とその防止方法

解答用紙は p. 127 にあります。

練習問題1 燃焼の基礎理論

燃焼の定義、燃焼の三要素

解答&解説：p. 88

[燃焼の定義]

問1 次の（ ）内のA〜Cに当てはまる語句の組合せとして、次のうち正しいものはどれか。

「燃焼は、（A）と（B）の発生を伴う（C）である。」

	A	B	C
1	熱	煙	還元反応
2	熱	光	還元反応
3	炎	煙	酸化反応
4	炎	熱	分解反応
5	熱	光	酸化反応

[燃焼全般]

問2 燃焼について、次のうち誤っているものはどれか。

1. 燃焼には、反応物質としての可燃物と酸素供給源及び反応を開始させるための着火エネルギーが必要である。
2. 空気中で可燃物を燃焼すると、より安定な酸化物に変わる。
3. 有機化合物の燃焼において、酸素が不足すると一酸化炭素やすすなどが生成され、不完全燃焼となる。
4. 一般に、液体の可燃物は、燃焼により加熱され蒸発または分解し、気体となって燃える。
5. 物質の燃焼に必要な酸素の供給源は、一般に空気であり、物質自身に含まれる酸素は酸素供給源にはならない。

[燃焼の三要素]

問3 燃焼について、次のうち誤っているものはどれか。

1. 酸素供給源は、空気とは限らない。
2. 可燃物、酸素供給源及び点火源を燃焼の三要素という。
3. 二酸化炭素は可燃物ではない。
4. 気化熱や融解熱は、点火源になる。
5. 金属の衝撃火花や静電気の放電火花は、点火源になることがある。

練習問題 2 燃焼のしかた、燃焼の難易

解答&解説：p.89

[燃焼のしかた]

問 4 可燃物と燃焼の仕方の組合せとして、次のうち誤っているものはどれか。

1. 灯油…………蒸発燃焼
2. 木炭…………表面燃焼
3. 木材…………分解燃焼
4. 重油…………表面燃焼
5. セルロイド……内部（自己）燃焼

[燃焼のしかた]

問 5 燃焼に関する説明として、次のうち誤っているものはどれか。

1. ニトロセルロースは、分子内に酸素を含有し、その酸素が燃焼に使われる。これを内部（自己）燃焼という。
2. 木炭は、熱分解や気化を起こすことなく、そのまま高温状態となって燃焼する。これを表面燃焼という。
3. 硫黄は、融点が発火点よりも低いため、加熱によって融解し、さらに蒸気を発生して燃焼する。これを分解燃焼という。
4. 石炭は、熱分解によって生じた可燃性ガスが燃焼する。これを分解燃焼という。
5. エタノールは、液面から発生した蒸気が燃焼する。これを蒸発燃焼という。

[燃焼のしやすさ]

問 6 可燃物の一般的な燃焼の難易として、次のうち誤っているものはどれか。

1. 水分の含有量が少ないほど燃焼しやすい。
2. 空気との接触面積が大きいほど燃焼しやすい。
3. 周囲の温度が高いほど燃焼しやすい。
4. 熱伝導率が大きい物質ほど燃焼しやすい。
5. 蒸発しやすい物質ほど燃焼しやすい。

[物質の性質と燃焼のしやすさ]

問 7 危険物の性質として、燃焼のしやすさと直接関係のないものは、次のうちどれか。

1. 引火点が低い。
2. 発火点が低い。
3. 酸素と結合しやすい。
4. 燃焼範囲が広い。
5. 気化熱が大きい。

練習問題 1〜2　燃焼の基礎理論、燃焼のしかた、燃焼の難易

解答＆解説

解答	問1	問2	問3	問4	問5	問6	問7
	5	5	4	4	3	4	5

問1　答：5　　　　　　　　　　　　　　　　　　　　　燃焼の定義

5：○　「燃焼は、(A)**熱**と(B)**光**の発生を伴う(C)**酸化反応**である。」

問2　答：5　　　　　　　　　　　　　　　　　　　　　燃焼全般

1：○　燃焼には、燃焼の三要素（**可燃物**、**酸素供給源**、**点火源**）が必要である。反応を開始させるための着火エネルギーとは、点火源のこと。

2：○　燃焼は高温で酸素と反応するため、酸素の供給が不足しなければ、それ以上**酸化されない**安定な酸化物まで化学変化する。

3：○　有機化合物（有機物）の燃焼においては、酸素の供給が十分であれば**完全燃焼**し、水と二酸化炭素を発生するが、酸素の供給が不足すると一酸化炭素やすすなども発生し、**不完全燃焼**となる。

4：○　一般に、液体の可燃物は、燃焼により加熱されて**蒸発**または**分解**し、可燃性気体となって燃える。第4類の危険物や第5類の硝酸メチルなどが該当する。

5：×　「酸素供給源にはならない」が誤り。物質の燃焼に必要な酸素の供給源は、空気だけとは限らない。第**1**類や第**6**類の危険物は酸素を含有しており、加熱、衝撃などによって分解して酸素を発生し、酸素供給源になる。

ポイント1　第1類や第6類の危険物も酸素供給源になる。

問3　答：4　　　　　　　　　　　　　　　　　　　　　燃焼の三要素

1：○　酸素供給源は、空気とは限らない。**第1類**や**第6類**の危険物も酸素供給源になる。

2：○　**可燃物**、**酸素供給源**、**点火源**を燃焼の三要素といい、三要素のうち、1つでも欠けていれば燃焼は起こらない。

3：○　二酸化炭素は、炭素が完全に酸化された**不燃性ガス**なので、**可燃物**にはならない。

4：×　「点火源になる」が誤り。気化熱や融解熱のような**状態変化**に使われる熱は、点火源にならない。

5：○　金属の**衝撃火花**や静電気の**放電火花**は、点火源になることがある。

ポイント2　状態変化（融解、気化、凝固など）に伴う吸熱や放熱は点火源にならない。

練習問題 1〜2　燃焼の基礎理論、燃焼のしかた、燃焼の難易　解答＆解説

問4　答：4　　　　　　　　　　　　　　　　　　　　　　　　　　　燃焼のしかた

1：○　灯油の燃焼は、液体の表面から発生した可燃性気体が空気と混合して燃焼する**蒸発燃焼**。

2：○　木炭の燃焼は、表面で直接酸素と反応して燃焼する**表面燃焼**。

3：○　木材の燃焼は、加熱によって分解され、発生した可燃性気体が燃焼する**分解燃焼**。

4：×　「表面燃焼」が誤り。重油の燃焼は、液体の表面から発生した可燃性気体が空気と混合して燃焼する**蒸発燃焼**。

5：○　セルロイドの燃焼は、空気がなくても分子内に酸素を含むため、加熱によって分解して燃焼する**内部（自己）燃焼**。

ポイント3　第4類の危険物はすべて蒸発燃焼。

問5　答：3　　　　　　　　　　　　　　　　　　　　　　　　　　　燃焼のしかた

1：○　ニトロセルロースは、分子内に酸素を含有し、加熱によって分解してその酸素が燃焼に使われる。これを**内部（自己）燃焼**という。

2：○　木炭は、熱分解や気化を起こすことなく、そのまま高温状態となって表面で酸素と反応して燃焼する。これを**表面燃焼**という。

3：×　「分解燃焼」が誤り。硫黄は、融点が発火点よりも低いため加熱によって融解し、さらに蒸気を発生して燃焼する。これを**蒸発燃焼**という。

4：○　石炭は、熱分解によって生じた可燃性ガスが燃焼する。これを**分解燃焼**という。

5：○　エタノールは、液面から発生した蒸気が空気と混合して燃焼する。これを**蒸発燃焼**という。

ポイント4　液体：蒸発燃焼、内部（自己）燃焼。固体：表面燃焼、分解燃焼、蒸発燃焼、内部（自己）燃焼。

問6　答：4　　　　　　　　　　　　　　　　　　　　　　　　　　　燃焼のしやすさ

4：×　「大きい」が誤り。**熱伝導率**が**小さい**物質ほど熱が蓄積され、温度が上がって燃焼しやすい。

1〜3、5：○　水分の含有量が**少ない**ほど、空気との接触面積が**大きい**ほど、周囲の温度が**高い**ほど、**蒸発しやすい**（可燃性蒸気を**発生しやすい**）物質ほど燃焼しやすい。

ポイント5　燃焼のしやすさ：発熱量＝大、熱伝導率＝小、空気との接触面＝大、水分＝少、温度＝高。

問7　答：5　　　　　　　　　　　　　　　　　　　　　　　　物質の性質と燃焼のしやすさ

1〜4：○　危険物の性質として、引火点が**低い**、発火点が**低い**、酸素と**結合しやすい**、燃焼範囲が**広いもの**は燃焼しやすい。

5：×　**状態変化**に使われる気化熱（吸熱）は、**点火源**とはならないため、燃焼のしやすさとは直接関係がない。

燃焼範囲、引火点、発火点、自然発火、粉じん爆発

練習問題 3 危険物の性質

解答&解説：p.92〜93

[燃焼範囲の定義]

問8 可燃性蒸気の燃焼範囲について、次のうち正しいものはどれか。
1 燃焼するのに必要な酸素量の範囲のことである。
2 燃焼によって被害を受ける範囲のことである。
3 空気中において可燃性蒸気が燃焼することのできる濃度範囲のことである。
4 可燃性蒸気が燃焼を開始するのに必要な熱源の温度範囲のことである。
5 燃焼によって発生するガスの濃度範囲のことである。

[燃焼範囲の蒸気量]

問9 次の燃焼範囲の危険物を100Lの空気と混合させ、その均一な混合気体に電気火花を発したとき、燃焼可能な蒸気量はどれか。

燃焼下限値　1.3vol%
燃焼上限値　7.1vol%

1　1L
2　5L
3　10L
4　15L
5　20L

[引火点の定義]

問10 引火点について、次のうち正しいものはどれか。
1 発火点と同じ意味であって、可燃物が気体又は液体の場合に発火点といい、固体の場合には引火点という。
2 可燃性液体が、爆発（燃焼）下限界の蒸気を発生するときの最低の液温をいう。
3 可燃物を空気中で加熱したとき、火源がなくても自ら発火する最低の温度をいう。
4 可燃性液体の蒸気が発生し始めるときの温度をいう。
5 可燃性液体を空気中で燃焼させるのに必要な熱源の温度をいう。

練習問題 3 危険物の性質

[引火点、発火点、燃焼点]

問11 引火点等について、次のうち誤っているものはどれか。
1. 同一の可燃性物質においては、一般に発火点の方が引火点よりも高い。
2. 発火点とは、空気中で可燃性物質を加熱したとき、火源がなくても自ら燃焼し始める最低の温度をいう。
3. 燃焼点とは、可燃性液体が燃焼を継続させるのに必要な濃度の蒸気を発生する液温をいう。
4. 引火点とは、可燃性液体が燃焼範囲の上限値の濃度の蒸気を発生する液温をいう。
5. 同一の可燃性物質においては、一般に燃焼点の方が引火点よりも高い。

[自然発火]

問12 自然発火について、次のうち誤っているものはどれか。
1. 自然発火とは、他から点火源が与えられなくても、物質が空気中で発熱し、その熱が長期間蓄積されて発火する現象である。
2. 自然発火が起こるには、蓄熱の過程が重要な役割を果たしており、発熱量や物質の堆積量が大きく影響する。
3. 酸化熱により自然発火を起こす代表的なものは、乾性油である。
4. 分解熱により自然発火を起こす代表的なものは、ニトロセルロースである。
5. 吸着熱により自然発火を起こす代表的なものは、鉄粉である。

[粉じん爆発]

問13 粉じん爆発について、次のうち誤っているものはどれか。
1. 可燃性固体の微粉が空気中に浮遊しているとき、何らかの火源により爆発する現象をいう。
2. 開放空間では粉じん爆発は起こりにくい。
3. 粉じんと空気が適度に混合しているときに粉じん爆発は起こる。
4. 粉じんの粒子が大きいときは浮遊しにくいので、粉じん爆発を起こしにくい。
5. 有機物が粉じん爆発したとき、燃焼が完全になるので一酸化炭素が発生することはない。

練習問題3 危険物の性質

解答&解説

解答	問8	問9	問10	問11	問12	問13
	3	2	2	4	5	5

問8　答：3　　　　　　　　　　　　　　　　　　　燃焼範囲の定義

3：○　**燃焼範囲**とは、空気中において可燃性蒸気が燃焼することのできる**濃度範囲**のことである。空気と可燃性蒸気は**一定の割合**（燃焼範囲内）でなければ燃焼しない。

問9　答：2（5L）　　　　　　　　　　　　　　　燃焼範囲の蒸気量

ヒント1　濃度(vol%) = $\dfrac{可燃性蒸気(L)}{可燃性蒸気(L) + 空気(L)} \times 100$

1：×　$\dfrac{1(L)}{1(L) + 100(L)} \times 100 = \underline{1.0}\text{vol\%}$
燃焼下限値未満なので燃焼しない。

2：○　$\dfrac{5(L)}{5(L) + 100(L)} \times 100 = \mathbf{4.8vol\%}$
燃焼範囲内なので燃焼する。

3：×　$\dfrac{10(L)}{10(L) + 100(L)} \times 100 = \underline{9.1}\text{vol\%}$
燃焼上限値を超えているので燃焼しない。

4：×　$\dfrac{15(L)}{15(L) + 100(L)} \times 100 = \underline{13.0}\text{vol\%}$
燃焼上限値を超えているので燃焼しない。

5：×　$\dfrac{20(L)}{20(L) + 100(L)} \times 100 = \underline{16.7}\text{vol\%}$
燃焼上限値を超えているので燃焼しない。

ポイント6　可燃性蒸気は燃焼範囲内でなければ燃焼しない。

問10　答：2　　　　　　　　　　　　　　　　　　　引火点の定義

1：×　**引火点**と**発火点**は、**異なる**ものであって可燃物の状態によるものではない。

2：○　引火点とは、可燃性液体が、爆発（燃焼）**下限界**（下限値）の蒸気を発生するときの最低の液温をいう。

3：×　可燃物を空気中で加熱したとき、火源（点火源）がなくても自ら発火する最低の温度とは、**発火点**のこと。

4、5：×　いずれも引火点の定義ではない。

練習問題3 危険物の性質 解答＆解説

問11　答：4　　　　　　　　　　　　　　　　　　　　　引火点、発火点、燃焼点

1：○　同一の可燃性物質においては、一般に**発火点**の方が引火点よりも**高い**。
2：○　発火点とは、空気中で可燃性物質を加熱したとき、**火源**がなくても**自ら燃焼し始める**最低の温度をいう。
3：○　**燃焼点**とは、可燃性液体が燃焼を**継続**させるのに必要な濃度の**蒸気を発生する**液温をいう。
4：×　「上限値」が誤り。引火点とは、可燃性液体が燃焼範囲の**下限値**の濃度の蒸気を発生する液温をいう。
5：○　同一の可燃性物質においては、一般に**燃焼点**の方が引火点よりも**高い**。

ポイント7　引火点は、可燃性液体が燃焼範囲の下限値の濃度の蒸気を発生するときの液温。

問12　答：5　　　　　　　　　　　　　　　　　　　　　　　　　　　　　自然発火

1：○　**自然発火**とは、他から**点火源**が与えられなくても、物質が空気中で酸化や分解などによって**発熱**し、その熱が長期間蓄積されて**発火点**に達し、発火する現象である。
2：○　自然発火が起こるためには、蓄熱の過程が重要な役割を果たしており、発熱量や物質の堆積量が**多ければ**、内部に熱がこもり自然発火しやすい。
3：○　**酸化熱**により自然発火を起こす代表的なものは、動植物油類の**乾性油**（アマニ油など）である。
4：○　**分解熱**により自然発火を起こす代表的なものは、**ニトロセルロース**や**セルロイド**である。
5：×　「鉄粉」が誤り。**吸着熱**により自然発火を起こす代表的なものは、**活性炭**や**木炭**である。

問13　答：5　　　　　　　　　　　　　　　　　　　　　　　　　　　　　粉じん爆発

1：○　**粉じん爆発**とは、可燃性固体の**微粉**が空気中に浮遊しているとき、何らかの**火源**により爆発する現象をいう。
2：○　**開放空間**では、粉じんが空気中に拡散して**爆発範囲**以下の濃度になれば、粉じん爆発は起こらなくなる。
3：○　粉じん爆発には**爆発範囲**があり、粉じんと空気中の酸素が**一定の割合**（爆発範囲内）で混合しているときに粉じん爆発は起こる。
4：○　粉じんの**粒子が大きい**ときは浮遊しにくいので、粉じん爆発を起こしにくい。
5：×　「燃焼が完全になるので一酸化炭素が発生することはない」が誤り。有機物が粉じん爆発したときの燃焼は完全燃焼とは限らない。完全燃焼のときもあれば不完全燃焼のときもある。完全燃焼ならば炭素はすべて二酸化炭素になり一酸化炭素は発生しないが、**不完全燃焼**ならば**一酸化炭素**を発生する。

練習問題 4 消火方法、消火剤

解答&解説：p.96

[消火全般]

問14 消火理論について、次のうち誤っているものはどれか。
1. 燃焼の三要素のうち、1つの要素を取り去っただけでは消火できない。
2. 引火性液体の燃焼は、その液体の温度を引火点未満にすれば消火できる。
3. 一般に空気中の酸素が一定濃度以下になれば、燃焼は停止する。
4. ハロゲン化物消火剤は、負触媒（抑制）作用による消火効果が大きい。
5. 水は、比熱及び気化熱が大きいため冷却効果が大きい。

[消火方法と消火効果]

問15 消火方法と消火効果の組合せとして、次のうち正しいものはどれか。
1. 容器内の灯油が燃えていたので、泡消火器で消火した。……………冷却効果
2. 天ぷらなべの油が燃えていたので、粉末（リン酸塩類）消火器で消火した。
   ……………………………………………………………………除去効果
3. 容器内の軽油が燃えていたので、ハロゲン化物消火器で消火した。
   ……………………………………………………………………冷却効果
4. 少量のガソリンが燃えていたので、二酸化炭素消火器で消火した。
   ……………………………………………………………………窒息効果
5. 油の染み込んだ布が燃えていたので、乾燥砂で覆って消火した。
   …………………………………………………………抑制（負触媒）効果

[火災と適応消火器]

問16 火災とそれに適応した消火器として、次のA～Dのうち正しいものの組合せはどれか。
- A 電気設備の火災……ハロゲン化物消火器
- B 電気設備の火災……泡消火器
- C 石油類の火災………二酸化炭素消火器
- D 石油類の火災………棒状に放射する強化液消火器

1. AとB
2. BとC
3. AとC
4. BとD
5. CとD

練習問題 5 静電気

静電気の発生しやすさ、静電気の発生・蓄積防止策

解答＆解説：p.97

[静電気全般]

問17 静電気について、次のうち誤っているものはどれか。
1 静電気の放電火花は可燃性蒸気の点火源になることはない。
2 電気の不導体に帯電しやすい。
3 一般に合成繊維製品は、綿製品よりも帯電しやすい。
4 一般に引火性の液体が流動するときには、静電気は発生しやすい。
5 静電気による火災では、燃焼物に適応した消火方法をとる。

[静電気の発生・蓄積]

問18 静電気について、次のうち誤っているものはどれか。
1 2つ以上の物体が摩擦、衝突、はく離等の接触分離をすることにより静電気が発生する。
2 静電気は、ガソリンの詰替えや運搬の際に発生することがある。
3 静電気は、導電性が大きいものほど蓄積しやすい。
4 静電気の蓄積を防止するには、湿度を上げた方がよい。
5 物体が帯電状態にあるだけでは火災は発生しない。

[静電気全般]

問19 静電気に関する説明として、次のうち誤っているものはどれか。
1 非水溶性の引火性液体の導電性は低い。
2 静電気の放電火花は、可燃性ガスのあるところでは、しばしば点火源となる。
3 導電性が高い物質は、低い物質より静電気を蓄積しにくい。
4 静電気の発生を抑制するためには、2つの物体の接触圧を高くすればよい。
5 帯電防止策として、接地する方法がある。

[静電気災害の防止方法]

問20 静電気の発生・蓄積防止策として、次のうち適切でないものはどれか。
1 配管に流れる液体の流速を遅くして、静電気の発生を抑制する。
2 静電気の蓄積を防ぐには、電気絶縁性の高いものを使用する。
3 接触回数を減らして、摩擦による静電気の発生を抑制する。
4 除電器を使用するなどし、積極的に除電する。
5 緩和時間を確保し、帯電した静電気を放出、中和させる。

練習問題 4〜5 消火方法、消火剤、静電気

解答＆解説

解答	問14	問15	問16	問17	問18	問19	問20
	1	4	3	1	3	4	2

問14　答：1　　　　　　　　　　　　　　　　　　　　　　　　　　　消火全般

1：✕　「消火できない」が誤り。燃焼の三要素のうち1つの要素を取り去れば**消火**できる。
2：◯　引火性液体の燃焼は、その液体の温度を**引火点未満**、つまり**燃焼範囲の下限値以下**にすれば消火できる。
3：◯　一般に空気中の酸素濃度が**約14〜15vol%以下**になれば、燃焼は停止する。
4：◯　ハロゲン化物消火剤は、燃焼の連鎖反応を抑制する**負触媒（抑制）**作用による消火効果が大きい。
5：◯　水は、比熱および気化熱が大きいため可燃物の温度を下げる**冷却効果**が大きい。

問15　答：4　　　　　　　　　　　　　　　　　　　　　　　　消火方法と消火効果

1：✕　「冷却効果」が誤り。容器内の灯油の火災に泡消火器を使用するのは、**窒息効果**による消火方法。
2：✕　「除去効果」が誤り。天ぷらなべの油火災に粉末（リン酸塩類）消火器を使用するのは、**窒息効果**による消火方法。
3：✕　「冷却効果」が誤り。容器内の軽油の火災にハロゲン化物消火器を使用するのは、**窒息効果**と**抑制効果（負触媒効果）**による消火方法。
4：◯　少量のガソリンの火災に二酸化炭素消火器を使用するのは、**窒息効果**による消火方法。
5：✕　「抑制（負触媒）効果」が誤り。油の染み込んだ布の火災に乾燥砂で覆うのは、**窒息効果**による消火方法。

ポイント8　第4類の危険物の火災（油火災）には、窒息効果と抑制効果のある消火器を用いる。

問16　答：3（AとC）　　　　　　　　　　　　　　　　　　　　火災と適応消火器

A：◯　ハロゲン化物消火器は、電気設備の火災（**電気火災**）に適応する。
B：✕　**泡消火器**は、石油類の火災（**油火災**）には適応するが、電気設備の火災（**電気火災**）には適応しない。
C：◯　二酸化炭素消火器は、石油類の火災（**油火災**）に適応する。
D：✕　**棒状**に放射する強化液消火器は、石油類の火災（**油火災**）に適応しない。ただし、**霧状**に放射する強化液消火器ならば、**油火災**に適応する。

練習問題 4～5 消火方法、消火剤、静電気　解答＆解説

問17　答：1　　　　　　　　　　　　　　　　　　　　　　　静電気全般

1：✗　「点火源になることはない」が誤り。静電気の放電火花は可燃性蒸気の**点火源**になり、静電気火災が発生する危険性がある。
2：◯　静電気は、第4類の危険物のような電気の**不導体**に帯電しやすい。
3：◯　**合成繊維製品**は綿製品よりも**帯電しやすい**ため、人体に帯電することがある。
4：◯　一般に、第4類の危険物のような**引火性液体が流動**するときには摩擦が起こり、静電気が発生しやすい。
5：◯　静電気による火災では、**燃焼物に適応した**消火方法をとる。たとえば、第4類の危険物の火災では、電気火災ではなく、油火災に適応した消火方法をとる。

ポイント 9　静電気の放電火花は点火源になる。

問18　答：3　　　　　　　　　　　　　　　　　　　　　　静電気の発生・蓄積

1、2：◯　静電気は、2つ以上の物体（不導体）が摩擦、衝突、はく離等の**接触分離**をすることによって、また、ガソリンの詰替えや運搬などで**流動**するときに摩擦が起こり発生する。
3：✗　「大きいものほど」が誤り。静電気は、**導電性**の**小さい**ものほど蓄積しやすい。
4：◯　空気中の湿度を**高く**（約75％以上）すると空気の**電気伝導率**が**大きく**なり、静電気の蓄積を防止できる。
5：◯　物体が帯電状態にあっても、**静電気火花**が発生しなければ火災は起こらない。

問19　答：4　　　　　　　　　　　　　　　　　　　　　　　静電気全般

1：◯　非水溶性の引火性液体は、**導電性が低く**静電気が蓄積しやすい。
2：◯　静電気の**放電火花**は、可燃性ガスのあるところでは、しばしば**点火源**となる。
3：◯　**導電性の高い**物質は、低い物質より静電気を**蓄積しにくい**。
4：✗　「接触圧を高くすればよい」が誤り。静電気は、接触圧（摩擦）を**低く**することによって、発生を防止できる。
5：◯　帯電防止策として、**接地**する方法がある。

問20　答：2　　　　　　　　　　　　　　　　　　　　　静電気災害の防止方法

2：✗　「高いもの」が不適切。電気絶縁性の**低い**（電気伝導率の**大きい**）ものを使用することで、静電気の蓄積を防止できる。
1、3～5：◯　配管に流れる液体の流速を**遅くする**（制限する）、接触回数を**減らす**（摩擦を**少なくする**）、積極的に**除電**する、帯電した静電気を**放出**、**中和**させることは、それぞれ静電気の発生・蓄積防止策として適切である。

状態変化、沸点、比重、気体

6 練習問題 物質の状態変化、気体の性質

解答&解説：p.100〜101

[状態変化]

問21 物質の状態変化について、次のうち誤っているものはどれか。
1 液体が気体に変化することを蒸発という。
2 気体が液体に変化することを凝縮という。
3 固体が液体に変化することを融解という。
4 液体が固体に変化することを凝固という。
5 固体が気体に変化することを気化という。

[大気圧（外圧）と沸点]

問22 次の文の（　）内のA〜Cに当てはまる語句の組合せとして、正しいものはどれか。
「液体の飽和蒸気圧は、温度の上昇とともに（A）する。その圧力が、大気の圧力と等しくなったときの（B）が沸点である。したがって、大気の（C）が低いときは沸点も低くなる。」

	A	B	C		A	B	C
1	減少	温度	圧力	4	増大	温度	湿度
2	増大	温度	圧力	5	減少	圧力	湿度
3	減少	圧力	温度				

[比重]

問23 比重の説明として、次のうち誤っているものはどれか。
1 ガソリンが水に浮かぶのは、ガソリンが水に不溶で、かつ、比重が1より小さいからである。
2 第4類の危険物の蒸気比重は、一般に1より小さい。
3 物質の蒸気比重は、その物質の分子量の大小で判断できる。
4 水の比重は1気圧4℃のときが最も大きい。　　5 氷の比重は1より小さい。

[空気の平均分子量]

問24 空気の成分が体積で窒素80%、酸素20%のとき、空気のみかけの分子量（平均分子量）として、次のうち正しいものはどれか。ただし、原子量はN＝14、O＝16とする。
1　14.4　　2　17.6　　3　25.0　　4　28.8　　5　30.0

練習問題 7 熱

解答&解説：p.101

[熱容量の定義]

問25 熱容量について、次のうち正しいものはどれか。
1 物体の温度を1K（ケルビン）上昇させるのに必要な熱量である。
2 容器の比熱のことである。
3 物体に1J（ジュール）の熱を与えたときの温度上昇率のことである。
4 物質1kgの比熱のことである。
5 比熱に密度を乗じたものである。

[熱量と温度変化]

問26 液体100gの温度を10℃から40℃まで上昇させるために必要な熱量は、次のうちどれか。ただし、この液体の比熱は2.5J/(g・K)とする。
1 2.5kJ　　4 10.0kJ
2 5.0kJ　　5 12.5kJ
3 7.5kJ

[熱の移動]

問27 熱の移動について、次のうち誤っているものはどれか。
1 ストーブに近づくと、ストーブに向いている方が熱くなるのは、放射熱によるものである。
2 ガスコンロで水を沸かすと、水の表面から温かくなるのは、熱の伝導によるものである。
3 コップにお湯を入れると、コップが熱くなるのは、熱の伝導によるものである。
4 冷房装置で冷やされた空気により室内が冷えるのは、熱の対流によるものである。
5 太陽で地上の物が温められ温度が上昇するのは、放射熱によるものである。

[体膨張と温度変化]

問28 内容積1,000Lのタンクを満たしている液温15℃のガソリンを35℃まで温めた場合、タンク外に流出する量として、次のうち正しいものはどれか。ただし、ガソリンの体膨張率は$1.35 \times 10^{-3} K^{-1}$とし、タンクの膨張及びガソリンの蒸発は考えないものとする。
1 1.35L　　3 13.5L　　5 54.0L
2 6.75L　　4 27.0L

練習問題 6～7　物質の状態変化、気体の性質、熱

解答＆解説

解答	問21	問22	問23	問24	問25	問26	問27	問28
	5	2	2	4	1	3	2	4

問21　答：5　　　　　　　　　　　　　　　　　　　　　　　　状態変化

1～4：○　液体から気体への変化は**蒸発**または**気化**、気体から液体への変化は**凝縮**または**液化**、固体から液体への変化は**融解**、液体から固体への変化は**凝固**。

5：×　「気化」が誤り。固体が直接気体に変化することは**昇華**という。気化は、**液体**が**気体**になること。気体が直接固体に変化することも昇華という。

ポイント10　固体⇔気体の状態変化は、どちらも昇華。

問22　答：2　　　　　　　　　　　　　　　　　　　　　大気圧（外圧）と沸点

2：○　「液体の飽和蒸気圧は、温度の上昇とともに(A)**増大**する。その圧力が、大気の圧力と等しくなったときの(B)**温度**が沸点である。したがって、大気の(C)**圧力**が低いときは沸点も低くなる。」

ポイント11　外圧の高低と沸点の高低は一致する。

問23　答：2　　　　　　　　　　　　　　　　　　　　　　　　　比重

1：○　ガソリンが水に浮かぶのは、ガソリンが**非水溶性**（水に不溶）で、かつ、**水より軽い**（比重が1より小さい（0.65～0.75））からである。

2：×　「一般に1より小さい」が誤り。第4類の危険物の蒸気は**すべて**、**蒸気比重**が1より**大きく**、空気より**重い**。

3：○　**蒸気比重**、つまり気体の比重は気体の分子量と**空気**の平均分子量との比に等しいので、蒸気比重は分子量の大小で判断できる。

4：○　水は1気圧**4℃**で体積が最小になる。このときの水の比重（密度）は**最も大きく1（1g/cm³）**である。

5：○　水に氷を入れると氷が浮かぶことから、氷の比重は1より**小さい**。

問24　答：4（28.8）　　　　　　　　　　　　　　　　　　　　空気の平均分子量

ヒント2　分子量は、分子の中に含まれる元素の原子量の和で求める。

窒素（N_2）の分子量は14×2＝28で、酸素（O_2）の分子量は16×2＝32。空気のみか

練習問題6〜7 物質の状態変化、気体の性質、熱 解答&解説

けの分子量は、窒素の分子量の80％と酸素の分子量の20％を足したものになる。

空気の見かけの分子量＝(28 × 0.8)＋(32 × 0.2)＝ 22.4 ＋ 6.4 ＝ **28.8**

ポイント12 窒素や酸素、水素などの分子量は、原子量を2倍することを忘れずに！

問25　答：1　　　　　　　　　　　　　　　　　　　　　　熱容量の定義

1：○　熱容量とは、物体の温度を**1K**（1℃）上げるために必要な**熱量**のこと。

問26　答：3（7.5kJ）　　　　　　　　　　　　　　　　　熱量と温度変化

ヒント3　熱量と温度変化の関係式：熱量 $Q(J)$ ＝ 物質の比熱$(J/(g・K))$ × 物質の質量(g) × 温度変化$(t_2 － t_1)$（℃またはK）

問題文からわかっているのは、物質の比熱2.5J/(g・K)、液体の質量100g、温度変化30℃（40℃ － 10℃）（またはK）。求める熱量を Q とし、熱量と温度変化の関係式に当てはめて算出する。このとき単位をそろえることを忘れずに。

$Q(J) ＝ 2.5(J/(g・K)) × 100(g) × 30(K) ＝ 7,500(J) ＝$ **7.5kJ**

ポイント13 温度の単位が「K」であっても「℃」であっても、温度変化の数値は同じ。

問27　答：2　　　　　　　　　　　　　　　　　　　　　　熱の移動

1：○　ストーブに向いている方が熱くなるのは、高温の物体から出る光を熱エネルギーとして吸収する**放射熱**によるものである。

2：×　「伝導」が誤り。水を沸かすと、水の表面から温かくなるのは、温かくなった水が表面に移動する熱の**対流**によるものである。

3：○　コップにお湯を入れると熱くなるのは、熱が伝わる**伝導**によるものである。

4：○　冷房装置で室内が冷えるのは、冷たい空気が移動する熱の**対流**によるものである。

5：○　太陽によって地上の物の温度が上昇するのは、地上の物が太陽の光を熱エネルギーとして吸収する**放射熱**によるものである。

問28　答：4（27.0L）　　　　　　　　　　　　　　　　　体膨張と温度変化

ヒント4
・体膨張と温度変化の関係式：膨張した分の体積＝元の体積×体膨張率×温度変化
・$10^{-3} ＝ \dfrac{1}{1,000}$　・$K^{-1} ＝ \dfrac{1}{K}$

問題文からわかっているのは、元の体積（タンクの容量）1,000L、ガソリンの体膨張率 $1.35 × 10^{-3} K^{-1}$、温度変化20℃（35℃ － 15℃）（またはK）。タンク外に流出（膨張）する量を V とし、体膨張と温度変化の関係式に当てはめて算出する。

$V ＝ 1,000(L) × 1.35 × 10^{-3}(K^{-1}) × 20(K) ＝$ **27.0L**

物理変化、化学変化、単体、化合物、混合物、同素体

練習問題 8 物理変化と化学変化、物質の種類

解答＆解説：p.104～105

[化学変化]

問29 次のA～Eのうち、化学変化によるものはいくつあるか。
- A ばねが伸びたり縮んだりした。
- B エタノールが燃えて二酸化炭素と水になった。
- C 木炭が燃焼して灰になった。
- D ナフタリンが昇華した。
- E 鉄がさびて、ぼろぼろになった。

1　1つ　　2　2つ　　3　3つ　　4　4つ　　5　5つ

[化学変化]

問30 次の用語で、すべて化学変化の組合せはどれか。
1　分解……燃焼……中和
2　中和……凝固……化合
3　燃焼……分解……凝固
4　融解……混合……昇華
5　昇華……融解……分解

[単体]

問31 次のうち単体であるものはどれか。
1　エタノール　　2　灯油　　3　ヘリウム　　4　空気　　5　水

[化合物と混合物]

問32 化合物と混合物について、次のうち誤っているものはどれか。
1　空気は、主に窒素と酸素の混合物である。
2　水は、水素と酸素の化合物である。
3　二酸化炭素は、炭素と酸素の化合物である。
4　食塩水は、水と塩化ナトリウムの混合物である。
5　ガソリンは、種々の炭化水素の化合物である。

[同素体]

問33 同素体の組合せとして、次のうち誤っているものはどれか。
1　ダイヤモンドとグラファイト（黒鉛）
2　酸素とオゾン
3　黄リンと赤リン
4　銀と水銀
5　単斜硫黄と斜方硫黄

練習問題 9 化学反応式、熱化学方程式

完全燃焼の化学反応式、反応速度、酸化反応の熱化学方程式

解答&解説：p.105

[完全燃焼の化学反応式]

問34 メタノールが完全燃焼したときの反応式は、次のとおりである。

$$2CH_3OH + 3O_2 \rightarrow 4H_2O + 2CO_2$$

このとき、メタノール2 molを燃焼させるのに必要な理論酸素量は、次のうちどれか。ただし、原子量はC = 12、O = 16、H = 1とする。

1　32g
2　48g
3　64g
4　80g
5　96g

[反応速度]

問35 反応速度について、次のうち誤っているものはどれか。

1　触媒は反応速度に影響する。
2　反応速度は、単位時間あたりの濃度変化で表す。
3　活性化エネルギーが小さくなると、反応速度が大きくなる。
4　反応温度が高くなると、反応速度は小さくなる。
5　溶液の濃度が高くなると、反応速度は大きくなる。

[熱化学方程式]

問36 酸化反応を熱化学方程式で表したとき、発光は伴ったとしても燃焼反応に該当しないものは、次のうちどれか。

1　$C + O_2 = CO_2 + 394kJ$
2　$CH_4 + 2O_2 = CO_2 + 2H_2O + 891kJ$
3　$C_2H_5OH + 3O_2 = 2CO_2 + 3H_2O + 1,368kJ$
4　$N_2 + \frac{1}{2}O_2 = N_2O - 74kJ$
5　$C_3H_8 + 5O_2 = 3CO_2 + 4H_2O + 2,219kJ$

練習問題 8～9　物理変化と化学変化、物質の種類、化学反応式、熱化学方程式

解答＆解説

解答	問29	問30	問31	問32	問33	問34	問35	問36
	3	1	3	5	4	5	4	4

問29　答：3（B、C、E）　　　　　　　　　　　　　　　化学変化

ヒント5 異なる物質に変わる場合が化学変化である。

- A：✗　ばねが伸びたり縮んだりするのは、形の変化で**物理変化**。
- B：○　エタノールが燃えて二酸化炭素と水になるのは、**化学変化**の酸化。
- C：○　木炭が燃焼して灰になるのは、**化学変化**の酸化。
- D：✗　ナフタリンが昇華するのは、固体から気体に状態が変化している**物理変化**。
- E：○　鉄がさびてぼろぼろになるのは、鉄が空気中の酸素と結合する**化学変化**の酸化。

ポイント14 物質の状態や形が変化するのは物理変化。

問30　答：1　　　　　　　　　　　　　　　　　　　　化学変化

- 1：○　分解、燃焼、中和は、いずれも**化学変化**。
- 2：✗　中和は**化学変化**、凝固は**物理変化**、化合は**化学変化**。
- 3：✗　燃焼は**化学変化**、分解は**化学変化**、凝固は**物理変化**。
- 4：✗　融解、混合、昇華は、いずれも**物理変化**。
- 5：✗　昇華は**物理変化**、融解は**物理変化**、分解は**化学変化**。

問31　答：3　　　　　　　　　　　　　　　　　　　　　単体

- 1：✗　エタノール（C_2H_5OH）は、炭素、水素および酸素の**化合物**。
- 2：✗　灯油は、種々の炭化水素の**混合物**。
- 3：○　ヘリウム（He）は、1種類の元素からなる**単体**。
- 4：✗　空気は、窒素や酸素などの**混合物**。
- 5：✗　水（H_2O）は、水素と酸素の**化合物**。

問32　答：5　　　　　　　　　　　　　　　　　　　化合物と混合物

- 1：○　空気はおおよそ、窒素80％と酸素20％の**混合物**。
- 2：○　水（H_2O）は、水素と酸素の**化合物**。
- 3：○　二酸化炭素（CO_2）は、炭素と酸素の**化合物**。

練習問題 8～9 物理変化と化学変化、物質の種類、化学反応式、熱化学方程式　解答＆解説

4：○　食塩水は、水と塩化ナトリウムの**混合物**。
5：✗　「化合物」が誤り。ガソリンは種々の炭化水素の**混合物**。

問33　答：4　　　　　　　　　　　　　　　　　　　　　　　同素体

1：○　ダイヤモンドとグラファイト（黒鉛）は、**炭素**(C)の**同素体**。
2：○　酸素とオゾンは、**酸素**(O)の同素体。
3：○　黄リンと赤リンは、**リン**(P)の同素体。
4：✗　銀(Ag)と水銀(Hg)は、同素体ではなく、まったく**異なる**元素からなる**単体**。
5：○　単斜硫黄と斜方硫黄は、**硫黄**(S)の同素体。

問34　答：5（96g）　　　　　　　　　　　　　　　　完全燃焼の化学反応式

ヒント6
・化学反応式では、それぞれの化学式の係数が mol 数を表している。
・物質 1 mol 当たりの質量は、分子量に「g」を付けた数値。分子量は、分子の中に含まれる元素の原子量の和で求める。

　メタノールが完全燃焼したときの反応式は、メタノール **2 mol** が完全燃焼するのに必要な理論酸素量は **3 mol** であることを表している。
　酸素(O$_2$)分子 1 mol 当たりの質量：16 × 2 = 32g
　必要な理論酸素量：3 × 32(g) = **96g**

問35　答：4　　　　　　　　　　　　　　　　　　　　　　反応速度

1：○　**触媒**は、**活性化エネルギー**を**小さく**するように働き、**反応速度**を**大きく**する。
2：○　反応速度は、単位時間当たりの反応物質の**濃度変化**で表す。
3：○　活性化エネルギーが**小さく**なると反応が起こりやすくなるため、反応速度は**大きくなる**。
4：✗　「小さくなる」が誤り。反応温度が**高く**なると、活性化エネルギーより大きなエネルギーを持つようになるため、反応速度は**大きく**なる。
5：○　溶液の**濃度**が高くなると反応物質の衝突頻度が上がり、反応速度は**大きく**なる。

問36　答：4　　　　　　　　　　　　　　　　　　　　　熱化学方程式

ヒント7　燃焼は、発熱と発光を伴う酸化反応。

4：✗　**熱化学方程式**では、**発熱反応**の場合は熱量を「＋」で表し、**吸熱反応**の場合は熱量を「－」で表す。窒素(N$_2$)の酸化反応は、**吸熱反応**（「－」）であることから、発熱を伴う燃焼反応には該当しない。

練習問題 10 　酸と塩基、酸化と還元

酸と塩基の定義、酸化と還元の定義、酸化反応

解答＆解説：p.108〜109

[酸と塩基]

問37 酸と塩基の説明として、次のうち誤っているものはどれか。

1 酸とは、水に溶けて水素イオンを放出する物質又は他の物質に水素イオンを与える物質である。
2 塩基とは、水に溶けて水酸化物イオンを放出する物質又は他の物質から水素イオンを受け取る物質である。
3 酸又は塩基の強弱は、水素イオン指数（pH）により表される。
4 酸は赤色のリトマス紙を青色にし、塩基は青色のリトマス紙を赤色にする。
5 中和とは、酸と塩基が反応して塩と水を生じることをいう。

[酸化と還元]

問38 酸化と還元の説明について、次のうち誤っているものはどれか。

1 化合物が水素を失うことを、酸化という。
2 物質が水素と化合することを、還元という。
3 同一反応系において酸化と還元が同時に起こることはない。
4 酸化剤は電子を受け取りやすく還元されやすい物質で、酸化数は反応により減少する。
5 反応する物質によって酸化剤として作用したり、還元剤として作用したりする物質もある。

[酸化反応]

問39 物質Aが物質Bに変化した場合、酸化反応であるものは、次のうちどれか。

	物質A	物質B
1	黄リン	赤リン
2	硫黄	硫化水素
3	水	水蒸気
4	木炭	一酸化炭素
5	濃硫酸	希硫酸

練習問題 11 金属、有機化合物

イオン化傾向、鉄の腐食、有機化合物の完全燃焼

解答＆解説：p.109

[金属の性質]

問40 金属の特性として、次のうち誤っているものはどれか。
1 すべて不燃性である。
2 一般に展性、延性に富み、金属光沢を持つ。
3 銀の熱伝導率は、鉄よりも大きい。
4 常温（20℃）において、液体のものもある。
5 軽金属は、一般に比重が4以下のもので、カリウム、アルミニウム、カルシウムなどが該当する。

[金属のイオン化傾向]

問41 次のうち、鉄よりもイオン化傾向が大きいものはいくつあるか。

マグネシウム　銀　カリウム　白金　亜鉛　ニッケル　アルミニウム

1　1つ　　2　2つ　　3　3つ　　4　4つ　　5　5つ

[鉄の腐食]

問42 鉄の腐食について、次のうち誤っているものはどれか。
1 酸性域の水中では、水素イオン濃度が高いほど腐食する。
2 濃硝酸に浸すと、不動態皮膜を形成する。
3 アルカリ性のコンクリート中では、腐食は抑制される。
4 塩分の付着したものは、腐食しやすい。
5 水中で鉄と銅が接触していると、鉄の腐食は抑制される。

[有機化合物の完全燃焼]

問43 炭素と水素からなる有機化合物が完全燃焼したときに生成する物質として、次のうち正しいものはどれか。
1 過酸化水素と二酸化炭素
2 有機過酸化物と二酸化炭素
3 有機過酸化物と水
4 飽和炭化水素と水
5 二酸化炭素と水

練習問題10〜11 酸と塩基、酸化と還元、金属、有機化合物

解答＆解説

解答	問37	問38	問39	問40	問41	問42	問43
	4	3	4	1	4	5	5

問37　答：4　　　　　　　　　　　　　　　　　　　　　　　　酸と塩基

1：○　**酸**とは、水に溶けて水素イオン(H^+)を**放出する**物質、または他の物質に水素イオン(H^+)を**与える**物質である。

2：○　**塩基**とは、水に溶けて水酸化物イオン(OH^-)を**放出する**物質、または他の物質から水素イオン(H^+)を**受け取る**物質である。

3：○　溶液の酸または塩基の強弱は、**水素イオン指数**(pH)で表される。

4：✕　正しい説明は、酸は**青色**のリトマス紙を**赤色**にし、塩基は**赤色**のリトマス紙を**青色**にする。

5：○　中和とは、塩酸のような酸と水酸化ナトリウムのような塩基（アルカリ）が反応して**塩**と**水**を生じることをいう。

ポイント15　リトマス紙の反応は、「梅干しは酸っぱくなると赤くなる」と覚える。

問38　答：3　　　　　　　　　　　　　　　　　　　　　　　　酸化と還元

1：○　化合物が水素を**失ったり**、物質が酸素と**化合**したりする反応を**酸化**という。

2：○　物質が水素と**化合**したり、酸素を**失ったり**する反応を**還元**という。

3：✕　「同時に起こることはない」が誤り。同一反応系においては、ある物質が酸化されていれば、必ず同時に還元されている物質がある。つまり、酸化と還元は**同時**に起こる。たとえば、$2H_2 + O_2 \rightarrow 2H_2O$ では、水素は酸化され、酸素は還元されている。

4：○　**酸化剤**は、物質に酸素を与えたり電子を奪ったりするが、自らは電子を受け取りやすく**還元**されやすい物質であることから、その酸化数は**減少**する。

5：○　たとえば、第6類の過酸化水素は、還元性の強い物質（第2類や第4類の危険物）に対しては**酸化剤**として作用する。逆に過酸化水素より酸化性の強い物質（第1類の過マンガン酸カリウム）に対しては**還元剤**として作用する。

ポイント16　酸化還元反応は同時に起こる。選択肢の主語が何かを間違えないようにすること。

問39　答：4　　　　　　　　　　　　　　　　　　　　　　　　酸化反応

1：✕　黄リンと赤リンは**同素体**なので、酸化反応による変化ではない。

2：✕　硫化水素は硫黄と水素の化合物で、硫黄に注目すると**還元反応**である。

3：✕　水が水蒸気になるのは**状態変化**（蒸発または気化）なので、酸化反応による変

化ではない。
4：○ 木炭が一酸化炭素に変化するのは、**酸化反応**である。 2C + O₂ → 2CO
5：× 濃硫酸と希硫酸は硫酸水溶液の**濃度**の違いなので、酸化反応による変化ではない。

問40　答：1　　　　　　　　　　　　　　　　　　　　　　　金属の性質

1：× 第3類のナトリウム、カリウムのように、**燃焼**するものがある。
2：○ 金属は、一般に**展性**や**延性**に富み、金属光沢を持つ。他にも比重が大きく融点が高いといった特性がある。
3：○ 銀の熱伝導率は**鉄**よりも**大きい**。銀は熱伝導率が**最も大きい**金属である。
4：○ **水銀**のように、常温（20℃）で**液体**のものがある。
5：○ 比重が**4以下**の金属を一般に**軽金属**といい、第2類のアルミニウム、第3類のアルカリ金属のカリウムやアルカリ土類金属のカルシウムなどがある。また、比重が4より大きいものを**重金属**という。

問41　答：4　　　　　　　　　　　　　　　　　　　　　　金属のイオン化傾向

ヒント8 鉄よりイオン化傾向の大きい金属は、「リッチ借りかな？まあ会えん」で覚える。

「リッチ」＝リチウム、「借り」＝**カリウム**、「か」＝カルシウム、「な」＝ナトリウム、「ま」＝**マグネシウム**、「あ」＝**アルミニウム**、「会えん」＝**亜鉛**
　よって、鉄よりイオン化傾向の大きい金属は**4**つ。

問42　答：5　　　　　　　　　　　　　　　　　　　　　　　　鉄の腐食

1：○ 鉄は、酸性域の水中では、水素イオン濃度が**高い**（水素イオン指数が**小さく**酸性が**強い**）ほど腐食する。
2：○ 鉄を濃硝酸に浸すと**不動態皮膜**を形成し、腐食しにくい。
3：○ **アルカリ性**のコンクリート中では、腐食は抑制される。pH12以上の正常なコンクリート中ならば、不動態皮膜を形成する。
4：○ 鉄に**塩分**が付着すると、腐食しやすい。
5：× 「腐食は抑制される」が誤り。**水中**で、かつ、鉄よりイオン化傾向が**小さい**銅と接触していると、鉄の腐食は**進みやすい**。

ポイント17 鉄が腐食しやすい主な場所：酸性の強い場所、水分のある場所、塩分を含む場所。

問43　答：5　　　　　　　　　　　　　　　　　　　　　　有機化合物の完全燃焼

5：○ **有機化合物**が完全燃焼すると、**二酸化炭素**と**水**を生成する。

精選問題

問1 燃焼に関する説明として、次のうち誤っているものはどれか。
1 酸化反応のすべてが、燃焼に該当するわけではない。
2 可燃物は、どんな場合でも空気がなければ燃焼しない。
3 空気は、酸素の供給源である。
4 分解して多量の酸素を発生しやすい可燃物は、内部（自己）燃焼を起こしやすい。
5 空気中の酸素濃度を高めると、燃焼速度は速くなり、また燃焼温度は高くなる。

解答&解説：p. 118

問2 有機物の燃焼に関する一般的な説明として、次のうち誤っているものはどれか。
1 蒸発又は分解して生成する気体が、炎をあげて燃えるものが多い。
2 燃焼に伴う明るい炎は、高温の炭素粒子が光っているものである。
3 空気の量が不足すると、すすの出る量が多くなる。
4 分子中の炭素数が多い物質ほど、すすの出る量が多くなる。
5 不完全燃焼すると、二酸化炭素の発生量が多くなる。

解答&解説：p. 118

問3 次のA～Eの物質の燃焼形態のうち、正しいものの組合せはどれか。
A コークス　硫黄……………………表面燃焼
B ナフタリン　石炭…………………蒸発燃焼
C アセトアルデヒド　灯油…………蒸発燃焼
D 木材　プラスチック………………分解燃焼
E ニトロセルロース　アセトン……自己燃焼

1 A　B
2 B　C
3 C　D
4 D　E
5 A　E

解答&解説：p. 118～119

問4 燃焼に関する説明として、次のうち正しいものはどれか。
1 ガソリンのように、液面上から発生した可燃性蒸気が燃焼することを表面燃焼という。
2 セルロイドのように、分子内に含有している酸素によって燃焼することを直接燃焼という。
3 水素のように、気体がそのまま燃焼することを自己（内部）燃焼という。
4 コークスのように、蒸気を発生せず固体がそのまま燃焼することを分解燃焼という。
5 メタノールのように、発生した蒸気が空気と混合して燃焼することを蒸発燃焼という。
解答＆解説：p.119

問5 燃焼、発火等に関する一般的な説明として、次のうち正しいものはどれか。
1 拡散燃焼では、酸素の供給が多いと燃焼は激しくなる。
2 ハロゲン元素を空気中に混合しても、炭化水素の燃焼には影響を与えない。
3 比熱の大きい物質は、発火又は着火しやすい。
4 静電気の発生しやすい物質ほど燃焼が激しい。
5 水溶性の可燃性液体の燃焼点は、非水溶性の燃焼点より低い。
解答＆解説：p.119

問6 「ガソリンの燃焼範囲は、1.4～7.6vol％である。」このことについて、次のうち正しい説明はどれか。
1 空気100Lにガソリン蒸気1.4Lを混合した場合は、点火すると燃焼する。
2 空気100Lにガソリン蒸気1.4～7.6Lを混合した場合は、長時間放置すれば自然発火する。
3 ガソリン蒸気100Lに空気1.4Lを混合した場合は、点火すると燃焼する。
4 内容積100Lの容器に空気1.4Lとガソリン蒸気98.6Lとの混合気体が入っている場合は、点火すると燃焼する。
5 内容積100Lの容器にガソリン蒸気1.4Lと空気98.6Lとの混合気体が入っている場合は、点火すると燃焼する。
解答＆解説：p.119～120

問7 次の可燃性液体の説明について、正しいものはどれか。

沸点 111℃　　燃焼範囲 1.2〜7.1vol%　　液比重 0.87
引火点 4℃　　発火点 480℃　　蒸気比重 3.1

1　111℃に加熱しても飽和蒸気圧は大気圧と等しくならない。
2　可燃性液体が燃焼するのに十分な濃度の蒸気を液面上に発生する最低の液温は4℃である。
3　火源を近づけても、液温が480℃になるまで燃焼しない。
4　蒸気の重さは、水蒸気の3.1倍である。
5　この液体1kgのときの容積は0.87Lである。

解答&解説：p.120

問8 粉じん爆発について、次のうち誤っているものはどれか。

1　有機物の粉じん爆発の場合、不完全燃焼を起こしやすく、生成ガス中に一酸化炭素が多量に含まれていることがあるので、中毒を起こしやすい。
2　爆発の際、粒子が燃えながら飛散するので、周囲の可燃物は局部的にひどく炭化したり着火する可能性がある。
3　一般にガス爆発に比較して、発生するエネルギーは小さい。
4　最初の部分的な爆発により、たい積している可燃性粉じんが舞い上がり、次々に爆発的な燃焼が持続し、被害が大きくなる。
5　一般にガス爆発に比較して、最小着火エネルギーが大きい。

解答&解説：p.120〜121

問9 消火剤とその適応する火災等の一般的説明として、次のうち誤っているものはどれか。

1　リン酸塩類を主成分とする粉末消火剤は、油火災及び電気火災には適応するが、木材等の火災には適応しない。
2　泡消火剤は、泡で燃焼物を覆うので窒息効果があり、油火災に適応する。
3　二酸化炭素消火剤は、安定な不燃性ガスで空気より重く、燃焼物を覆う窒息効果があり、油火災に適応するが、狭い空間で使用した場合は人体に害を及ぼすおそれがある。
4　強化液消火剤は、燃焼を化学的に抑制する効果と冷却効果があり、霧状に放射すると油火災に適応する。
5　水消火剤は、比熱と蒸発熱が大きいため冷却効果があり、霧状に放射すると電気火災に適応する。

解答&解説：p.121

問10 油火災と電気設備の火災（電気火災）のいずれにも適応する消火剤の組合せとして、次のうち正しいものはどれか。
1　泡　　　　　　　二酸化炭素　　　消火粉末
2　棒状の水　　　　二酸化炭素　　　ハロゲン化物
3　二酸化炭素　　　ハロゲン化物　　消火粉末
4　泡　　　　　　　霧状の強化液　　ハロゲン化物
5　棒状の強化液　　泡　　　　　　　消火粉末

問11 静電気に関する説明として、次のうち誤っているものはどれか。
1　静電気が蓄積すると、放電火花を生じることがある。
2　静電気は、一般に物体の摩擦等によって発生する。
3　物質に静電気が蓄積すると発熱し、その物質は蒸発しやすくなる。
4　静電気の帯電量を Q とし、電圧を V とすると、静電気の放電エネルギー E(J) は、$E = \frac{1}{2}QV$ で与えられる。
5　帯電防止策として、接地する方法がある。

問12 静電気について、次のうち誤っているものはどれか。
1　作業場所の床や靴の電気抵抗が大きいと、人体の静電気の蓄積量は大きくなる。
2　帯電した物体の放電エネルギーの大小は、可燃性ガスの着火に影響しない。
3　夏場、人体に静電気が蓄積しにくいのは、汗や湿気により静電気が他に漏れているからである。
4　接触分離する2つの物体の種類及び組合せによって、発生する静電気の大きさや極性は異なる。
5　接触面積や接触圧は、静電気発生の要因の一つである。

問13 沸騰と沸点について、次のうち正しいものはどれか。
1　沸点は、外圧が高いほど低くなる。
2　水に食塩を溶かした溶液の1気圧における沸点は、100℃より低い。
3　沸点とは、液体の飽和蒸気圧と外圧とが等しくなったときの液温をいう。
4　1気圧のもとでは、すべての液体は液温が100℃になると沸騰する。
5　沸点が高い液体ほど蒸発しやすい。

問14 温度が一定の条件下で、容積50Lの容器に5気圧の水素40Lと3気圧の窒素100Lを入れた混合気体の全圧として、次のうち正しいものはどれか。ただし、水素と窒素は互いに反応しないものとし、いずれも理想気体としての挙動をするものとする。

1　4気圧
2　7気圧
3　10気圧
4　13気圧
5　16気圧

⇒ 解答&解説：p.123

問15 酸素の性状等について、次のうち誤っているものはどれか。

1　無色無臭の気体である。
2　空気中に約21％含まれている。
3　実験室では、触媒を利用して過酸化水素から分解して作られる。
4　希ガス元素とは反応しない。
5　窒素とは激しく反応する。

⇒ 解答&解説：p.123

問16 0℃で100gの物質に12.6kJの熱量を加えると、物質の温度は何℃になるか。ただし、物質の比熱を2.1J/(g・K)とする。

1　40℃
2　45℃
3　50℃
4　55℃
5　60℃

⇒ 解答&解説：p.123

問17 熱の移動の仕方には伝導、対流及び放射の3つがあるが、次のA～Eのうち、主として対流が原因であるものはいくつあるか。

A　天気のよい日に屋外で日光浴をしたら、体が暖まった。
B　ストーブで灯油を燃焼していたら、床面より天井近くの温度が高くなった。
C　鉄棒を持って、その先端を火の中に入れたら、手元の方まで次第に熱くなった。
D　風呂を沸かしたら、上が温かく下が冷たくなっていた。
E　アイロンをかけたら、その衣類が熱くなった。

1　1つ
2　2つ
3　3つ
4　4つ
5　5つ

⇒ 解答&解説：p.123～124

問18 次のうち、正しいものはどれか。
1 エタノールの比熱は、水より大きい。
2 銀の熱伝導率は、水より小さい。
3 濃い食塩水の凍結温度（氷点）は、普通の飲料水より低い。
4 熱の対流は、液体及び固体だけに起こる現象である。
5 水の膨張率は、空気より大きい。

解答&解説：p. 124

問19 物理変化と化学変化について、次のうち誤っているものはどれか。
1 ドライアイスが二酸化炭素（気体）になるのは、物理変化である。
2 水素と酸素が反応して、水ができるのは物理変化である。
3 紙が濃硫酸に触れて黒くなるのは、化学変化である。
4 ニクロム線に電気を通じると発熱するのは、物理変化である。
5 鉛を加熱すると溶けるのは、物理変化である。

解答&解説：p. 124

問20 単体、化合物及び混合物として、次のうち正しい組合せはどれか。

	単体	化合物	混合物
1	赤リン	水	硫黄
2	炭素	二酸化炭素	重油
3	エタノール	鉄	メタン
4	軽油	ベンゼン	灯油
5	プロパン	アルミニウム	酸素

解答&解説：p. 124〜125

問21 一般的な物質の反応速度について、次のうち正しいものはどれか。
1 触媒は、反応速度に影響しない。
2 気体の反応では、反応物の濃度は気体の分圧に反比例するので、分圧が低いほど気体の反応速度は大きくなる。
3 固体では、反応物との接触面積が大きいほど反応速度は小さくなる。
4 温度を上げると、反応速度は小さくなる。
5 反応物の濃度が高いほど、反応速度は大きくなる。

解答&解説：p. 125

問22 可逆反応における化学平衡に関する記述として、次のうち誤っているものはどれか。
1. 平衡状態とは、正反応の速さと逆反応の速さが等しくなり、見かけ上反応が停止した状態である。
2. ある物質の濃度を増加すると、その物質の濃度が減少する方向に反応が進み、新しい平衡状態になる。
3. 圧力を高くすると、気体の総分子数が増加する方向に反応が進み、新しい平衡状態になる。
4. 発熱反応の場合、温度を上げると、吸熱の方向に反応が進み、新しい平衡状態になる。
5. 触媒を加えると反応の速さは変化するが、平衡そのものは変化しない。

解答＆解説：p. 125

問23 次の文の（　）内のA〜Dに当てはまる語句の組合せとして、正しいものはどれか。

「塩酸は酸なので、pHは7より（A）、また、水酸化ナトリウムの水溶液は塩基なので、pHは7より（B）。塩酸と水酸化ナトリウム水溶液を反応させると塩化ナトリウムと水ができるが、この反応を（C）という。同一濃度で同体積の塩酸と水酸化ナトリウム水溶液が反応して生成した塩化ナトリウムの水溶液のpHは7なので、（D）である。」

	A	B	C	D
1	小さく	大きい	中和	中性
2	大きく	小さい	酸化	酸性
3	小さく	大きい	還元	アルカリ性
4	大きく	小さい	中和	中性
5	小さく	大きい	酸化	酸性

解答＆解説：p. 125

問24 次の反応のうち、酸化反応でないものはどれか。
1. 二酸化炭素が赤熱した炭素に触れて、一酸化炭素になった。
2. 鉄が空気中でさびて、ぼろぼろになった。
3. 銅が加熱されて、酸化銅になった。

4　炭素が不完全燃焼して、一酸化炭素になった。
5　ガソリンが燃焼して、二酸化炭素と水蒸気になった。

解答&解説：p.126

問25 地中に埋設された危険物の金属配管を電気化学的な腐食から守るために、配管に異種金属を接続する方法がある。配管が鋼製の場合、次の金属のうち、防食効果のあるものはいくつあるか。

ニッケル　　銅　　亜鉛　　マグネシウム　　アルミニウム

1　1つ
2　2つ
3　3つ
4　4つ
5　5つ

解答&解説：p.126

問26 有機化合物について、次のうち誤っているものはどれか。
1　一般に水に溶けにくく、有機溶剤によく溶ける。
2　一般に反応速度が小さく、その反応機構は複雑である。
3　成分元素は炭素以外に、水素、酸素、窒素、硫黄、リン等である。
4　無機化合物と比べて融点や沸点が高い。
5　第4類の危険物は、すべて有機化合物である。

解答&解説：p.126

問27 有機化合物の官能基と物質の組合せとして、次のうち誤っているものはどれか。
1　ヒドロキシ基（ヒドロキシル基）……エタノール
2　ニトロ基………………………………ニトロベンゼン
3　カルボキシ基（カルボキシル基）……酢酸
4　アミノ基………………………………アニリン
5　ケトン基………………………………アセトアルデヒド

解答&解説：p.126〜127

精選問題 基礎的な物理学および基礎的な化学

解答＆解説

解答	問1	問2	問3	問4	問5	問6	問7	問8	問9	問10	問11	問12	問13	問14
	2	5	3	5	1	5	2	3	1	3	3	2	3	3
	問15	問16	問17	問18	問19	問20	問21	問22	問23	問24	問25	問26	問27	
	5	5	2	3	2	2	5	3	1	3	4	5		

問1　答：2　　　　　　　　　　　　　　　　　　　　　　燃焼全般

1：○　酸化反応であっても、**熱と光の発生**を伴わなければ燃焼とはいえない。
2：×　「空気がなければ燃焼しない」が誤り。酸素供給源は空気だけとは限らない。第1類や第6類の危険物は酸素を含有しており、加熱、衝撃などによって分解して酸素を発生し、酸素供給源になる。
3：○　**空気**は、最も代表的な酸素の供給源である。
4：○　第5類の危険物のように、分子内に酸素を含有する可燃物は、分解して多量の酸素を発生し、酸素供給源がなくても内部（自己）燃焼を起こしやすい。
5：○　酸素には**支燃性**があり、濃度が**高く**なると燃焼速度は**速く**なって激しく燃焼し、燃焼温度も高くなる。

問2　答：5　　　　　　　　　　　　　　　　　　　　　　燃焼全般

1：○　有機物（有機化合物）の燃焼は、蒸発または分解して生成する**可燃性気体**が、炎をあげて燃えるものが多い。
2：○　炭素を多く含む有機物の燃焼に伴う明るい炎は、高温の**炭素粒子**が光っているものである。
3：○　空気、つまり酸素の量が不足すると、**不完全燃焼**を起こし、すすの出る量が多くなる。
4：○　一般に、分子中の炭素数が多い物質ほど**不完全燃焼**を起こしやすく、すすの出る量が多くなる。
5：×　「二酸化炭素」が誤り。有機物が不完全燃焼すると、**一酸化炭素**の発生量が多くなる。

ポイント18 有機物の完全燃焼では二酸化炭素、不完全燃焼では一酸化炭素を発生する。

問3　答：3（C、D）　　　　　　　　　　　　　　　　　　燃焼のしかた

A：×　コークスは**表面燃焼**だが、硫黄は**蒸発燃焼**。

—•118•—

B：✗ ナフタリンは**蒸発燃焼**だが、石炭は**分解燃焼**。
C：○ アセトアルデヒドと灯油は、どちらも**蒸発燃焼**。
D：○ 木材とプラスチックは、どちらも**分解燃焼**。
E：✗ ニトロセルロースは**自己燃焼（内部燃焼）**だが、アセトンは**蒸発燃焼**。

問4　答：5　　　　　　　　　　　　　　　　　　　　　燃焼のしかた

1：✗「**表面燃焼**」が誤り。ガソリンのように、液面上から発生した可燃性蒸気が空気と混合して燃焼することを**蒸発燃焼**という。
2：✗「**直接燃焼**」が誤り。セルロイドのように、分子内に含有している酸素によって燃焼することを**自己燃焼**または**内部燃焼**という。燃焼のしかたに直接燃焼はない。
3：✗「**自己（内部）燃焼**」が誤り。水素のように、気体がそのまま燃焼することを**予混合燃焼**あるいは**拡散燃焼**という。
4：✗「**分解燃焼**」が誤り。コークスのように、蒸気を発生せず固体がそのまま燃焼することを**表面燃焼**という。
5：○ メタノールのように、液面上から発生した**可燃性蒸気**が**空気**と混合して燃焼することを**蒸発燃焼**という。

ポイント19 気体の燃焼は、予混合燃焼または拡散燃焼。

問5　答：1　　　　　　　　　　　　　　　　　　　　　燃焼のしやすさ等

1：○ 拡散燃焼（気体の燃焼形態）を含め、**酸素の供給が多い**と燃焼は激しくなる。
2：✗「**影響を与えない**」が誤り。ハロゲン元素には、燃焼の連鎖的な酸化反応の進行を抑制する**抑制効果**（**負触媒効果**）があるので、炭化水素の燃焼に影響を与える。
3：✗「**発火又は着火しやすい**」が誤り。比熱の大きい物質は、**温度上昇**が起こりにくく、**発火**または**着火**しにくい。
4：✗ **静電気**の発生しやすさは、燃焼の激しさには関係しない。
5：✗ 可燃性液体の**燃焼点**の高低は、水溶性、非水溶性とは関係がない。

問6　答：5　　　　　　　　　　　　　　　　　　　　　混合気体の燃焼範囲

1：✗ 空気 100L にガソリン蒸気 1.4L を混合した場合は、
$$\frac{1.4(L)}{1.4(L) + 100(L)} \times 100 = \underline{1.38}\text{vol\%}$$
となり、計算上**燃焼下限値**未満なので点火しても燃焼しないことになる。
2：✗ ガソリンの蒸気濃度と、**自然発火**は関係がない。
3：✗ ガソリン蒸気 100L に空気 1.4L を混合した場合は、
$$\frac{100(L)}{100(L) + 1.4(L)} \times 100 = \underline{98.6}\text{vol\%}$$

となり、燃焼上限値を超えているので点火しても燃焼しない。

4：✕　内容積100Lの容器に空気1.4Lとガソリン蒸気98.6Lとの混合気体が入っている場合は、

$$\frac{98.6(L)}{98.6(L)+1.4(L)} \times 100 = \underline{98.6}\text{vol\%}$$

となり、燃焼上限値を超えているので点火しても燃焼しない。

5：○　内容積100Lの容器にガソリン蒸気1.4Lと空気98.6Lとの混合気体が入っている場合は、

$$\frac{1.4(L)}{1.4(L)+98.6(L)} \times 100 = 1.4\text{vol\%}$$

となり、燃焼範囲内なので点火すると燃焼する。

問7　答：2　　　　　　　　　　　　　　　　　　　　　　　可燃性液体の性質

ヒント9　引火点は、可燃性液体が点火源によって燃えだすのに十分な濃度の蒸気を発生するときの最低の液温。発火点は、空気中で可燃性物質を加熱したとき、点火源がなくても自ら燃焼しはじめる最低の温度。

1：✕　「等しくならない」が誤り。沸点は、液体の飽和蒸気圧が大気圧と等しくなったときの液温のことなので、111℃のとき飽和蒸気圧は大気圧と<u>等しく</u>なる。

2：○　可燃性液体が**燃焼**するのに十分な**濃度の蒸気を液面上に発生**する最低の液温とは**引火点**のことなので、**4℃**で正しい。

3：✕　「480℃」が誤り。条件としてすでに火源（点火源）がある。この条件で燃焼しはじめる液温は引火点の<u>4℃</u>である。480℃は発火点なので、火源なしで燃焼しはじめる最低の液温のこと。

4：✕　「水蒸気」が誤り。蒸気の重さとは蒸気比重のこと。蒸気比重は空気の密度との比で表す。正しくは、<u>空気</u>の3.1倍。

5：✕　「0.87L」が誤り。液体の重さから容積を算出するときは液比重、つまり密度を使う。この液体1kgのときの容積は、「1,000(g)/0.87(g/cm³)＝約1,150cm³」。1L＝1,000cm³から単位をリットルに換算すると、<u>1.15L</u>になる。

問8　答：3　　　　　　　　　　　　　　　　　　　　　　　　　　粉じん爆発

1：○　有機物の粉じん爆発の場合、空間当たりの物質の量が多いため酸素が不足し、**不完全燃焼**を起こしやすい。不完全燃焼により、生成ガス中に一酸化炭素が多量に含まれていると、中毒を起こしやすい。

2：○　爆発の際、粒子が燃えながら飛散するので燃焼熱が大きく、十分な着火エネルギーを持つ。そのため、周囲の可燃物は局部的にひどく**炭化**したり**着火**する可能性がある。

3：✕　「小さい」が誤り。燃焼する物質の量が一般のガス爆発に比較して圧倒的に多い

ため、発生するエネルギーは**大きい**。

4：◯ 最初の部分的な爆発による**爆風**のため、たい積している可燃性粉じんが舞い上がり、次々に爆発的な**燃焼**が持続し、被害が大きくなる。

5：◯ 一般にガス爆発に比較して物質の量が多いため、最小着火エネルギーが**大きい**。

ポイント20 ガスは気体分子だが、粉じんは微粒子なので目に見える。粉じんはガスに比べて物質の量が圧倒的に多い。

問9　答：1　　　　　　　　　　　　　　　　　消火剤と適応火災

1：✕　「木材等の火災には適応しない」が誤り。リン酸塩類を主成分とする粉末消火剤は、**油火災**、**電気火災**、木材等の**普通火災**のすべてに適応する。

2：◯　泡消火剤は、泡で燃焼物を覆って酸素を遮断する**窒息効果**があり、**油火災**に適応する。

3：◯　二酸化炭素消火剤は、安定な不燃性ガスで空気より重く、燃焼物を覆う**窒息効果**があり、**油火災**に適応するが、狭い空間で使用した場合は、**酸欠状態**になり人体に害を及ぼすおそれがある。

4：◯　強化液消火剤は、燃焼を化学的に**抑制する効果**と**冷却効果**がある。**霧状**に放射すると、**油火災**にも**電気火災**にも適応する。

5：◯　水消火剤は、**比熱**と**蒸発熱**が大きいため、可燃物の温度を下げて点火源となる熱を奪う**冷却効果**がある。**霧状**に放射すると**電気火災**に適応する。

ポイント21 強化液消火剤は、棒状放射では油火災にも電気火災にも適応しないが、霧状放射なら油火災にも電気火災にも適応する。

問10　答：3　　　　　　　　　　　　　　　油火災・電気火災と消火剤

選択肢の消火剤について、油火災と電気火災のそれぞれに適応するものを◯、適応しないものを✕で示すと、次の表のようになる。

	油火災	電気火災		油火災	電気火災
棒状の水	✕	✕	二酸化炭素	◯	◯
棒状の強化液	✕	✕	ハロゲン化物	◯	◯
霧状の強化液	◯	◯	消火粉末	◯	◯
泡	◯	✕			

3：◯　表より、油火災と電気火災のいずれにも適応する消火剤の組合せは、**二酸化炭素**、**ハロゲン化物**、**消火粉末**。

ポイント22 油火災と電気火災のいずれにも適応する消火剤は、霧状の強化液、二酸化炭素、ハロゲン化物、消火粉末。

問11　答：3　　　　　　　　　　　　　　　　　　　　　　　　　　　静電気全般

1：○　静電気が蓄積すると、**放電火花**を生じることがあり、可燃物の**点火源**になる。
2：○　静電気は、2つ以上の物体（不導体）が摩擦、衝突、はく離等の**接触分離**をすることによって発生する。最も一般的な静電気発生の原因である。
3：×　物質に静電気が蓄積しても**発熱**はしないので、物質が蒸発しやすくもならない。
4：○　静電気が放電するときは**放電エネルギー**を発生する。静電気の帯電量を Q、電圧を V とすると、放電エネルギー E(J) は、$E = \frac{1}{2}QV$ で与えられる。
5：○　**接地**は、帯電防止策の有効な方法の1つである。

問12　答：2　　　　　　　　　　　　　　　　　　　　　　　　　　　静電気全般

1：○　作業場所の床や靴の電気抵抗が**大きい**（絶縁性が**高い**、または電気伝導率が**小さい**）と、人体の静電気の蓄積量は大きくなる。
2：×　「影響しない」が誤り。帯電した物体の放電エネルギーの大小は、可燃性ガスの着火に影響する。帯電した物体の放電エネルギーが着火エネルギーより**大きい**場合は、可燃性ガスは着火しやすく、放電エネルギーが着火エネルギーより**小さい**場合は、可燃性ガスは着火しにくい。
3：○　夏場、人体に静電気が蓄積しにくいのは、汗や湿気により**水分が多く**なって静電気が他に漏れるからである。
4：○　静電気は、2つの物体（不導体）が接触分離して、一方が正（＋）、他方が負（－）に帯電して起こる現象である。よって、2つの物体の**種類や組合せ**によって、発生する静電気の大きさや極性（＋や－）は異なる。
5：○　接触面積や接触圧（強く摩擦するなど）が**大きい**場合は、静電気が発生しやすい。

問13　答：3　　　　　　　　　　　　　　　　　　　　　　　　　　　沸騰と沸点

1：×　「低くなる」が誤り。沸点は、外圧が高いほど**高く**なる。
2：×　「100℃より低い」が誤り。水に食塩のような不揮発性物質を溶かすと、その溶液（水溶液）の沸点は、水（溶媒）の沸点100℃より**高く**なる。これを**沸点上昇**という。
3：○　沸点とは、液体の**飽和蒸気圧**と外圧とが等しくなったときの液温をいう。
4：×　「すべての液体」が誤り。液体が沸騰する温度（沸点）は、一定圧力のもとでは物質**固有**の値。水の沸点は100℃だが、すべての液体が液温100℃になると沸騰するわけではない。
5：×　「蒸発しやすい」が誤り。沸点の**高い**液体ほど**蒸発**しにくい。

精選問題 解答＆解説

問14　答：3（10気圧）　　　　　　　　　　　ボイルの法則、ドルトンの法則

ヒント10
- ボイルの法則（温度一定の場合）：$P_1 \times V_1 = P_2 \times V_2$
- ドルトンの法則：混合気体の全圧（P）は、成分気体の圧力（分圧）の和に等しい。

まず、容器内の水素と窒素の圧力を求める。温度一定の場合、容器内の水素と窒素、それぞれの圧力はボイルの法則を使って算出できる。

水素の圧力：5（気圧）× 40（L）= P_H × 50（L）

$$P_H = \frac{200}{50} = 4 \text{ 気圧}$$

窒素の圧力：3（気圧）× 100（L）= P_N × 50（L）

$$P_N = \frac{300}{50} = 6 \text{ 気圧}$$

次に、ドルトンの法則に当てはめて、容器内の混合気体の全圧を求める。

混合気体の全圧＝水素の圧力＋窒素の圧力＝4（気圧）＋6（気圧）＝10 気圧

問15　答：5　　　　　　　　　　　　　　　　　　　　　　　　　　酸素の性状

1：○　酸素は、**無色無臭**の気体。
2：○　空気中に含まれる酸素の割合は、**20%程度**。
3：○　酸素は、実験的には、触媒を利用し**過酸化水素**（第6類の危険物）を分解して作られる。触媒には二酸化マンガンなどが用いられる。
4：○　酸素は、ヘリウムやアルゴンなどの**希ガス元素**とは反応しない。
5：×　「激しく反応する」が誤り。酸素は、窒素のような**不活性ガス**とは反応しない。

問16　答：5（60℃）　　　　　　　　　　　　　　　　　　　熱量と温度変化

問題文からわかっているのは、**熱量** 12.6kJ、**物質の比熱** 2.1J/(g・K)、物質の質量 100g、元の温度 0℃（または K）。求める温度を t とし、熱量と温度変化の関係式に当てはめて算出する。このとき単位をそろえることを忘れずに。

$$12,600(J) = 2.1(J/(g \cdot K)) \times 100(g) \times (t - 0)(K)$$

$$t = \frac{12,600(J)}{2.1(J/(g \cdot K)) \times 100(g)}$$

$$= \frac{12,600(J)}{210(J/K)} = 60K$$

問17　答：2（BとD）　　　　　　　　　　　　　　　　　　　　　熱の移動

A：×　日光浴で体が暖まるのは、**放射**（ふく射）による現象。
B：○　灯油の燃焼により、床面より天井近くの温度が高くなるのは、温まった空気が上昇する**対流**による現象。

123

C：✗　鉄棒の先端を火の中に入れると、手元の方まで次第に熱くなるのは、物質の中を熱が伝わっていく**伝導**による現象。

D：○　風呂を沸かしてかき混ぜずにいると、上が温かく下が冷たくなるのは、温まった水が上昇する**対流**による現象。

E：✗　アイロンをかけた衣類が熱くなるのは、熱が伝わっていく**伝導**による現象。

問18　答：3　　　　　　　　　　　　　　　　　　　物理学・化学の混合問題

1：✗　「水より大きい」が誤り。水は、ほかの液体に比べて特に比熱の**大きい**物質である。エタノールの比熱は 2.386(J/(g・℃))で、水の比熱 4.186(J/(g・℃))より**小さい**。

2：✗　「水より小さい」が誤り。熱伝導率は、**固体、液体、気体**の順に**小さく**なる。よって、銀（固体）の熱伝導率は、水（液体）より**大きい**。

3：○　水に食塩のような不揮発性物質を溶かすと、食塩水（溶液）が氷になる**凝固点**（**氷点**ともいう）は水（溶媒）の凝固点より**低く**なる。これを**凝固点降下**という。

4：✗　「固体」が誤り。熱の対流は、**液体**と**気体**に起こる現象。

5：✗　「空気より大きい」が誤り。気体の体膨張率は、液体の体膨張率に比べて**大きい**。水（液体）の体膨張率は 0.587 × 10⁻³(K⁻¹)で、空気（気体）の体膨張率 3.666 × 10⁻³(K⁻¹)より**小さい**。

ポイント23 対流は、固体には起こらない。

問19　答：2　　　　　　　　　　　　　　　　　　　　　物理変化と化学変化

ヒント11　物質の状態変化は、物理変化である。

1：○　ドライアイス（固体）が二酸化炭素（気体）になるのは、**状態変化**の**昇華**なので**物理変化**。

2：✗　「物理変化」が誤り。水素と酸素が反応して水ができるのは、**化学変化**の化合。

3：○　紙が濃硫酸に触れて黒くなるのは、**化学変化**の**炭化**。

4：○　ニクロム線に電気を通じると発熱するのは、**物理変化**。

5：○　鉛を加熱すると溶けるのは、**状態変化**の**融解**なので**物理変化**。

問20　答：2　　　　　　　　　　　　　　　　　　　単体、化合物、混合物

1：✗　赤リンは**単体**、水は**化合物**、硫黄は**単体**。

2：○　炭素は**単体**、二酸化炭素は**化合物**、重油は**混合物**。

3：✗　エタノールは**化合物**、鉄は**単体**、メタンは**化合物**。

4：✗　軽油は**混合物**、ベンゼンは**化合物**、灯油は**混合物**。

5：✗　プロパンは化合物、アルミニウムは単体、酸素は単体。

問21　答：5　　　　　　　　　　　　　　　　　　　　　反応速度

1：✗　「影響しない」が誤り。触媒は、活性化エネルギーを小さくするように働き、反応速度を大きくする。
2：✗　「反比例」「大きくなる」が誤り。気体の反応では、反応物の濃度は気体の分圧に比例する。よって、分圧が低いほど濃度は低くなり、反応する気体の衝突頻度が下がって反応速度は小さくなる。
3：✗　「小さくなる」が誤り。固体では、反応物との接触面積が大きいほど反応物との衝突頻度が上がり、反応速度は大きくなる。
4：✗　「小さくなる」が誤り。温度を上げると活性化エネルギーより大きなエネルギーを持つようになるため、反応速度は大きくなる。
5：◯　反応物の濃度が高いほど反応物の衝突頻度が上がり、反応速度は大きくなる。

問22　答：3　　　　　　　　　　　　　　　　　　　　　化学平衡

ヒント12　可逆反応においては、濃度、圧力、温度を変えると、その影響を緩和する方向に平衡が移動する。

1：◯　可逆反応において、正反応の速さと逆反応の速さが等しくなり、見かけ上反応が停止した状態を化学平衡（平衡状態）という。
2：◯　可逆反応において、ある物質の濃度を増加すると、その物質の濃度が減少する方向に反応が進み、新しい平衡状態になる。
3：✗　「増加する方向」が誤り。可逆反応において、圧力を高くすると、気体の総分子数が減少する（つまり圧力を下げる）方向に反応が進み、新しい平衡状態になる。
4：◯　発熱反応の場合、温度を上げると、吸熱（つまり温度を下げる）方向に反応が進み、新しい平衡状態になる。
5：◯　触媒を加えると活性化エネルギーが小さくなり、正反応も逆反応も反応速度は大きくなるが、平衡そのものは変化しない。

問23　答：1　　　　　　　　　　　　　　　　　　　　　酸と塩基

1：◯　「塩酸は酸なので、pHは7より(A)小さく、また、水酸化ナトリウムの水溶液は塩基なので、pHは7より(B)大きい。塩酸と水酸化ナトリウム水溶液を反応させると塩化ナトリウムと水ができるが、この反応を(C)中和という。同一濃度で同体積の塩酸と水酸化ナトリウム水溶液が反応して生成した塩化ナトリウムの水溶液のpHは7なので、(D)中性である。」

問24　答：1　　　　　　　　　　　　　　　　　　　　　　　　　　　酸化反応

ヒント13　燃焼はすべて酸化反応である。

酸化反応を〇で、酸化反応でないものを✕で示す。
1：✕　二酸化炭素が一酸化炭素になるのは、酸素を失っているので**還元反応**。炭素に注目すれば、炭素が一酸化炭素になるのは、酸素と化合しているので酸化反応。
2：〇　鉄が空気中でさびるのは、空気中の酸素と結合して酸化鉄になる**酸化反応**。
3：〇　銅が加熱されて、酸化銅になるのは、**酸化反応**。
4：〇　炭素が酸素と化合して不完全燃焼し、一酸化炭素になるのは、**酸化反応**。
5：〇　ガソリンの炭化水素が酸素と化合して完全燃焼し、二酸化炭素と水蒸気になるのは**酸化反応**。

問25　答：3　　　　　　　　　　　　　　　　　　　　　　　　　　　鉄の防食

ヒント14　地中に埋設された配管が鋼製（鉄）の場合は、鉄よりイオン化傾向の大きい金属と接続すると、配管を電気化学的な腐食から守ることができる。鉄よりイオン化傾向の大きい金属の覚え方は、「リッチ借りかな？まあ会えん」。

「リッチ」＝リチウム、「借り」＝カリウム、「か」＝カルシウム、「な」＝ナトリウム、「ま」＝**マグネシウム**、「あ」＝**アルミニウム**、「会えん」＝**亜鉛**
　よって、鉄よりイオン化傾向が大きく防食効果のあるものは、3つ。
ポイント24　鉄を防食するイオン化傾向の大きい金属は、マグネシウム、アルミニウム、亜鉛の3つ。

問26　答：4　　　　　　　　　　　　　　　　　　　　　　　　　　有機化合物の性質等

1：〇　有機化合物は、一般に水に**溶けにくく**、アセトンやジエチルエーテルなどの有機溶剤には**よく溶ける**。
2：〇　有機化合物は、一般に反応速度が**小さく**、その反応機構は**複雑**である。
3：〇　有機化合物は、炭素原子に**水素**、**窒素**、**酸素**などの原子が**共有結合**で結びついたものが一般的であるが、さらに**硫黄**、**リン**などの原子が共有結合で結びついたものもある。たとえば、ハロゲン化物消火剤であるハロン類は、ハロゲン原子が炭素原子に共有結合した有機化合物。
4：✕　「高い」が誤り。有機化合物は、**無機化合物**に比べて**融点**や**沸点**が**低い**。
5：〇　第4類の危険物は、すべて**有機化合物**である。

問27　答：5　　　　　　　　　　　　　　　　　　　　　　　　　　有機化合物の官能基

1：〇　エタノール（C_2H_5OH）の官能基は、**ヒドロキシ基（ヒドロキシル基）**（-OH）。

水酸基ともいう。

2：○　ニトロベンゼン($C_6H_5NO_2$)の官能基は、**ニトロ基**(-NO_2)。

3：○　酢酸(CH_3COOH)の官能基は、**カルボキシ基（カルボキシル基）**(-COOH)。

4：○　アニリン($C_6H_5NH_2$)の官能基は、**アミノ基**(-NH_2)。

5：✗　「ケトン基」が誤り。アセトアルデヒド(CH_3CHO)の官能基は、<u>アルデヒド基</u>(-CHO)。**ケトン基**(=CO)は**アセトン**(CH_3COCH_3)の官能基。ケトン基とアルデヒド基を合わせたカルボニル基と混乱しないように注意。

解答用紙　基礎的な物理学および基礎的な化学

練習問題

問1	問2	問3	問4	問5	問6	問7	問8	問9	問10	問11
問12	問13	問14	問15	問16	問17	問18	問19	問20	問21	問22
問23	問24	問25	問26	問27	問28	問29	問30	問31	問32	問33
問34	問35	問36	問37	問38	問39	問40	問41	問42	問43	

精選問題

問1	問2	問3	問4	問5	問6	問7	問8	問9	問10	問11
問12	問13	問14	問15	問16	問17	問18	問19	問20	問21	問22
問23	問24	問25	問26	問27						

基礎的な物理学および基礎的な化学の問題

徹底攻略

主な項目ごとに、比較的出題率の高い内容を要約して掲載しました。試験直前に復習のつもりで確認すると有効です。

項目	内　容
燃焼の基礎理論	・燃焼とは、熱と光を伴う酸化反応。 ・酸素供給源：空気、酸素を含有している酸化性物質（第1類・第6類）。 ・点火源：熱・炎、静電気火花、酸化熱など。 ・完全燃焼では二酸化炭素、不完全燃焼では一酸化炭素が生じる。
燃焼のしかた	・蒸発燃焼：第4類の危険物、硫黄、固形アルコール（引火性固体）、ナフタリン ・表面燃焼：木炭、コークス、練炭 ・分解燃焼：木材、石炭、プラスチック ・内部燃焼（自己燃焼）：ニトロセルロース、セルロイド
燃焼のしやすさ	・発熱量＝大、熱伝導率＝小、空気との接触面＝大、水分＝少、温度＝高。
燃焼範囲と引火点	・燃焼範囲とは、点火により燃焼する可燃性気体と空気の混合気体の濃度の範囲。 ・引火点とは、点火源によって燃えだすのに十分な濃度の蒸気を発生するときの最低の液温。
消火効果と消火剤	・冷却効果：水、強化液、泡、二酸化炭素の消火剤。 ・窒息効果：泡、二酸化炭素、ハロゲン化物、粉末の消火剤。 ・抑制効果：霧状の強化液、ハロゲン化物、粉末の消火剤。
火災と適応消火剤	・普通火災：水、強化液、泡、リン酸塩類の粉末の消火剤。 ・油火災：霧状の強化液、泡、二酸化炭素、ハロゲン化物、粉末の消火剤。 ・電気火災：霧状の水、霧状の強化液、二酸化炭素、ハロゲン化物、粉末の消火剤。
静電気	・帯電しやすい状態：流速が速い、電気の不導体、絶縁性が高い、湿度が低い。 ・帯電防止策：流速を遅くする、接地する、湿度を高くする。
沸騰と沸点	・沸点は、液体の飽和蒸気圧が外圧と等しくなる液温。 ・外圧低＝沸点低、外圧高＝沸点高。
熱	・熱量と温度変化の関係式：熱量＝比熱×質量×温度変化 ・対流は、液体と気体に起こる現象。 ・体膨張と温度変化の関係式：膨張した分の体積＝元の体積×体膨張率×温度変化
物理変化と化学変化	・ドライアイスが二酸化炭素の気体になる状態変化は物理変化。 ・鉄がさびてぼろぼろになるのは化学変化。
物質の種類	・空気やガソリンは混合物。 ・同素体：黄リンと赤リン、酸素とオゾン、グラファイトとダイヤモンド。
酸と塩基	・酸：水に溶けて水素イオンを放出する。または他の物質に水素イオンを与える。 ・塩基：水に溶けて水酸化物イオンを放出する。または他の物質から水素イオンを受け取る。 ・酸は青色のリトマス紙を赤色にし、塩基は赤色のリトマス紙を青色にする。 ・水素イオン指数：pH7＝中性、pH7より小＝酸性、pH7より大＝塩基性。
酸化と還元	・酸化：酸素と化合する。水素を奪われる。電子を失う。 ・還元：酸素を奪われる。水素と化合する。電子を受け取る。 ・酸化と還元は、同時に起こる。
鉄の腐食	・鉄を防食するイオン化傾向の大きい金属：マグネシウム、アルミニウム、亜鉛。 ・鉄が腐食しやすい主な場所：酸性の強い場所、水分のある場所、塩分を含む場所。
有機化合物	・水に溶けないが、有機溶媒には溶けるものが多い。 ・無機化合物に比べ、融点や沸点が低い。

III 危険物の性質ならびにその火災予防および消火の方法

よく出る問題

- 類ごとの性状……………………………状態と性質
- 第4類に共通する性質……………蒸気比重、引火点、静電気
- 第4類に共通する火災予防方法…蒸気の排出、静電気防止方法
- 第4類に共通する消火方法………強化液消火剤、
  　　　　　　　　　　　　　　　水溶性液体用泡消火剤
- 第1石油類（ガソリン）…………燃焼範囲、引火点、発火点

解答用紙は p.167 にあります。

第1類から第6類の概要

危険物の性状、類ごとの性状

解答＆解説：p.133〜134

[危険物の性状等]

問1 第1類から第6類の危険物の性状等に関する記述として、次のうち誤っているものはどれか。

1. 危険物には、単体、化合物及び混合物の3種類がある。
2. 同一の物質であっても、形状及び粒度によって危険物になるものとならないものがある。
3. 水と接触して発熱し、可燃性ガスを発生するものがある。
4. 可燃性の固体で、着火又は引火しやすいものがある。
5. 危険物には、常温（20℃）で気体、液体および固体のものがある。

[類ごとの性状]

問2 危険物の類ごとに共通する性状について、次のうち誤っているものはどれか。

1. 第1類の危険物は、固体である。
2. 第2類の危険物は、固体である。
3. 第3類の危険物は、液体又は固体である。
4. 第5類の危険物は、固体である。
5. 第6類の危険物は、液体である。

[類ごとの性状]

問3 危険物の類ごとに共通する性状として、次のうち誤っているものはどれか。

1. 第1類の危険物……酸化性の固体で、分解して酸素を発生する。
2. 第2類の危険物……着火又は引火しやすい可燃性の液体である。
3. 第3類の危険物……禁水性及び自然発火性の物質である。
4. 第5類の危険物……分解又は爆発しやすい液体又は固体である。
5. 第6類の危険物……酸化性の液体で、燃焼性はない。

[類ごとの性状]

問4 危険物の一般的な性状として、次のうち正しいものはどれか。

1. 第1類の危険物は、酸素を含有しているので、内部（自己）燃焼する。
2. 第2類の危険物は、水と作用して激しく発熱する。
3. 第3類の危険物は、空気又は水と接触すると引火性の蒸気を発生する固体である。
4. 第5類の危険物は、外部から酸素の供給がなくても、燃焼するものが多い。
5. 第6類の危険物は、可燃性で強い酸化剤である。

第4類に共通する性質

第4類の一般的性状、非水溶性・水溶性、引火点

解答＆解説：p.134～135

[第4類の一般的な性状]

問5 第4類の危険物の一般的な性状として、次のうち誤っているものはどれか。
1. 引火性の液体である。
2. 水に溶けにくいものが多い。
3. 蒸気が数％の濃度で空気と混合したものでも、燃焼するものが多い。
4. 蒸気比重は1より小さい。
5. 液体の比重は1より小さいものが多い。

[第4類の一般的な性状]

問6 第4類の危険物の性状として、次のうち正しいものはどれか。
1. すべて酸素を含有している化合物である。
2. 発火点は、いずれも100℃以下である。
3. すべて常温（20℃）以上に温めると水溶性になる。
4. 引火点を有する液体または気体で、火源により引火する。
5. 非水溶性のものは、静電気が蓄積しやすい。

[第4類の一般的な性状]

問7 第4類の危険物の一般的な性状について、次のうち誤っているものはどれか。
1. 常温（20℃）、常圧（1気圧）で液体であり、蒸気は可燃性である。
2. 蒸気は特有の臭気を帯びるものが多い。
3. 蒸気は燃焼範囲を有し、その下限値に達する液温が低いものほど、引火の危険性は高い。
4. 発火点が100℃以下のものもある。
5. 電気の良導体である。

[第4類の一般的な性状]

問8 第4類の危険物の一般的な性状として、次のうち正しいものはどれか。
1. 水に溶けるものはない。
2. 電気の不良導体であるため静電気を蓄積しやすく、静電気の火花により引火することがある。
3. 空気とはいかなる混合割合でも燃える。
4. 発火点は、いずれも100℃以上である。

5 引火点が低く、常温（20℃）で自然発火するものが多くある。

[第4類の危険物]

問9 次のA〜Eに掲げる危険物の性状等のすべてに当てはまる危険物はどれか。
A 水より重い。
B 発生する蒸気は空気より重い。
C 引火点は0℃以下で、燃焼範囲が広い。
D 発火点が90℃と低く、高温体との接触により容易に発火する。
E 水には溶けない。

1 ジエチルエーテル
2 二硫化炭素
3 アセトアルデヒド
4 ベンゼン
5 酸化プロピレン

[非水溶性液体]

問10 次に掲げた危険物のうち、両方とも水に溶けないものはどれか。

1 二硫化炭素　　　　メタノール
2 クレオソート油　　アセトン
3 エチレングリコール　アニリン
4 酸化プロピレン　　ピリジン
5 トルエン　　　　　軽油

[引火点の高低]

問11 次のA〜Dについて、引火点が低いものから高いものの順になっているもののみを掲げているものはどれか。

A 軽油→アセトン→シリンダー油
B クレオソート油→重油→ジエチルエーテル
C 自動車ガソリン→灯油→グリセリン
D 二硫化炭素→メタノール→ギヤー油

1 A B
2 B C
3 C D
4 A B C
5 A C D

練習問題 1〜2 第1類から第6類の概要、第4類に共通する性質

解答＆解説

解答	問1	問2	問3	問4	問5	問6	問7	問8	問9	問10	問11
	5	4	2	4	4	5	5	2	2	5	3

問1　答：5　　　　　　　　　　　　　　　　　　　　　　　危険物の性状等

1：○　危険物には、**単体、化合物、混合物**の3種類がある。たとえば、第2類の赤りんや硫黄などは単体であり、第4類の危険物は化合物または混合物である。

2：○　同一の物質であっても、**形状**および**粒度**によって危険物になるものとならないものがある。たとえば、第2類の鉄粉は、粒度が大きければ危険物にはならない。

3：○　**水**と接触して発熱し、**可燃性ガス**を発生するものとは、**第3類**の危険物の性状である。

4：○　可燃性の**固体**で**着火**または**引火**しやすいものとは、**第2類**の危険物の性状である。

5：✕　「気体」が誤り。危険物は、1気圧において、常温（20℃）で**液体**または**固体**である。第1類から第6類の危険物に**気体**のものはない。

ポイント1 消防法で定める危険物に気体のものはない。

問2　答：4　　　　　　　　　　　　　　　　　　　　　　　類ごとの性状

4：✕　第5類の危険物は、**液体**または**固体**である。

1〜3、5：○　第1類の危険物と第2類の危険物は**固体**、第3類の危険物は**液体**または**固体**、第6類の危険物は**液体**である。

ポイント2 第1・2類は固体、第4・6類は液体、第3・5類は液体または固体。

問3　答：2　　　　　　　　　　　　　　　　　　　　　　　類ごとの性状

1：○　第1類の危険物は、**酸化性**の固体で、分解して**酸素**を発生する。

2：✕　「液体」が誤り。第2類の危険物は、着火または引火しやすい可燃性の**固体**である。

3：○　第3類の危険物は、**禁水性**および**自然発火性**の物質である。

4：○　第5類の危険物は、分解または爆発しやすい**液体**または**固体**である。

5：○　第6類の危険物は、**酸化性**の液体で、それ自体に**燃焼性**はない。

問4　答：4　　　　　　　　　　　　　　　　　　　　　　　類ごとの性状

1：✕　「第1類」が誤り。酸素を含有しているので内部（自己）燃焼するのは、第**5**類の危険物。第1類の危険物は、酸素を含有しているが、それ自体は**不燃性**である。

2：✕　「第2類」が誤り。水と作用して激しく発熱するのは、第**3**類の危険物。第2類

の危険物の中には、硫化りんのように水などと作用して可燃性ガスを発生するものもあるが、第2類の一般的な性状としては誤りである。

3：✕　第3類の危険物は、空気と接触すると**自然発火**し、または水と接触すると**発火**もしくは**可燃性の蒸気**を発生する**液体**または**固体**である。

4：〇　第5類の危険物は、分子内に酸素を含有しており、外部から**酸素**の供給がなくても、**燃焼**するものが多い。

5：✕　「可燃性」が誤り。第6類の危険物は、**不燃性**の強酸化剤である。

問5　答：4　　　　　　　　　　　　　　　　　　　第4類の一般的な性状

4：✕　「小さい」が誤り。第4類の危険物はすべて、**蒸気比重**が1より**大きい**。

1～3、5：〇　第4類の危険物は、すべて**引火性**の液体で、水に**溶けにくい**非水溶性のものが多い。また、蒸気が数％の濃度で**空気と混合**したものでも、引火して燃焼するものが多い。液体の比重は1より**小さい**ものが多い。

ポイント3　第4類の危険物はすべて、発生する蒸気は空気より重い（蒸気比重が1より大きい）。

問6　答：5　　　　　　　　　　　　　　　　　　　第4類の一般的な性状

1：✕　「すべて」「化合物」が誤り。特殊引火物のジエチルエーテルは、酸素を含有しているが、第4類の危険物の**すべて**に共通する性状ではない。また、第4類の危険物のすべてが化合物ではなく、ガソリンや灯油、軽油のような**混合物**もある。

2：✕　「いずれも100℃以下」が誤り。第4類の危険物のほとんどは、発火点が100℃**以上**である。発火点100℃以下の危険物は、**二硫化炭素**しかない。

3：✕　加熱によって非水溶性の危険物が**水溶性**になることはない。

4：✕　「気体」が誤り。危険物に**気体**のものはない。可燃性気体を発生する第4類の危険物は、引火点を有する**液体**で火源により引火する。

5：〇　水溶性のものより、**非水溶性**の危険物の方が静電気を蓄積しやすい。

ポイント4　発火点100℃以下の危険物は、特殊引火物の二硫化炭素しかない。

問7　答：5　　　　　　　　　　　　　　　　　　　第4類の一般的な性状

1～3：〇　第4類の危険物は、常温常圧において液体で、蒸気は**可燃性**である。その蒸気は**特有の臭気**を帯びるものが多い。また、第4類の危険物は引火性の液体なので**燃焼範囲**を有している。発生した蒸気が燃焼範囲の下限値の濃度に達したときに引火するので、下限値に達する液温が**低い**ものほど**引火**の危険性は高い。

4：〇　第4類の中で、発火点100℃以下の危険物には**二硫化炭素**（発火点90℃）がある。

5：✕　「良導体」が誤り。第4類の危険物は、電気の**不導体**で、流動などによって静電気を発生する。

練習問題 1〜2 第1類から第6類の概要、第4類に共通する性質 解答＆解説

問8　答：2　　　　　　　　　　　　　　　　　　　　　　　第4類の一般的な性状

1：✗　第4類の危険物には、アルコール類のように**水に溶ける**ものがある。
2：◯　第4類の危険物は、電気の**不良導体**であるため静電気を蓄積しやすく、静電気の火花により引火することがある。
3：✗　「いかなる混合割合」が誤り。空気との混合割合が**一定**（**燃焼範囲**内）でなければ燃焼しない。
4：✗　「いずれも100℃以上」が誤り。第4類の危険物のほとんどは、発火点100℃**以上**であるが、**二硫化炭素**は発火点が90℃である。
5：✗　「自然発火するものが多くある」が誤り。第4類の危険物の多くは、常温（20℃）で**自然発火**する危険性は**低い**。

問9　答：2　　　　　　　　　　　　　　　　　　　　　　　　　　第4類の危険物

ヒント1　Dの性質に注目。

2：◯　Dより発火点が**90℃**の危険物は、特殊引火物の**二硫化炭素**。A〜C、Eを検証してみると、二硫化炭素は、A 水より**重く**（比重1.26）、B 蒸気は空気より**重い**（第4類すべて）、C 引火点は**0℃以下**（引火点 -30℃以下）で、燃焼範囲が**広い**（1.3〜50vol%）、E 水には**溶けない**（非水溶性）。

問10　答：5　　　　　　　　　　　　　　　　　　　　　　　　　　　非水溶性液体

1：✗　二硫化炭素：**非水溶性液体**、メタノール：**水溶性液体**
2：✗　クレオソート油：**非水溶性液体**、アセトン：**水溶性液体**
3：✗　エチレングリコール：**水溶性液体**、アニリン：**非水溶性液体**
4：✗　酸化プロピレン：**水溶性液体**、ピリジン：**水溶性液体**
5：◯　トルエン：**非水溶性液体**、軽油：**非水溶性液体**

問11　答：3（C、D）　　　　　　　　　　　　　　　　　　　　　　　引火点の高低

ヒント2　第4類の品名は、引火点の低い順に並んでいる。

A：✗　軽油：第**2**石油類、アセトン：第**1**石油類、シリンダー油：第**4**石油類
B：✗　クレオソート油：第**3**石油類、重油：第**3**石油類、ジエチルエーテル：**特殊引火物**
C：◯　自動車ガソリン：第**1**石油類、灯油：第**2**石油類、グリセリン：第**3**石油類
D：◯　二硫化炭素：**特殊引火物**、メタノール：**アルコール類**、ギヤー油：第**4**石油類

第4類に共通する火災予防方法

3 練習問題

第4類の貯蔵・取扱い

解答&解説：p.138～139

[第4類の貯蔵・取扱い]

問12 第4類の危険物の貯蔵・取扱いの注意事項として、次のうち誤っているものはどれか。

1 火花や高熱に接近させない。
2 かくはんや注入はゆっくり行い、静電気の発生を抑制する。
3 発生した蒸気は、屋外の低所に排出する。
4 可燃性蒸気が滞留するおそれのある場所の電気機器は、防爆構造のものとする。
5 容器は密栓して、冷暗所に貯蔵する。

[第4類の貯蔵・取扱い]

問13 第4類の危険物の貯蔵、取扱いの方法について、次のA～Eのうち誤っているものの組合せはどれか。

A 引火点の低い危険物を取り扱うときは、特に換気に注意する。
B 貯蔵し、または取り扱う場所は必ずその危険物の引火点以下の温度に保つ。
C 運搬する場合は、容器に適当な空間を残して詰め密栓する。
D 可燃性蒸気の排出はできるだけ低所で、かつ、地表にむけて行う。
E 作業者は、帯電防止加工を施した作業着を着用する。

1　AとB　　2　AとC　　3　BとD　　4　DとE　　5　CとE

[第1石油類の火災予防方法]

問14 第1石油類の危険物を取り扱う場合の火災予防について、次のうち誤っているものはどれか。

1 液体から発生した蒸気は、地上をはって離れた低い場所に溜まることがあるので、周囲の火気に注意する。
2 取扱い作業をする場合には、鉄びょうの付いた靴は使用しない。
3 取扱い場所に設けるモータ、制御器、スイッチ、電灯などの電気設備は、すべて防爆構造でなければならない。
4 取扱い作業時の服装は、電気絶縁性のよい靴やナイロンその他の化学繊維などの衣類を着用する。
5 床上に少量こぼれた場合には、ぼろ布などでよくふき取り、通風をよくして換気を十分に行う。

練習問題 4 第4類に共通する消火方法

解答＆解説：p.139

[第4類に用いる消火剤]

問15 第4類の危険物の火災における消火効果等について、次のうち誤っているものはどれか。
1 水溶性の危険物の火災には、棒状の強化液消火剤の放射が最も効果的である。
2 乾燥砂は、小規模の火災に効果的である。
3 初期消火には、霧状の強化液消火剤が効果的である。
4 泡を放射する小型の消火器は、小規模の火災に効果的である。
5 一般に注水による消火は不適切である。

[第4類に適応する消火剤の効果]

問16 第4類の危険物の火災に適応する消火剤の効果として、次のうち最も適切なものはどれか。
1 液温を引火点以下に下げる。
2 可燃性蒸気の発生を抑制する。
3 空気の供給を遮断する、又は化学的に燃焼反応を抑制する。
4 可燃性蒸気の濃度を下げる。
5 危険物を除去する。

[泡消火剤]

問17 泡消火剤の中には、水溶性液体用泡消火剤とその他の一般の泡消火剤とがある。次の危険物の火災を泡で消火しようとする場合、一般の泡消火剤では適切でないものはどれか。
1 エタノール　　4 トルエン
2 ガソリン　　　5 軽油
3 キシレン

[一般の泡消火剤]

問18 アセトンやエタノールの火災に水溶性液体用泡消火剤以外の一般の泡消火剤を使用しても効果的でない理由として、次のうち適切なものはどれか。
1 燃焼温度が非常に高いから。　　4 泡が消えるから。
2 燃焼速度が速いから。　　　　　5 泡が固まるから。
3 泡が流動するから。

練習問題 3〜4　第4類に共通する火災予防方法、第4類に共通する消火方法

解答＆解説

解答	問12	問13	問14	問15	問16	問17	問18
	3	3	4	1	3	1	4

問12　答：3　　　　　　　　　　　　　　　　　第4類の貯蔵・取扱い

1：○　引火しないよう**火花や高熱**に接近させない。

2：○　第4類の危険物は電気の**不導体**で静電気を発生しやすいので、かくはんや注入は**ゆっくり行い**、静電気の発生を抑制する。

3：✕　「低所」が誤り。第4類の危険物の蒸気は空気より重いため、低所に滞留しやすい。低所に滞留した蒸気は、屋外の高所に排出する。

4：○　法令上、可燃性蒸気が滞留するおそれのある場所に設置する**電気機器**は、**防爆構造**にしなければならない。

5：○　可燃性蒸気が漏れないよう容器を**密栓**して、冷暗所に貯蔵する。

ポイント5　低所に滞留した蒸気は、屋外の高所に排出する。

問13　答：3（BとD）　　　　　　　　　　　　　　第4類の貯蔵・取扱い

A：○　引火点の低い危険物は、引火の危険性が高いので、**換気**や**通風**に注意して蒸気の濃度が燃焼範囲にならないようにする。

B：✕　「引火点以下の温度に保つ」が誤り。法令上の共通の貯蔵・取扱いの基準にも、また、第4類に共通する火災予防方法にも、このような基準は**定められて**いない。

C：○　第4類のような液体の危険物は、周囲の温度が高くなると体積が膨張して漏れる危険性がある。容器内には若干の**空間容積**を残して収納し、**密栓**して運搬する。具体的には、液体の危険物は**98％以下**の収納率と定められている。

D：✕　「できるだけ低所で、かつ、地表にむけて行う」が誤り。可燃性蒸気は、屋外の高所に排出する。

E：○　作業者は、**帯電防止加工**を施した作業着を着用して**静電気**が帯電しないようにする。

問14　答：4　　　　　　　　　　　　　　　　　第1石油類の火災予防方法

1：○　液体から発生した蒸気は空気より**重く**、地上をはって離れた低い場所に溜まることがあるので周囲の火気に注意することは、火災予防として正しい。

2：○　取扱い作業をする場合には、**静電気火花**を防止するため鉄びょうの付いた靴を使用しないことは、火災予防として正しい。

—138—

3：○　法令上、可燃性蒸気が滞留するおそれのある取扱い場所に設けるモータ、制御器、スイッチ、電灯などの**電気設備**は、すべて**防爆構造**にしなければならない。

4：✗　取扱い作業時に電気絶縁性の**よい**（電気伝導率の**小さい**）靴やナイロンその他の化学繊維などの衣類を着用すると、**静電気**が蓄積しやすい。作業時は**帯電防止加工**を施した作業着などを着用する。

5：○　床上に少量こぼれた場合には、ぼろ布などでよく**ふき取り**、**通風**をよくして**換気**を十分に行うことは、火災予防として正しい。

問15　答：1　　　　　　　　　　　　　　第4類に用いる消火剤

1：✗　「棒状の強化液消火剤の放射が最も効果的である」が誤り。水溶性であっても非水溶性であっても、流動性のある第4類の危険物に**棒状**の強化液消火剤を放射すると、被害が拡大するおそれがあるため不適切である。

2～4：○　**乾燥砂**、**霧状**の強化液消火剤、**泡**を放射する小型の消火器は、それぞれ第4類の危険物の火災に効果的である。

5：○　一般に**注水**による消火は、**霧状**であっても**棒状**であっても第4類の危険物の火災には不適切である。

ポイント6　第4類の危険物の火災には、霧状の強化液消火剤は適切だが、棒状の強化液消火剤は不適切。

問16　答：3　　　　　　　　　　　　　　第4類に適応する消火剤の効果

3：○　第4類の危険物の火災には、空気の供給を遮断する**窒息効果**、または燃焼の連鎖反応を抑制する**抑制効果**のある消火剤が最も適切である。

ポイント7　第4類の危険物の火災には、除去消火や冷却消火は適応しない。

問17　答：1　　　　　　　　　　　　　　泡消火剤

1：✗　エタノールは**水溶性液体**なので、一般の泡消火剤では泡が消えてしまい消火には不適切である。水溶性液体の火災に適切な泡消火剤は、**水溶性液体用泡消火剤**。

2～5：○　ガソリン、キシレン、トルエン、軽油は、いずれも**非水溶性液体**なので、一般の泡消火剤で消火できる。

ポイント8　一般の泡消火剤では不適切な危険物は水溶性液体。アルコール類には非水溶性のものはない。すべて水溶性である。

問18　答：4　　　　　　　　　　　　　　一般の泡消火剤

4：○　水溶性液体の火災に一般の泡消火剤が効果的でない理由は、水溶性液体が一般の泡消火剤の水膜を溶かし、泡が**消えて**しまうからである。泡が消えると窒息効果が得られない。

ガソリンの性状、ガソリンの静電気火災防止策

5 練習問題 第1石油類①（ガソリン）

解答＆解説：p.142〜143

[第1石油類：ガソリンの性状等]

問19 ガソリンについて、次のうち誤っているものはどれか。
1 ガソリンは自動車ガソリン、航空ガソリン、工業ガソリンの3種類に分けられる。
2 蒸気を吸引すると、頭痛やめまい等を起こすことがある。
3 燃焼範囲は、1.4〜7.6vol%である。
4 炭素数15〜30の炭素化合物である。
5 水に溶けない。

[第1石油類：ガソリンの性状等]

問20 ガソリンの性状等について、次のうち誤っているものはどれか。
1 過酸化水素や硝酸と混合すると、発火の危険性が低くなる。
2 皮膚に触れると、皮膚炎を起こすことがある。
3 主成分は炭化水素である。
4 不純物として、微量の有機硫黄化合物などが含まれることがある。
5 自動車ガソリンはオレンジ系色に着色されている。

[第1石油類：ガソリンの性状]

問21 自動車ガソリンの性質について、次のうち誤っているものはどれか。
1 燃焼範囲は、33〜47vol%である。
2 流動、摩擦等により静電気が発生しやすい。
3 引火点は、−40℃以下である。
4 蒸気は空気より重い。
5 発火点は、100℃以上である。

[第1石油類：ガソリンの性状]

問22 自動車ガソリンの一般的性状について、次のA〜Eのうち誤っているもののみを掲げている組合せはどれか。
A 炭素数4〜12の炭化水素の混合物である。
B 蒸気は空気より軽い。
C 過酸化水素や硝酸と接触すると、発火の危険性が低くなる。
D 揮発性が高く、引火しやすい。

—140—

E　流動などにより静電気を発生しやすい。

1　AとB
2　AとE
3　BとC
4　CとD
5　DとE

[第1石油類：ガソリンの性状]

問23 **自動車ガソリンの性状について、次のうち誤っているものはどれか。**
1　引火点は −40℃以下である。
2　燃焼範囲は、約1〜8 vol%である。
3　ガソリンの入っていた空容器は、残ったガソリン蒸気で可燃性混合気を形成しやすいので、引火の危険性が大きい。
4　電気をよく通すので、流動、ろ過、滴下、噴霧などによる静電気の発生は少ない。
5　水中では水に溶けずに表面に広く膜を作り、下水等に流すとそこから引火する危険性がある。

[第1石油類：ガソリンの静電気火災防止策]

問24 **ガソリンを取り扱う場合、静電気による火災を防止するための処置として、次のA〜Dのうち誤っているもののみの組合せはどれか。**
A　タンクや容器へ注入するときは、できるだけ流速を大きくして短時間で作業を終わらせた。
B　容器等へ注入するホースは、接地導線のあるものを用いた。
C　作業着は、絶縁性の高いものを着用した。
D　取り扱う室内の湿度を高くした。

1　AとB
2　AとC
3　BとC
4　BとD
5　CとD

練習問題5 第1石油類①(ガソリン) 解答&解説

解答	問19	問20	問21	問22	問23	問24
	4	1	1	3	4	2

問19　答：4　　　　　第1石油類：ガソリンの性状等

1：○　ガソリンは**自動車ガソリン**、**航空ガソリン**、**工業ガソリン**の3種類に分けられる。
2：○　ガソリンの蒸気を吸引すると、**頭痛やめまい等**を起こすことがある。
3：○　ガソリンの燃焼範囲は、**1.4〜7.6vol%**である。
4：✕　ガソリンは、炭素数**4〜12**程度の炭化水素の**混合物**である。
5：○　ガソリンは**水に溶けない**非水溶性の危険物。

問20　答：1　　　　　第1石油類：ガソリンの性状等

1：✕　「低くなる」が誤り。ガソリンを含め、第4類の危険物はすべて、過酸化水素や硝酸のような**強酸化性**を有する第6類の危険物と混合すると、発火の危険性が**高く**なる。
2：○　ガソリンが皮膚に触れると、**皮膚炎**を起こすことがある。
3：○　ガソリンは、主成分が**炭化水素の混合物**である。
4：○　ガソリンには、不純物として微量の**有機硫黄化合物**などが含まれることがある。
5：○　自動車ガソリンは、**オレンジ系色**に着色されている。

ポイント9　第4類の危険物はすべて、酸化剤と混合すると引火しやすい。

問21　答：1　　　　　第1石油類：ガソリンの性状

ヒント3　問題がガソリンであっても自動車ガソリンであっても、試験では同じものと見なして差し支えない。ただし、着色されているのは自動車ガソリン。

1：✕　「33〜47vol%」が誤り。ガソリンの燃焼範囲は、**1.4〜7.6**vol%である。
2：○　ガソリンを含め、第4類の危険物はすべて、電気の**不導体**で、流動、摩擦等により静電気を発生しやすい。
3：○　ガソリンの引火点は、**-40℃以下**である。
4：○　ガソリンを含め、第4類の危険物はすべて、蒸気比重が1より大きく**空気より重い**。
5：○　ガソリンの発火点は**約300℃**で、100℃以上である。

ポイント10　ガソリンの燃焼範囲1.4〜7.6vol%、引火点-40℃以下、発火点約300℃は絶対覚える！

| 練習問題 5 | 第 1 石油類①（ガソリン） 解答＆解説

問22　答：3（BとC）　　　　　　　　　　　第1石油類：ガソリンの性状

ヒント4　第4類の危険物に共通の性質を当てはめる。

A：○　ガソリンは、炭素数 4〜12 程度の**炭化水素の混合物**である。

B：✕　「軽い」が誤り。ガソリンを含め、第4類の危険物はすべて、蒸気が空気より**重い**。

C：✕　「低くなる」が誤り。ガソリンを含め、第4類の危険物はすべて、過酸化水素や硝酸のような**強酸化性**を有する第6類の危険物と接触すると、発火の危険性が**高く**なる。

D、E：○　ガソリンは揮発性が高く、**引火**しやすい。また、ガソリンを含め、第4類の危険物はすべて、流動などにより**静電気を発生**しやすい。

問23　答：4　　　　　　　　　　　　　　　第1石油類：ガソリンの性状

1、2：○　ガソリンの引火点は **−40℃以下**で、燃焼範囲は**約 1〜8 vol%**である。燃焼範囲の正確な数値は、**1.4〜7.6 vol%**。

3：○　ガソリンの入っていた空容器は、残ったガソリン蒸気で**可燃性混合気を形成**しやすく、引火の危険性が大きい。ガソリン蒸気は完全に取り除かなければならない。

4：✕　ガソリンを含め、第4類の危険物はすべて、電気の**不導体**で、流動、ろ過、滴下、噴霧などにより静電気を**発生**しやすい。

5：○　ガソリンは非水溶性で**水に溶けず水より軽い**ため、水中では表面に広く膜を作り、下水等に流すとそこから引火する危険性がある。

問24　答：2（AとC）　　　　　　　　第1石油類：ガソリンの静電気火災防止策

ヒント5　物理学・化学の静電気災害の防止方法を当てはめる。

A：✕　「流速を大きくして短時間で作業を終わらせた」が誤り。ガソリンを注入するときは、静電気の発生を防止するため、できるだけ流速を**小さく**（**遅く**）して**ゆっくり**作業を行う。

B：○　**接地導線**のある注入ホースを用いるのは、静電気火災防止策として適切である。

C：✕　「絶縁性の高いものを着用した」が誤り。絶縁性の**高い**（電気伝導率の**小さい**）ものを着用すると、**静電気**が蓄積しやすい。作業着は**帯電防止加工**を施したものを着用する。

D：○　室内の湿度を**高く**して放電することは、静電気火災防止策として適切である。

・143・

練習問題 6 特殊引火物、アルコール類

ジエチルエーテル、アセトアルデヒド、アルコール類の性状

解答＆解説：p.147〜148

[特殊引火物の性状]

問25 特殊引火物の性状として、次のうち誤っているものはどれか。
1 比重は1より大きいものもある。
2 沸点が40℃以下のものもある。
3 引火点は −20℃よりも低い。
4 発火点はすべて100℃以上である。
5 水に溶けるものもある。

[特殊引火物：ジエチルエーテル]

問26 ジエチルエーテルの性状等について、次のうち誤っているものはどれか。
1 引火点が低く、燃焼範囲も広い。
2 蒸気は空気より重い。
3 沸点が極めて低い。
4 水より重く、水に溶けにくいので、容器等に水を張って蒸気の発生を抑制する。
5 空気と長く接触すると過酸化物を生じ、爆発するおそれがある。

[特殊引火物：アセトアルデヒド]

問27 アセトアルデヒドの性状として、次のうち誤っているものはどれか。
1 無色透明の液体である。
2 空気と接触し加圧すると、爆発性の過酸化物をつくることがある。
3 熱、光に比較的安定しており、直射日光でも分解しない。
4 常温（20℃）で引火の危険性がある。
5 水、アルコールによく溶ける。

[アルコール類の性状]

問28 第4類のアルコール類に共通する性状として、次のうち誤っているものはどれか。
1 無色透明な液体である。
2 特有の芳香を持つ。
3 水より軽い。
4 発生する蒸気は空気より重い。
5 沸点は水より高い。

ベンゼン、トルエン他、灯油、軽油他

7 練習問題 第1石油類②、第2石油類

解答＆解説：p.148～150

[第1石油類：ベンゼン]

問29 ベンゼン（ベンゾール）の性状として、次のうち誤っているものはどれか。
1 無色透明の揮発性液体である。
2 特有の芳香を有している。
3 水よりも重い。
4 引火点は、常温（20℃）より低い。
5 水にはほとんど溶けないが、有機溶媒によく溶ける。

[第1石油類：トルエン]

問30 トルエン（トルオール）の性状として、次のうち誤っているものはどれか。
1 エタノールには溶けるが、水には溶けない。
2 蒸気は空気より重い。
3 引火点はベンゼンより低い。
4 芳香族特有の香りを持ち、無色透明の液体である。
5 揮発性がある。

[第1石油類：メチルエチルケトン]

問31 メチルエチルケトンの貯蔵・取扱いにおける注意事項として、次のうち誤っているものはどれか。
1 火気に近づけない。
2 直射日光を避ける。
3 冷暗所に貯蔵する。
4 貯蔵容器は通気口のあるものを使用する。
5 十分な通風、換気を行う。

[第2石油類の性状等]

問32 第2石油類について、次のうち正しいものはどれか。
1 すべて原油から分留され、水に溶けない。
2 すべて引火点は41℃以上である。
3 一般に静電気は発生しにくい。
4 霧状のとき引火しやすい。
5 重油とギヤー油は、第2石油類である。

[第2石油類：灯油]

問33 灯油の性状として、次のうち正しいものはどれか。
1 液温が常温（20℃）程度でも引火する。
2 蒸気は空気より重い。
3 水によく溶ける。
4 ぼろ布に染み込んだものは、自然発火する危険性がある。
5 灯油の中にガソリンを注入しても混ざり合わず、やがて分離する。

[第2石油類：軽油]

問34 軽油の性質について、次のうち誤っているものはどれか。
1 水より軽い。
2 蒸気は空気よりわずかに軽い。
3 沸点は水よりも高い。
4 ディーゼル機関等で燃料として用いられる。
5 水に溶けない。

[第2石油類：キシレン]

問35 キシレンの性状として、次のうち誤っているものはどれか。
1 無色の液体である。
2 特有の臭気がある。
3 3種類の異性体がある。
4 水より軽い。
5 引火点は常温（20℃）より低い。

[第2石油類：酢酸]

問36 酢酸の性状として、次のうち誤っているものはどれか。
1 高濃度の酢酸は、低温（約17℃）で氷結するので、氷酢酸とも呼ばれる。
2 エーテルとベンゼンに溶ける。
3 粘度が高く、水には溶けない。
4 エタノールと反応して、酢酸エステルをつくる。
5 金属を強く腐食する。

練習問題 6〜7 特殊引火物、アルコール類、第1石油類②、第2石油類

解答&解説

解答	問25	問26	問27	問28	問29	問30	問31	問32	問33	問34	問35	問36
	4	4	3	5	3	3	4	4	2	2	5	3

問25　答：4　　　　　　　　　　　　　　　　特殊引火物の性状

ヒント6 消防法上の特殊引火物の定義：ジエチルエーテル、二硫化炭素その他1気圧において、発火点が100℃以下のもの、または引火点が-20℃以下で沸点が40℃以下のものをいう。

1：○　特殊引火物用のうち、二硫化炭素の比重は1より大きく1.26。
2：○　特殊引火物の定義には「沸点が40℃以下」とある。
3：○　特殊引火物の定義には「引火点が-20℃以下」とある。
4：×　「すべて」が誤り。特殊引火物のうち、二硫化炭素の発火点は90℃で、100℃以下である。
5：○　特殊引火物のうち、アセトアルデヒドと酸化プロピレンは水溶性の危険物。

ポイント11 選択肢に引火点が出てきたら、品名の定義に当てはめる。

問26　答：4　　　　　　　　　　　　　　特殊引火物：ジエチルエーテル

1：○　ジエチルエーテルは、引火点が低く（-45℃）、燃焼範囲も広い（1.9〜36(48)vol%）。
2：○　ジエチルエーテルを含め、第4類の危険物はすべて、蒸気は空気より重い。
3：○　ジエチルエーテルは、沸点が34.6℃で極めて低い。
4：×　ジエチルエーテルの比重は0.71で水より軽く、水にはわずかに溶ける。政令では、水にわずかに溶ける液体も非水溶性液体とされている。また、容器等に水を張って蒸気の発生を抑制する危険物は、ジエチルエーテルではなく二硫化炭素。
5：○　ジエチルエーテルは、空気と長く接触すると過酸化物を生じ、爆発するおそれがある。

問27　答：3　　　　　　　　　　　　　　特殊引火物：アセトアルデヒド

1：○　アセトアルデヒドは、無色透明の液体で、刺激臭がある。
2：○　アセトアルデヒドは、空気と接触し加圧すると、爆発性の過酸化物をつくることがある。
3：×　「安定しており」「分解しない」が誤り。アセトアルデヒドは熱、光に不安定で、直射日光により分解し、メタンと一酸化炭素になる。

4：〇　アセトアルデヒドの引火点は **-39℃** で、**常温（20℃）** で引火の危険性がある。特殊引火物の定義「引火点が -20℃以下」に当てはめても正しいとわかる。

5：〇　アセトアルデヒドは、**水によく溶ける**水溶性の危険物で、アルコールなどの有機溶媒にも**よく溶ける**。

問28　答：5　　　　　　　　　　　　　　　　　　　　　アルコール類の性状

1：〇　アルコール類は、**無色透明**な液体である。
2：〇　アルコール類は、特有の**芳香**を持つ。
3：〇　アルコール類は、水より**軽い**。
4：〇　アルコール類を含め、第4類の危険物はすべて、蒸気は**空気より重い**。
5：✕　「水より高い」が誤り。アルコール類の沸点はすべて 100℃**以下**で、水より**低い**。

ポイント12　特殊引火物、多くの第1石油類、アルコール類の沸点は、水（100℃）より低い。

問29　答：3　　　　　　　　　　　　　　　　　　　　　第1石油類：ベンゼン

ヒント7　消防法上の第1石油類の定義：アセトン、ガソリンその他1気圧において引火点が 21℃未満のものをいう。

1：〇　ベンゼンは、**無色透明**の揮発性液体である。
2：〇　ベンゼンは、特有の**芳香**を有している。
3：✕　「重い」が誤り。ベンゼンは、比重 **0.88** で水より**軽い**。
4：〇　ベンゼンの引火点は **-11℃** で、常温（20℃）より**低い**。第1石油類の定義「引火点が21℃未満」に当てはめても正しいとわかる。
5：〇　ベンゼンは、**非水溶性液体**で水にはほとんど溶けないが、有機溶媒によく溶ける。

問30　答：3　　　　　　　　　　　　　　　　　　　　　第1石油類：トルエン

1：〇　トルエンは、エタノールなどの有機溶媒には溶けるが、**水には溶けない**非水溶性の危険物。
2：〇　トルエンを含め、第4類の危険物はすべて、蒸気は**空気より重い**。
3：✕　「低い」が誤り。トルエンの引火点は **4℃**、ベンゼンの引火点は**-11℃**で、トルエンの引火点はベンゼンの引火点より**高い**。
4：〇　トルエンは、**芳香族**特有の香りを持つ**無色透明**の液体である。
5：〇　トルエンには、**揮発性**がある。

練習問題6〜7 特殊引火物、アルコール類、第1石油類②、第2石油類 解答＆解説

問31　答：4　　　　　　　　　　　　　　　　　　第1石油類：メチルエチルケトン

ヒント8　第4類の危険物に共通する火災予防方法を当てはめる。

1、2：〇　引火を防ぐため、**火気**に近づけないことや**直射日光**を避けることは、注意事項として正しい。

3：〇　液温が上昇しないよう**冷暗所**に貯蔵することは、注意事項として正しい。

4：✕　貯蔵容器は、可燃性蒸気が漏れないよう**密栓**して貯蔵しなければならない。通気口のある貯蔵容器は使用できない。

5：〇　蒸気の濃度が燃焼範囲にならないよう十分な**通風**、**換気**を行うことは、注意事項として正しい。

問32　答：4　　　　　　　　　　　　　　　　　　　　　　　第2石油類の性状等

ヒント9　選択肢の「すべて」に注目。共通していないものが1つでもあれば誤り。

1：✕　「すべて」が誤り。第2石油類のうち、原油から分留されて得られるのは**灯油**と**軽油**だけ。また、第2石油類には、水に**溶ける**（水溶性）**酢酸**や、**プロピオン酸**、**アクリル酸**がある。よって、第2石油類**すべて**に共通する性状ではない。

2：✕　「すべて」が誤り。第2石油類のうち、引火点が41℃以上の危険物は、**軽油**と**プロピオン酸**、**アクリル酸**だけで、第2石油類**すべて**に共通する性状ではない。

3：✕　「発生しにくい」が誤り。第2石油類を含め、第4類の危険物はすべて、静電気を**発生**しやすい。

4：〇　第2石油類を含め、第4類の危険物はすべて、**霧状**になると空気との接触面が大きくなり、**引火**しやすい。

5：✕　重油は第**3**石油類、ギヤー油は第**4**石油類である。

問33　答：2　　　　　　　　　　　　　　　　　　　　　　　　第2石油類：灯油

ヒント10　消防法上の第2石油類の定義：灯油、軽油その他1気圧において引火点が21℃以上70℃未満のものをいう。

1：✕　「引火する」が誤り。灯油の引火点は**40℃以上**で、**常温**（**20℃**）程度では**引火**しない。第2石油類の定義「引火点21℃以上70℃未満」に当てはめても、常温（20℃）では引火しないことがわかる。

2：〇　灯油を含め、第4類の危険物はすべて、蒸気は**空気より重い**。

3：✕　「よく溶ける」が誤り。灯油は、水には**溶けない**非水溶性の危険物。

4：✗ 「自然発火する危険性がある」が誤り。灯油を含め、第4類の危険物の多くは、ぼろ布に染み込むと表面積が大きくなって蒸気の発生が増すため**引火**の危険性は高くなるが、**自然発火**はしない。

5：✗ 「混じり合わず、やがて分離する」が誤り。灯油とガソリンは**混合**し、均一になる。

ポイント13 灯油と軽油は、常温（20℃）では引火しない。

問34　答：2　　　　　　　　　　　　　　第2石油類：軽油

1：○　軽油の比重は **0.85程度** で、**水より軽い**。
2：✗　「軽い」が誤り。軽油を含め、第4類の危険物はすべて、蒸気は空気より**重い**。
3：○　軽油の沸点は **170〜370℃** で、水（100℃）よりも**高い**。
4：○　軽油は、**ディーゼル機関等**で燃料として用いられる。
5：○　軽油は、**水に溶けない**非水溶性の危険物。

問35　答：5　　　　　　　　　　　　　　第2石油類：キシレン

1：○　キシレンは、**無色**の液体である。
2：○　キシレンには、**特有の臭気**がある。
3：○　キシレンには、**オルト**(o-)キシレン、**メタ**(m-)キシレン、**パラ**(p-)キシレンの3種類の異性体**用**がある。
4：○　キシレンの比重は **0.86〜0.88** で、**水より軽い**。
5：✗　「常温（20℃）より低い」が誤り。キシレンの引火点は **27〜32℃** で、**常温（20℃）**より**高い**。第2石油類の定義「引火点が21℃以上70℃未満」に当てはめても、常温（20℃）より高いことがわかる。

問36　答：3　　　　　　　　　　　　　　第2石油類：酢酸

1：○　高濃度の酢酸は、低温（約17℃）で氷結するので、**氷酢酸**(ひょうさくさん)とも呼ばれる。
2：○　酢酸は、エーテル、ベンゼンなどの有機溶媒に**溶ける**。
3：✗　「水には溶けない」が誤り。酢酸は水に**溶ける**水溶性の危険物。
4：○　酢酸は、**エタノール**と反応して、酢酸エステルをつくる。
5：○　酢酸は、**金属**を強く腐食する。

練習問題 8　第3石油類、第4石油類、動植物油類

解答&解説：p.152

[第3石油類：重油]

問37 重油の一般的な性状として、次のうち誤っているものはどれか。
1. 褐色又は暗褐色の粘性のある液体である。
2. 水より重い。
3. 発火点は 250℃〜380℃である。
4. 沸点は 100℃より高い。
5. 引火点は 60℃以上である。

[第4石油類の性状等]

問38 第4石油類について、次のうち誤っているものはどれか。
1. 一般に水より軽い。
2. 常温（20℃）では蒸発しにくい。
3. 潤滑油や切削油の中に該当するものが多く見られる。
4. 引火点は、第1石油類よりも低い。
5. 粉末消火剤の放射による消火は、有効である。

[動植物油類の性状]

問39 動植物油類の性状として、次のうち誤っているものはどれか。
1. 引火点が高いので、常温（20℃）では引火する危険性は少ない。
2. アマニ油は、ぼろ布やウエスなどに染み込ませて放置すると自然発火しやすい。
3. 一般に水より軽く、水に溶けない。
4. 容器内で燃焼しているものに注水すると、燃えている油が飛散する。
5. 不飽和脂肪酸を多く含有する油ほど自然発火の危険性が高く、不乾性油と呼ばれている。

[動植物油類の自然発火]

問40 動植物油のうち乾性油は自然発火することがあるが、次のうち最も自然発火を起こす危険性が高いものはどれか。
1. 金属製容器に入ったものが長期間、倉庫に貯蔵してある。
2. ぼろ布に染み込んだものが長期間、通風の悪い所に貯蔵してある。
3. ガラス製容器に入ったものが長時間、直射日光にさらされている。
4. 水が混入したものが、屋外に貯蔵されている。
5. 種々の動植物油が同一場所に貯蔵されている。

練習問題8 第3石油類、第4石油類、動植物油類

解答＆解説

解答	問37	問38	問39	問40
	2	4	5	2

問37　答：2　　　　　　　　　　　　　　　　　　　　　　　第3石油類：重油

2：✕　第3石油類の重油の比重は **0.9～1.0** で、水と**同じ**か水より**軽い**。
1、3～5：○　重油は、**褐色**または**暗褐色**の粘性のある液体で、発火点は **250～380℃**、沸点は **300℃以上**。引火点は **60～150℃**である。

ポイント14 重油は水より重い危険物ではない。

問38　答：4　　　　　　　　　　　　　　　　　　　　　　　第4石油類の性状等

1、2：○　第4石油類は、一般に水より**軽く**、第4石油類の定義「引火点が200℃以上250℃未満」より、**常温（20℃）**では蒸発しにくい。
3：○　第4石油類には、ギヤー油やシリンダー油など、**潤滑油**や**切削油**の中に該当するものが多く見られる。
4：✕　「低い」が誤り。第4類の危険物の品名は引火点の低い順に並んでいるので、第4石油類の引火点は、第1石油類の引火点より**高い**。
5：○　**粉末消火剤**の放射による消火は、第4石油類を含め、第4類の危険物すべてに**有効**である。

問39　答：5　　　　　　　　　　　　　　　　　　　　　　　動植物油類の性状

1、2：○　動植物油類の定義「引火点が250℃未満」より、引火点が高く、**常温（20℃）**では**引火する**危険性は少ない。動植物油類のうち、アマニ油（**乾性油**）は、ぼろ布やウエスなどに染み込ませて放置すると**自然発火**しやすい。
3：○　動植物油類は、一般に水より**軽く**水に**溶けない**非水溶性の危険物である。
4：○　動植物油類は燃焼しているときの液温が**水の沸点（100℃）**より**高い**ため、容器内で燃焼しているものに注水すると、**水が激しく沸騰**して燃えている油が飛散する。
5：✕　「不乾性油」が誤り。不飽和脂肪酸を多く含有する油ほど自然発火の危険性が高く、**乾性油**と呼ばれている。

問40　答：2　　　　　　　　　　　　　　　　　　　　　　　動植物油類の自然発火

2：○　動植物油のうち乾性油は、**ぼろ布**などに染み込んだものが**長期間**、**通風の悪い**場所に貯蔵されると、酸化熱により発火点に達し、最も自然発火する危険性が高くなる。

練習問題 9 安全対策・事故事例

危険物の注入、危険物の漏えい

解答&解説：p. 154

[安全対策：危険物の注入]

問41 移動タンク貯蔵所から給油取扱所の地下専用タンクに危険物を注入する場合の安全対策として、次のうち適切でないものはどれか。

1. 移動タンク貯蔵所に設置された接地導線を、給油取扱所の専用タンクの接地端子に取り付ける。
2. 消火器を、注入口近くの風上となる場所に設置する。
3. 引火点40℃未満の危険物を注入する場合は、移動タンク貯蔵所のエンジンを停止する。
4. 地下専用タンクの残油量を計量口を開けて確認し、注入が終了するまで計量口のふたを開けておく。
5. 給油取扱所と移動タンク貯蔵所の危険物取扱者が、地下専用タンクに注入する危険物の品名、数量等を確認してから作業を開始する。

[事故事例：危険物の漏えい]

問42 次の事故事例を教訓とした今後の対策として、誤っているものはどれか。

「給油取扱所の固定給油設備から軽油が漏れて地下に浸透したため、地下専用タンクの外面保護材の一部が溶解した。また、周囲の地下水も汚染され、油臭くなった。」

1. 給油中は吐出状況を監視し、ノズルから空気（気泡）を吐き出していないかどうか注意すること。
2. 固定給油設備は、定期的に前面カバーを取り外し、ポンプ及び配管に漏れがないか点検すること。
3. 固定給油設備のポンプ周囲及び下部ピット内は点検を容易にするため、常に清掃しておくこと。
4. 固定給油設備のポンプ及び配管等の一部に著しく油、ごみ等が付着する場合は、その付近に漏れの疑いがあるので、重点的に点検すること。
5. 固定給油設備の下部ピットは、油が漏れても地下に浸透しないように、内側をアスファルトで被覆しておくこと。

練習問題9 安全対策・事故事例

解答＆解説

解答	問41	問42
	4	5

問41　答：4　　　　　　　　　　　　　　　　安全対策：危険物の注入

ヒント11 法令上の移動タンク貯蔵所の取扱いの基準や給油取扱所の貯蔵の基準を当てはめる。

1：○　接地は、静電気の**帯電防止策**として適切である。
2：○　消火器は、**風上に置く**のが適切である。風下に置くと放射した消火剤が風で流され、燃焼物にあたらない。
3：○　法令上、移動タンク貯蔵所から給油取扱所の地下専用タンクに、**引火点40℃未満**の危険物を注入するときは、移動タンク貯蔵所の**エンジンを停止**しなければならない。
4：×　「開けておく」が不適切。法令上、地下専用タンクの計量口は、計量するとき以外は**閉鎖**しておかなければならない。
5：○　それぞれの危険物取扱者同士による**確認行為**は、安全対策の1つとして適切である。

ポイント15 安全対策や事故事例の問題では、選択肢すべての正誤がわからなくても、法令や物理学・化学で覚えたことを当てはめて、かつ、常識的に考えてみるとよい。

問42　答：5　　　　　　　　　　　　　　　　事故事例：危険物の漏えい

1：○　給油中は吐出状況を監視し、**ノズル**から**空気（気泡）**を吐き出していないかどうか注意することは、今後の対策として正しい。ノズルから空気（気泡）を吐き出していたら、配管等に亀裂の疑いがあるので点検する必要がある。
2、4：○　固定給油設備は、定期的に前面カバーを取り外し、ポンプおよび配管に**漏れ**がないか点検すること。このとき、ポンプおよび配管等の一部に著しく油、ごみ等が付着する場合は、その付近に**漏れの疑い**があるので、重点的に点検すること。これらは、今後の対策として正しい。
3：○　点検を容易にするためにも、固定給油設備のポンプ周囲および下部ピット内は常に**清掃**しておくことは、今後の対策として正しい。
5：×　「アスファルト」が誤り。固定給油設備の下部ピットは、軽油やガソリンが浸透しないよう一般に**コンクリート**で被覆しなければならない。アスファルトは石油製品なので、軽油などで溶けてしまい、危険物が地下に浸透してしまう。

危険物の性質ならびにその火災予防および消火の方法

精選問題

問1 第1類から第6類の危険物の性状について、次のうち正しいものはどれか。
1 危険物には常温（20℃）において、気体、液体および固体のものがある。
2 引火性液体の燃焼は蒸発燃焼であるが、引火性固体の燃焼は主に分解燃焼である。
3 液体の危険物の比重は1より小さいが、固体の危険物の比重はすべて1より大きい。
4 保護液として、水、二硫化炭素およびメタノールを使用するものがある。
5 分子内に酸素を含んでおり、他から酸素の供給がなくても燃焼するものがある。

解答&解説：p. 161

問2 第1類から第6類の危険物の性状等について、次のうち誤っているものはどれか。
1 不燃性の液体又は固体で、酸素を分離し他の燃焼を助けるものがある。
2 水と接触して発熱し、可燃性ガスを発生するものがある。
3 可燃性の固体で、着火又は引火しやすいものがある。
4 分子内に酸素を含み、他からの酸素の供給がなくても燃焼するものがある。
5 同一の類の危険物に対する消火方法及び適応消火剤は同じである。

解答&解説：p. 161

問3 危険物の類ごとの一般的な性状として、次のうち誤っているものはどれか。
1 第1類の危険物は、そのもの自体は燃焼しない固体である。
2 第2類の危険物は、可燃性の固体である。
3 第3類の危険物は、可燃性の強酸である。
4 第5類の危険物は、分解し爆発的に燃焼する物質である。
5 第6類の危険物は、酸化性の液体で燃焼しない。

解答&解説：p. 162

問4 第4類の危険物の一般的な性状について次のうち正しいものはどれか。
1 蒸気比重が小さいものほど、引火点が高い。
2 引火点が低いものほど、発火点も低い。

3 発火点が低いものほど、発火しやすい。
4 分子量が大きいものほど、引火点が低い。
5 引火点が低いものほど、蒸発しにくい。

解答＆解説：p. 162

問5 常温（20℃）において引火の危険性があるもののみを掲げている組合せとして、次のうち正しいものはどれか。

1 ガソリン　　　　軽油　　　　　　　エタノール
2 シリンダー油　　酸化プロピレン　　エタノール
3 ガソリン　　　　ギヤー油　　　　　ジエチルエーテル
4 ガソリン　　　　ジエチルエーテル　二硫化炭素
5 二硫化炭素　　　アセトン　　　　　ギヤー油

解答＆解説：p. 162

問6 引火性液体の危険物を取り扱う際、静電気による火災防止策として、次のうち誤っているものはどれか。

1 ガソリンが入っていた移動貯蔵タンクに軽油や灯油を入れる場合、当該タンクに可燃性のガスが残留していないことを確認してから行う。
2 室内で取り扱うときは、床面に散水するなどして湿度を高くする。
3 タンク、容器、配管、ノズル等は、できる限り導電性のものを使用し、導体部分は接地する。
4 容器等に小分けするときは、蒸気及びミストを発散させないようにする。
5 貯蔵容器から他のタンク等に注入するときは、なるべく流速を速くして短時間で終了させる。

解答＆解説：p. 162～163

問7 第4類の危険物の火災に使用する消火剤の効果として、次のうち誤っているものはどれか。

1 ガソリンの火災に、二酸化炭素消火剤は効果がない。
2 軽油の火災に、棒状注水は効果がない。
3 トルエンの火災に、ハロゲン化物消火剤は効果がある。
4 ベンゼンの火災に、リン酸塩類の粉末消火剤は効果がある。
5 重油の火災に、泡消火剤は効果がある。

解答＆解説：p. 163

問8 泡消火剤の中には、水溶性液体用泡消火剤とその他の一般の泡消火剤とがある。次の危険物が火災となった場合、水溶性液体用泡消火剤でなければ効果的に消火できないものの組合せはどれか。

1 アセトアルデヒド　　ベンゼン
2 アセトン　　　　　　ガソリン
3 酸化プロピレン　　　2-プロパノール
4 トルエン　　　　　　エタノール
5 軽油　　　　　　　　酢酸エチル

→ 解答＆解説：p. 163

問9 ガソリンの性状について、次のうち正しいものはどれか。

1 燃焼範囲は、3〜44vol％と非常に広い。
2 無機化合物である。
3 電気を通しやすい。
4 引火点以下では蒸気は発生しない。
5 種々の炭化水素の混合物である。

→ 解答＆解説：p. 163〜164

問10 ガソリンを貯蔵していたタンクにそのまま灯油を入れると爆発することがあるので、その場合、タンク内のガソリン蒸気を完全に除去してから灯油を入れなければならないが、その理由として適切なものは、次のうちどれか。

1 タンク内のガソリン蒸気が、灯油と混合して灯油の発火点を著しく下げるから。
2 タンク内のガソリン蒸気が灯油の流入によって断熱圧縮されて発熱し、自然発火することがあるから。
3 灯油の流入によってガソリン蒸気が撹拌され、そのときの摩擦熱により発火することがあるから。
4 タンク内に充満していたガソリン蒸気が、灯油に吸収されて燃焼範囲内に濃度が下がり、灯油の流入で発生した静電気の放電火花により引火することがあるから。
5 流入した灯油にガソリンの蒸気が吸収され、そのとき発生した吸収熱により発火することがあるから。

→ 解答＆解説：p. 164

問11 舗装面または舗装道路に漏れたガソリンの火災に噴霧注水を行うことは、不適切な消火方法とされている。次の A～E のうち、その主な理由に当たるものの組合せはどれか。

- A ガソリンが水に浮き、燃焼面積を拡大させる。
- B 水滴がガソリンをかき乱し、燃焼を激しくする。
- C 水滴の衝撃でガソリンをはね飛ばす。
- D 水が側溝等を伝わり、ガソリンを遠方まで押し流す。
- E 水が激しく沸騰し、ガソリンを飛散させる。

1 A と B
2 A と D
3 B と C
4 C と E
5 D と E

解答&解説：p. 164

問12 特殊引火物について、次のうち誤っているものはどれか。

1 ジエチルエーテルは、特有の甘い臭気があり、燃焼範囲が極めて広い。
2 純品の二硫化炭素は、無臭の液体で水に溶けやすくまた水より重い。
3 アセトアルデヒドは、熱、光に不安定で、直射日光により分解する。
4 酸化プロピレンは、銀、銅などの金属に触れると重合が促進されやすい。
5 二硫化炭素は、発火点が 100℃以下で第 4 類の中では発火点が特に低い危険物のひとつである。

解答&解説：p. 165

問13 メタノールとエタノールに共通する性状として、次のうち誤っているものはどれか。

1 いずれも揮発性で特有の芳香臭を持つ、無色の液体である。
2 いずれも沸点は 100℃以下である。
3 いずれも水溶性で濃度が低いほど引火点が下がる。
4 いずれも引火点は常温（20℃）以下である。
5 いずれも燃焼範囲はガソリンより広い。

解答&解説：p. 165

問14 ベンゼンとトルエンの性状として、次のうち誤っているものはどれか。

1 どちらも蒸気は有毒である。
2 どちらも無色の液体で水より軽い。

3　どちらも芳香族炭化水素である。
4　どちらも引火点は常温（20℃）より高い。
5　どちらも水に溶けないが有機溶媒によく溶ける。　　解答＆解説：p. 165

問15　**灯油と軽油の性状について、次のうち正しいものはどれか。**
1　ともに精製したものは無色であるが、軽油はオレンジ色に着色してある。
2　灯油は一種の植物油であるが、軽油は石油製品である。
3　ともに電気の不導体であり、流動によって静電気を発生しやすい。
4　ともに第3石油類に属する。
5　ともに液温が常温（20℃）付近で引火する。　　解答＆解説：p. 166

問16　**灯油、軽油及び重油について、次のうち誤っているものはどれか。**
1　引火点を比較すると、一般に灯油が最も低く、次に軽油、重油の順となる。
2　いずれも原油の分留によって得られる。
3　いずれも発生する蒸気は空気より重い。
4　灯油と軽油は水より軽いが、重油は水より重い。
5　灯油と軽油は第2石油類、重油は第3石油類に属する。
　　解答＆解説：p. 166

問17　次の文の（　）内のA～Cに当てはまる語句の組合せとして、正しいものはどれか。
「第4石油類に属する物質は、一般に（A）が高く、（B）しない限り引火する危険性はないが、いったん燃焼すると、（C）が非常に高くなり消火が困難となる。」

	A	B	C
1	融点	沸騰	液温
2	引火点	加熱	液温
3	発火点	加熱	室温
4	引火点	沸騰	気温
5	沸点	加熱	気温

解答＆解説：p. 166

問18 動植物油類の自然発火について、次のうち誤っているものはどれか。
1 乾性油より不乾性油の方が、自然発火しやすい。
2 発火点が高いものほど、自然発火しにくい。
3 ヨウ素価が大きいものほど、自然発火しやすい。
4 発生する熱が蓄積される状態にあるほど、自然発火しやすい。
5 貯蔵中は、風通しをよくすると自然発火しにくくなる。

解答&解説：p. 166

問19 次の事故発生の可能性が最も高い危険物はどれか。
「一般取扱所において、危険物を金属製容器から金属製ロートを使用してプラスチック製容器（10L）に詰替え中、危険物の流動により発生した静電気がスパークし、危険物の蒸気に引火したため火災が発生し、行為者が火傷を負った。」

1 灯油
2 軽油
3 重油
4 ガソリン
5 ギヤー油

解答&解説：p. 167

問20 油槽所から非水溶性の引火性液体が河川へ流出した場合の処置として、次のうち適切でないものはどれか。
1 流出した河川へオイルフェンスを張り、回収装置で回収する。
2 流出したことを船舶や付近の住民に知らせ、火気を使用しないように呼びかける。
3 流出した河川へオイルフェンスを張り、河川の中央部に集め、揮発するのを待つ。
4 油吸収材を使い、繰り返し油吸収を行う。
5 流出防止の処置をし、消火活動の準備をする。

解答&解説：p. 167

精選問題 危険物の性質ならびにその火災予防および消火の方法

解答＆解説

解答	問1	問2	問3	問4	問5	問6	問7	問8	問9	問10
	5	5	3	3	4	5	1	3	5	4
	問11	問12	問13	問14	問15	問16	問17	問18	問19	問20
	2	2	3	4	3	4	2	1	4	3

問1　答：5　　　　　　　　　　　　　　　　　　　　　危険物の性状等

1：✗　「気体」が誤り。危険物は、1気圧において、常温（20℃）で**液体**または**固体**である。第1類から第6類の危険物に**気体**のものはない。

2：✗　引火性を有する物質の燃焼は、液体であっても固体であってもすべて**蒸発燃焼**である。

3：✗　比重が1より大きいか小さいかは、危険物が**液体**であるか**固体**であるかには関係ない。第4類の危険物はすべて液体であるが、比重が1より大きいものもあれば小さいものもある。

4：✗　「二硫化炭素およびメタノール」が誤り。保護液として、水や灯油を使用する危険物はあるが、**二硫化炭素**や**メタノール**を使用するものはない。

5：○　分子内に酸素を含んでおり、他からの**酸素**の供給がなくても**燃焼**するものがあるとは、**第5類**の危険物の性状である。

問2　答：5　　　　　　　　　　　　　　　　　　　　　類ごとの性状等

1：○　**不燃性**の液体または固体で、**酸素**を分離し他の燃焼を助けるものとは、**第1類**の危険物（固体）と、**ハロゲン間化合物を除く第6類**の危険物（液体）の性状である。

2：○　**水**と接触して発熱し、**可燃性ガス**を発生するものとは、**第3類**の危険物の性状である。

3：○　可燃性の**固体**で、**着火**または**引火**しやすいものとは、**第2類**の危険物の性状である。

4：○　分子内に酸素を含み、他からの**酸素**の供給がなくても**燃焼**するものとは、**第5類**の危険物の性状である。

5：✗　同一の類の危険物に対する消火方法や適応消火剤が**同じ**であるとは限らない。たとえば、第1類の危険物に対する一般的な消火方法は、大量の水による冷却消火だが、第1類の危険物のうち、アルカリ金属の過酸化物には粉末消火剤や乾燥砂を用いて消火する。

| 問3 | 答：3 | 類ごとの性状 |

1：○ 第1類の危険物は、それ自体は**不燃性**の固体である。
2：○ 第2類の危険物は、**可燃性**の固体である。
3：× 「強酸である」が誤り。第3類の危険物は、**自然発火性**または**禁水性**を有する可燃性の液体または固体だが、**強酸**ではない。
4：○ 第5類の危険物は、加熱されると自己反応を起こして**分解**し爆発的に**燃焼**する物質である。
5：○ 第6類の危険物は、**酸化性**の液体で、それ自体は**不燃性**である。

| 問4 | 答：3 | 第4類の一般的な性状 |

ヒント12 物理学・化学でも出題される、危険物の一般的な性質を当てはめる。

1：× 「引火点が高い」が誤り。蒸気比重が小さいものほど、引火点が**低い**傾向にある。
2：× 引火点の低いものが、発火点も低いとはいえない。つまり、引火点の高低と発火点の高低は**一致**しない。
3：○ 発火点が**低い**ものほど、**より低い**温度で発火しやすい。
4：× 「引火点が低い」が誤り。気体の比重（蒸気比重）は気体の分子量と空気の平均分子量の比に等しいので、分子量が大きければ、その危険物の蒸気比重は大きいといえる。蒸気比重が大きいものほど、引火点が**高い**傾向にある。
5：× 「蒸発しにくい」が誤り。引火点が低いものほど低い温度で気化しやすいので、**蒸発**しやすい。

| 問5 | 答：4 | 常温（20℃）で引火する危険物 |

ヒント13 引火点が20℃以下の危険物には、アルコール類と、品名の定義から特殊引火物と第1石油類が該当する。

1：× ガソリン：第**1**石油類、軽油：第**2**石油類、エタノール：**アルコール類**
2：× シリンダー油：第**4**石油類、酸化プロピレン：**特殊引火物**、エタノール：**アルコール類**
3：× ガソリン：第**1**石油類、ギヤー油：第**4**石油類、ジエチルエーテル：**特殊引火物**
4：○ ガソリン：第**1**石油類、ジエチルエーテル：**特殊引火物**、二硫化炭素：**特殊引火物**
5：× 二硫化炭素：**特殊引火物**、アセトン：第**1**石油類、ギヤー油：第**4**石油類

| 問6 | 答：5 | 静電気による火災防止策 |

1：○ ガソリンの蒸気が残留している移動貯蔵タンクに軽油や灯油を入れると、静電

気が発生して**引火**する危険性があるので、タンクに可燃性のガスが残留していないことを確認してから行うことは、静電気による火災防止策として有効である。

2：○　湿度を**高く**することは、静電気による火災防止策として有効である。

3：○　タンクや容器などは、導電性（**電気伝導率の高い**）のものを使用したり、**接地**したりすることは、静電気による火災防止策として有効である。

4：○　容器等に小分けするときは、**蒸気**や**ミスト**を発散させないようにすることは、静電気による火災防止策として有効である。特に霧状になると空気との接触面が大きくなり引火の危険性が高くなる。

5：✕　「流速を速くして短時間で終了させる」が誤り。引火性液体を注入するときは、静電気の発生を防止するため、できるだけ流速を**遅く**（**小さく**）して**ゆっくり**作業を行う。

問7　答：1　　　　　　　　　　　　　　　　第4類に用いる消火剤

ヒント14 第4類の危険物の消火方法は共通している。危険物による違いはない。

1：✕　「効果がない」が誤り。ガソリンの火災に、**二酸化炭素消火剤**は効果がある。

2：○　軽油の火災には、**棒状**注水であっても**霧状**注水であっても効果がない。

3：○　トルエンの火災に、**ハロゲン化物消火剤**は効果がある。

4：○　ベンゼンの火災には、**リン酸塩類**の粉末消火剤であっても**炭酸水素塩類**の粉末消火剤であっても効果がある。

5：○　重油の火災に、**泡消火剤**は効果がある。

ポイント16 棒状注水、霧状注水、どちらも第4類の危険物の火災を拡大する危険性があり不適切。

問8　答：3　　　　　　　　　　　　　　　　水溶性液体用泡消火剤

ヒント15 水溶性液体用泡消火剤でなければ効果的でない危険物は、水溶性液体。

1：✕　アセトアルデヒド：**水溶性液体**、ベンゼン：非水溶性液体

2：✕　アセトン：**水溶性液体**、ガソリン：非水溶性液体

3：○　酸化プロピレン：**水溶性液体**、2-プロパノール：**水溶性液体**。2-プロパノールはアルコール類のイソプロピルアルコールの別名。

4：✕　トルエン：非水溶性液体、エタノール：**水溶性液体**

5：✕　軽油：非水溶性液体、酢酸エチル：非水溶性液体

問9　答：5　　　　　　　　　　　　　　　　第1石油類：ガソリンの性状

1：✕　「3～44vol%と非常に広い」が誤り。ガソリンの燃焼範囲は、**1.4～7.6**vol%で

広いとはいえない。
2：✕　ガソリンを含め、第4類の危険物はすべて、無機化合物ではなく有機化合物である。
3：✕　ガソリンを含め、第4類の危険物はすべて、電気の不導体で電気を通さない。
4：✕　ガソリンだけでなく引火性を持つ物質は、引火点以下であっても蒸気を発生する。ただし、引火点以下ならば引火はしない。
5：○　ガソリンは、種々の炭化水素の混合物である。

問10　答：4　　　　　　　　　　　　　　第1石油類：ガソリンの貯蔵・取扱い

1：✕　「発火点を著しく下げる」が不適切。ガソリン蒸気が灯油と混合しても灯油の発火点が著しく下がることはない。
2：✕　「断熱圧縮されて発熱し、自然発火する」が不適切。灯油の流入によってガソリン蒸気は吸収されるので断熱圧縮は起こらない。断熱圧縮が起こらなければ発熱しないので自然発火することはない。
3：✕　「撹拌され、摩擦熱により発火する」が不適切。灯油の流入によってガソリン蒸気は吸収されるため発熱はしない。よって、摩擦熱により発火することはない。
4：○　タンク内に充満していたガソリン蒸気が灯油に吸収されて燃焼範囲内の濃度に下がり、灯油の流入で発生した静電気の放電火花により引火することがあるから。
5：✕　「吸収熱により発火する」が不適切。灯油の流入によってガソリンの蒸気は吸収されるが、吸収熱はほとんど生じないので発火することはない。

問11　答：2（AとD）　　　　　　　　　　　　　　　　　　　注水の危険性

ヒント16　漏れたガソリンが舗装面または舗装道路に薄く広がっている状況を想定する。容器に溜まったガソリンへの噴霧注水ではない。

A：○　ガソリンは非水溶性で水より軽い（比重0.65〜0.75）ため、水に浮いてさらに燃焼面積を拡大させ、危険性が増大する。
B、C：✕　漏れたガソリンが舗装面または舗装道路に薄く広がっている場合、水滴がガソリンをかき乱して燃焼を激しくすることも、水滴の衝撃でガソリンをはね飛ばすこともない。
D：○　水に浮いたガソリンが、側溝等を伝わった水に押し流されて危険性が増大する。
E：✕　ガソリンの下に潜り込んだ水が沸騰することはないので、ガソリンを飛散させることもない。

ポイント17　ガソリンの燃焼している状況を想定して、注水消火の問題に対応するとよい。

問12　答：2　　　　　　　　　　　　　　　　　　　特殊引火物の性状

1：○　ジエチルエーテルは、特有の**甘い刺激臭**があり、燃焼範囲が極めて広い（1.9〜36(48)vol%）。
2：✗　「水に溶けやすく」が誤り。純品の二硫化炭素は、無臭の液体で水より重い（比重1.26）が、水に**溶けない**非水溶性の危険物。
3：○　アセトアルデヒドは、熱、光に**不安定**で、直射日光により**分解**する。
4：○　酸化プロピレンは、銀、銅などの金属に触れると**重合**㊟が促進されやすい。
5：○　二硫化炭素の発火点は100℃以下の**90℃**で、第4類の中では発火点が特に低い危険物である。

問13　答：3　　　　　　　　　　　　　　　アルコール類：メタノールとエタノール

1：○　いずれも揮発性で特有の**芳香臭**を持つ、**無色**の液体である。
2：○　メタノールの沸点は**65℃**、エタノールの沸点は**78℃**で、いずれも沸点は100℃以下である。
3：✗　「引火点が下がる」が誤り。アルコール類は水溶性の危険物で、濃度を低くすると、アルコール成分の蒸気の割合が**減少**して蒸気圧は**低く**なる。蒸気圧が低くなると、燃焼範囲の下限値に達する蒸気を発生する液温（つまり**引火点**）は**上がる**。これが、60%未満の水溶液がアルコール類の危険物から除かれる理由。
4：○　メタノールの引火点は**12℃**、エタノールの引火点は**13℃**で、いずれも引火点は**常温（20℃）以下**である。
5：○　メタノールの燃焼範囲は**6.0〜36vol%**、エタノールの燃焼範囲は**3.3〜19vol%**で、ガソリンの燃焼範囲1.4〜7.6vol%より**広い**。

ポイント18　燃焼範囲の問題は、ガソリンを基準にして覚えておくと正誤がわかることが多い。

問14　答：4　　　　　　　　　　　　　　　　　第1石油類：ベンゼンとトルエン

1：○　ベンゼンとトルエンは、どちらも蒸気は**有毒**である。
2：○　ベンゼンとトルエンは、どちらも**無色**の液体。ベンゼンの比重は**0.88**、トルエンの比重は**0.87**で、どちらも**水より軽い**。
3：○　ベンゼンとトルエンは、どちらも**芳香族炭化水素**である。
4：✗　「高い」が誤り。ベンゼンの引火点は**-11℃**、トルエンの引火点は**4℃**で、どちらも引火点は**常温（20℃）**より**低い**。第1石油類の定義「引火点が21℃未満」に当てはめても、常温（20℃）より低いことがわかる。
5：○　ベンゼンとトルエンは、どちらも**水に溶けない**非水溶性の危険物だが、有機溶媒にはよく溶ける。

ポイント19　第1石油類の危険物は、常温（20℃）で引火する。

問15　答：3　　　　　　　　　　　　　　　　　　　第2石油類：灯油と軽油

1：✕　「無色」「オレンジ色」が誤り。灯油は**無色**または**黄色**で、軽油は**淡黄色**または**淡褐色**。オレンジ色に着色されているのは**自動車ガソリン**。
2：✕　「一種の植物油」が誤り。灯油と軽油は、ともに原油を分留して得られる**石油製品**である。
3：○　灯油と軽油を含め、第4類の危険物はすべて、電気の**不導体**であり、流動によって静電気を発生しやすい。
4：✕　「第3石油類」が誤り。灯油と軽油は、ともに第**2**石油類に属する。
5：✕　「引火する」が誤り。灯油の引火点は40℃以上、軽油の引火点は45℃以上なので、**常温**（**20℃**）付近では**引火**しない。第2石油類の定義「引火点が21℃以上70℃未満」に当てはめても、常温（20℃）付近では引火しないことがわかる。

問16　答：4　　　　　　　　　　　　　　　　　　　　　　灯油、軽油、重油

1：○　灯油の引火点は40℃以上、軽油の引火点は45℃以上、**重油**の引火点は60〜150℃。3つを比較すると、一般に灯油が最も低く、次に軽油、重油の順となる。
2：○　いずれも原油の**分留**によって得られる。
3：○　灯油、軽油、重油を含め、第4類の危険物はすべて、蒸気は**空気より重い**。
4：✕　「重油は水より重い」が誤り。灯油の比重は0.8程度、軽油の比重は0.85程度でどちらも水より軽いが、重油の比重は0.9〜1.0で、水と**同じ**か水より**軽い**。
5：○　灯油と軽油は**第2石油類**、重油は**第3石油類**に属する。

問17　答：2　　　　　　　　　　　　　　　　　　　　　　第4石油類の性状

2：○　「第4石油類に属する物質は、一般に(A)**引火点**が高く、(B)**加熱**しない限り引火する危険性はないが、いったん燃焼すると、(C)**液温**が非常に高くなり消火が困難となる。」

問18　答：1　　　　　　　　　　　　　　　　　　　　　動植物油類の自然発火

1：✕　アマニ油などの**乾性油**の方がヨウ素価が**大きく**、不乾性油より自然発火しやすい。
2：○　発火点が**高い**ものほど、発火点に達する温度が**高い**ため自然発火しにくい。
3：○　動植物油類は、ヨウ素価の**大きい**ものほど自然発火しやすい。
4：○　発生する熱が**蓄積される**状態にあるほど、自然発火しやすい。
5：○　風通しの悪いところに貯蔵されていると**蓄熱しやすい**ので、貯蔵中は、**風通し**をよくすると自然発火しにくい。

ポイント20　ヨウ素価が大きい乾性油は自然発火しやすい。

| 精選問題 | 解答＆解説

問19　答：4　　　　　　　　　　　　　　　事故事例：静電気火災

4：○　第4類の危険物はいずれも、流動により**静電気**を発生しやすいが、選択肢のうち、最も事故発生の可能性が高い危険物は、引火点の最も低い（-40℃以下）第1石油類の**ガソリン**。

問20　答：3　　　　　　　　　　　　　　事故事例：引火性液体の流出

3：×　「揮発するのを待つ」が不適切。流出した引火性液体は、選択肢1にあるように、河川へオイルフェンスを張って、引火性液体の流動を防ぎ、回収装置で**回収**する。蒸気は引火するおそれがあるので、**揮発**させないようにする。
1、2、4、5：○　引火性液体の流出事故の措置として、すべて適切。

解答用紙　危険物の性質ならびにその火災予防および消火の方法

練習問題

問1	問2	問3	問4	問5	問6	問7	問8	問9	問10	問11
問12	問13	問14	問15	問16	問17	問18	問19	問20	問21	問22
問23	問24	問25	問26	問27	問28	問29	問30	問31	問32	問33
問34	問35	問36	問37	問38	問39	問40	問41	問42		

精選問題

問1	問2	問3	問4	問5	問6	問7	問8	問9	問10	問11
問12	問13	問14	問15	問16	問17	問18	問19	問20		

徹底攻略

危険物の性質ならびにその火災予防および消火の方法の問題

　主な項目ごとに、比較的出題率の高い内容を要約して掲載しました。試験直前に復習のつもりで確認すると有効です。

項目	内容
類ごとの性状	・第1類：酸化性を有する不燃性の固体。 ・第2類：火炎によって着火しやすく、低温で引火しやすい可燃性の固体。 ・第3類：一般に自然発火性および禁水性を有する可燃性の液体または固体で、水と接触して発熱し、可燃性ガスを発生するものがある。 ・第5類：自己反応性を有する可燃性の液体または固体で、分子内に酸素を含み、内部（自己）燃焼する。 ・第6類：酸化性を有する不燃性の液体。
第4類に共通する性質	・引火性の液体で、可燃性蒸気を発生する。 ・比重は1より小さいものが多い。 ・蒸気比重は1より大きい。 ・水に溶けないものが多い。 ・蒸気は低所に滞留する。 ・静電気を蓄積しやすい。 ・酸化剤と混合すると引火の危険性がある。
第4類に共通する火災予防方法（貯蔵・取扱い）	・加熱を避ける。 ・容器は密栓する。 ・容器には若干の空間を残して収納する。 ・低所に滞留した蒸気は、屋外の高所に排出する。 ・流速を下げて静電気の発生を抑制する。 ・帯電防止加工をした作業着などを着用する。
第4類に共通する消火方法	・窒息効果または抑制効果のある消火剤を使用する。 ・霧状の強化液、泡、二酸化炭素、ハロゲン化物、粉末の消火剤が有効。 ・棒状の強化液消火剤と注水は使用できない。 ・水溶性液体には、一般の泡消火剤ではなく水溶性液体用泡消火剤を用いる。
第1石油類（ガソリン）	・炭素数4～12程度の炭化水素の混合物。 ・燃焼範囲：1.4～7.6vol%、引火点：-40℃以下、発火点：約300℃。 ・自動車ガソリンは、オレンジ色に着色されている。 ・ガソリンの蒸気が残存するタンクに灯油や軽油を注入すると、引火の危険性がある。
特殊引火物	・常温（20℃）で引火する。 ・二硫化炭素の発火点は90℃で、第4類の中で発火点100℃以下のただ1つの危険物。 ・二硫化炭素は、有毒な可燃性蒸気を発生させないよう水没させて貯蔵する。 ・アセトアルデヒドは、熱や光に不安定で、直射日光により分解する。
アルコール類	・沸点は100℃以下。 ・引火点は常温（20℃）より低いものが多く、常温（20℃）で引火する。 ・濃度を低くすると蒸気圧が低くなり、引火点は高くなる。
第2石油類	・引火点は常温（20℃）より高く、常温（20℃）では引火しない。 ・灯油と軽油は、原油を分留して得られる石油製品。
第3石油類	・発火点は250℃以上。 ・重油の比重は、水と同じか水より小さい。
動植物油類	・引火点は250℃未満である。 ・布に染み込んだものは自然発火しやすい。 ・ヨウ素価が大きい乾性油は自然発火しやすい。

IV 模擬試験

乙種第4類危険物取扱者試験の問題数35問に合わせて6回分を掲載しました。実際の試験のつもりで時間をはかりながら挑戦してください。練習問題や精選問題で覚えたことや、「ヒント」を参考にして解いてください。

解答用紙は p. 263〜264 にあります。

模擬試験 ①

危険物に関する法令

[解答＆解説：p. 231～233]

問1 法令上、危険物に関する記述について、次のうち正しいものはどれか。
1 法別表第一の品名欄に掲げる物品で、同表に定める区分に応じ同表の性質欄に掲げる性状を有するものをいう。
2 類が増すごとに危険性が高くなる。
3 危険物の性質により、第1類から第7類に区分されている。
4 危険性を勘案して政令で定める数量を指定数量といい、すべて単位は〔kg〕である。
5 プロパンガスやアセチレンガスの液体も危険物に含まれる。

問2 法令上、製造所等の予防規程について、次の下線部分A～Dのうち誤っているものの組合せはどれか。
「A すべての製造所等のB 所有者等は、当該製造所等の火災を予防するため、規則で定める事項について予防規程を定め、C 市町村長等にD 届け出なければならない。」

1　A B　　2　A C　　3　B C　　4　C D　　5　A D

問3 法令上、屋内貯蔵所において次の危険物を貯蔵する場合、指定数量の倍数の合計として、次のうち正しいものはどれか。なお、（　）内はそれぞれの指定数量を示す。

過酸化水素（300kg）……………………300kg
過マンガン酸ナトリウム（300kg）……600kg
過塩素酸カリウム（50kg）………………110kg

1　1.5倍　　4　5.2倍
2　2.2倍　　5　6.6倍
3　4.2倍

問 4 法令上、学校、病院等の建築物等から一定の距離（保安距離）を設けなければならない旨の規定がある製造所等は、次のうちどれか。
ただし、当該建築物等から製造所等の間に、防火上有効な塀又はこれに相当する工作物はないものとし、特例基準が適用されるものを除く。
1 屋内タンク貯蔵所
2 屋外貯蔵所
3 給油取扱所
4 移動タンク貯蔵所
5 販売取扱所

問 5 法令上、製造所等の位置、構造又は設備を変更する場合の手続きとして、次のうち正しいものはどれか。
1 変更工事完了後、速やかに市町村長等に届け出なければならない。
2 変更工事完了後の10日前までに、市町村長等に届け出なければならない。
3 変更の計画を市町村長等に届け出てから変更工事を開始しなければならない。
4 市町村長等の変更許可を受けてから、変更工事を開始しなければならない。
5 変更工事を開始しようとする日の10日前までに、市町村長等に届け出なければならない。

問 6 法令上、移動タンク貯蔵所の位置、構造及び設備の技術上の基準として、次のうち誤っているものはどれか。ただし、特例基準が適用されるものを除く。
1 移動タンク貯蔵所は、屋外の防火上安全な場所又は難燃材料で造った建築物の地階に常置しなければならない。
2 移動貯蔵タンクは、容量を30,000L以下とし、かつ、その内部に4,000L以下ごとに完全な間仕切を厚さ3.2mm以上の鋼板又はこれと同等以上の機械的性質を有する材料で設けなければならない。
3 移動貯蔵タンクのマンホール及び注入口のふたは、厚さ3.2mm以上の鋼板又はこれと同等以上の機械的性質を有する材料で造らなければならない。
4 移動貯蔵タンクに可燃性の蒸気を回収するための設備を設ける場合は、当該設備は可燃性の蒸気が漏れるおそれのない構造としなければならない。
5 ガソリン、ベンゼンその他静電気による災害が発生するおそれのある液体の危険物の移動貯蔵タンクには、接地導線を設けなければならない。

問7 法令上、危険物の品名、指定数量の倍数にかかわらず、危険物保安監督者を選任しなければならない製造所等は、次のうちどれか。

1 屋内タンク貯蔵所
2 屋外タンク貯蔵所
3 地下タンク貯蔵所
4 移動タンク貯蔵所
5 販売取扱所

問8 法令上、危険物取扱者について、次のうち正しいものはどれか。

1 免状の交付を受けても、製造所等の所有者等から選任されなければ、危険物取扱者ではない。
2 甲種危険物取扱者だけが、危険物保安監督者になることができる。
3 乙種第4類の免状を有する危険物取扱者は、特殊引火物を取り扱うことができない。
4 丙種危険物取扱者が立会っても、危険物取扱者以外の者は、危険物を取り扱うことができない。
5 危険物施設保安員を置いている製造所等は、危険物取扱者を置かなくてもよい。

問9 法令上、危険物取扱者免状の交付について、次の文の（　）内のA〜Cに該当する語句の組合せとして正しいものはどれか。

「（A）は、危険物取扱者が法又は法に基づく命令の規定に違反して危険物取扱者免状の（B）その日から起算して（C）を経過しない者に対しては、免状の交付を行わないことができる。」

	A	B	C
1	都道府県知事	返納をした	1年
2	市町村長	返納を命ぜられた	1年
3	市町村長	返納をした	2年
4	都道府県知事	返納をした	2年
5	都道府県知事	返納を命ぜられた	1年

問10 法令上、製造所等の定期点検について、次のうち誤っているものはどれか。ただし、規則で定める漏れの点検及び固定式の泡消火器設備に関する点検を除く。

1 製造所等の位置、構造及び設備が技術上の基準に適合しているかどうかについて行う。
2 危険物施設保安員は、この点検を行うことができる。
3 点検を実施した場合は、その結果を市町村長等に報告しなければならない。
4 地下タンクを有する給油取扱所及び移動タンク貯蔵所は、その規模等にかかわらず、定期点検を実施しなければならない。
5 点検は、原則として1年に1回以上実施しなければならない。

問11 法令上、製造所等に設置する消火設備の区分として、次のうち正しいものはどれか。

1 消火設備は第1種から第6種までに区分されている。
2 第4類の危険物に適応する消火設備を第4種という。
3 消火粉末を放射する小型の消火器は、第4種の消火設備である。
4 泡を放射する大型の消火器は、第5種の消火設備である。
5 乾燥砂は第5種の消火設備である。

問12 法令上、製造所等において、火災又は危険物の流出等の災害が発生した場合の応急措置等について、次のうち誤っているものはどれか。

1 所有者等は、火災が発生したときは、直ちに火災現場に対する給水のため、公共水道の制水弁を開かなければならない。
2 所有者等は、危険物の流出その他の事故が発生したときは、直ちに、引き続く危険物の流出の防止その他災害の発生の防止のための応急の措置を講じなければならない。
3 危険物保安監督者は、火災等の災害が発生した場合は、作業者を指揮して応急の措置を講じなければならない。
4 所有者等は、危険物施設保安員に、火災が発生したときは、危険物保安監督者と協力して、応急の措置を講じさせなければならない。
5 危険物の流出その他の事故を発見した者は、直ちに、その旨を消防署等に通報しなければならない。

問13 法令上、市町村長等から製造所等の使用停止を命ぜられた場合、その事由に該当しないものは、次のうちどれか。
1 危険物保安監督者の解任命令に違反したとき。
2 製造所等の位置、構造又は設備を許可なく変更したとき。
3 製造所等において、危険物の取扱作業に従事している危険物取扱者が、免状の返納を命ぜられたとき。
4 定期点検を行わなければならない製造所等において、それを行っていないとき。
5 危険物保安監督者を定めなければならない製造所等において、それを定めていないとき。

問14 法令上、危険物の運搬容器の外部には、原則として規則で定める表示を行わなければならないが、その表示事項として定められていないものは、次のうちどれか。ただし、最大容積2.2L以下のものを除く。
1 危険物の品名、危険等級及び化学名
2 危険物の数量
3 第4類の危険物のうち、水溶性のものにあっては「水溶性」
4 収納する危険物に応じた消火方法
5 収納する危険物に応じた注意事項

問15 法令上、危険物の貯蔵・取扱いの技術上の基準として、次のうち誤っているものはどれか。
1 危険物が残存し、又は残存しているおそれがある設備、機械器具、容器等を修理する場合は、危険物保安監督者の立会いのもと行わなければならない。
2 危険物を貯蔵し、又は取り扱う場合は、当該危険物が漏れ、あふれ、又は飛散しないように必要な措置を講じなければならない。
3 危険物を貯蔵し、又は取り扱う建築物その他の工作物又は設備は、当該危険物の性質に応じ、遮光又は換気を行わなければならない。
4 危険物は、温度計、湿度計、圧力計その他の計器を監視して、当該危険物の性質に応じた適正な温度、湿度又は圧力を保つように貯蔵し、又は取り扱わなければならない。
5 可燃性の液体、可燃性の蒸気若しくは可燃性のガスが漏れ、若しくは滞留するおそれのある場所では、電線と電気器具とを完全に接続し、かつ、火花を発する機械器具、工具、履物等を使用してはならない。

基礎的な物理学および基礎的な化学　[解答＆解説：p.233～234]

問16 次のA～Eのうち、燃焼の形態が主に蒸発燃焼のものの組合せはどれか。

A　木炭　　D　プロパンガス
B　灯油　　E　硫黄
C　石炭

1　AとB　　2　BとD　　3　AとC　　4　BとE　　5　CとE

問17 粉じん爆発について、次のうち誤っているものはどれか。
1　粉じん爆発とは、一定濃度の可燃性の固体微粒子が空気中に浮遊した状態で、火花などにより爆発する現象をいう。
2　粉じん雲は、気体と比べて静電気を起こしにくい。
3　有機物が粉じん爆発したとき、燃焼が不完全なので一酸化炭素が発生することがある。
4　粉じんと空気が爆発範囲内で混合しているときに、粉じん爆発は起こる。
5　一次爆発が二次爆発を誘発し、遠方へ伝ぱする。

問18 物理変化と化学変化の説明について、次のうち誤っているものはどれか。
1　ばねが伸びたり縮んだりするのは、物理変化である。
2　ガソリンが燃えて熱が発生するのは、化学変化である。
3　二酸化炭素が固化してドライアイスになるのは、物理変化である。
4　エタノールが燃えて二酸化炭素と水になるのは、化学変化である。
5　水を加熱すると水蒸気が発生したり、冷やすと氷になったりするのは、化学変化である。

問19 化学用語の説明として、次のうち誤っているものはどれか。
1　酸とは、水に溶けて水素イオンを生じる物質である。
2　塩基とは、水に溶けて水酸化物イオンを生じる物質である。
3　中和とは、酸と塩基とが反応して塩と水とが生じることである。
4　還元剤とは、物質を還元し自らは酸化される物質である。
5　酸化とは、物質が酸素を失ったり、水素と化合したり、電子を取り入れたりする反応である。

問20 金属を粉体にすると、燃えやすくなる理由として、次のうち正しいものはどれか。
1 熱伝導率が大きくなるから。
2 空気が供給されにくくなるから。
3 単位重量当たりの表面積が大きくなるから。
4 単位重量当たりの発熱量が小さくなるから。
5 熱が拡散しやすくなるから。

問21 引火点、発火点について、次のA〜Dのうち正しいもののみを掲げているものはどれか。
A 引火点とは、可燃性液体が燃焼範囲の下限値の濃度の蒸気を発生する液温をいう。
B 発火点とは、可燃性物質を空気中で加熱した場合、火源がなくても、自ら燃えだす最低温度のことをいう。
C 一般に、引火点は発火点より高い。
D 発火点は、測定器、加熱時間、装置の形式などの測定方法や試料の形状などにかかわらず、物質固有の値である。

1　AとB　　　2　BとC　　　3　AとC　　　4　BとD　　　5　CとD

問22 混合物の説明として、次のうち誤っているものはどれか。
1 混合物とは、2種以上の純物質が混合したものである。
2 液体の混合物は、必ず液体のみから成り立っているが、気体の混合物は必ずしも気体であるとは限らない。
3 一般に混合物は、蒸留、ろ過などの簡単な操作によって、2種類以上の成分に分けられる。
4 混合物の場合は、化学式がかけない。
5 混合物の主なものに、空気、ガソリン、灯油などがある。

問23 消火剤の一般的説明として、次のうち誤っているものはどれか。
1 リン酸塩類の消火粉末は、普通火災、油火災、電気火災すべてに適応する。
2 泡消火剤には、窒息効果と冷却効果がある。
3 ハロゲン化物消火剤には、主に冷却効果がある。
4 二酸化炭素消火剤には、主に窒息効果がある。
5 強化液消火剤には、冷却効果や再燃防止効果がある。

問24 可燃性蒸気が滞留するおそれのある製造所等において、静電気による発火を防ぐための方法として適切でないものはどれか。

1 静置した物質を帯電させて、電荷量を減少させる。
2 ゴムやプラスチックに炭素や金属を混ぜ込んだ材料のものを使用する。
3 空気をイオン化して電気伝導率を大きくする。
4 ボンディングあるいは接地をして静電気を逃がす。
5 緩和時間を確保し、帯電した静電気を放出させる。

問25 水素と酸素が反応して水を生成するときの熱化学方程式は、次のとおりである。

$$H_2 + \frac{1}{2}O_2 = H_2O + 242.8kJ$$

水144gが発生したとすると、発生する熱量は次のうちどれか。ただし、原子量はH = 1、O = 16とする。

1 242.8kJ
2 485.6kJ
3 971.2kJ
4 1,942.4kJ
5 2,185.2kJ

危険物の性質ならびにその火災予防および消火の方法

[解答＆解説：p.234〜235]

問26 危険物の類ごとに一般的な性状として、次のうち誤っているものはどれか。

1 第1類の危険物は、可燃物と混合すると、加熱、衝撃、摩擦などによって分解し、激しい燃焼を起こさせる。
2 第2類の危険物は、微粉状にすると空気中で粉じん爆発を起こしやすい。
3 第3類の危険物は、空気又は水と接触すると発火、もしくは可燃性ガスを発生する。
4 第5類の危険物は、酸素を含有し自己反応を起こすものが多い。
5 第6類の危険物は、加熱、衝撃、摩擦などによって、激しい燃焼を起こす。

問27 第4類の危険物の性状として、次のうち誤っているものはどれか。
1 すべて常温（20℃）で液体である。
2 蒸気比重はすべて1より小さい。
3 液比重は1より小さいものが多い。
4 非水溶性のものが多い。
5 流動等により、静電気を発生しやすいものが多い。

問28 次の危険物のうち、蒸気の発生を抑制するために水没させた容器で保管するものはどれか。
1 アセトアルデヒド
2 酸化プロピレン
3 エタノール
4 二硫化炭素
5 ニトロセルロース

問29 第4類の危険物の火災に対する消火効果として、次のうち誤っているものはどれか。
1 泡消火剤は効果的である。
2 二酸化炭素消火剤は効果的である。
3 ハロゲン化物消火剤は効果的である。
4 棒状に放射する強化液消火剤は効果的である。
5 棒状の水は効果的でない。

問30 特殊引火物について、次のうち誤っているものはどれか。
1 アセトアルデヒドは、沸点が非常に低く揮発しやすい。
2 ジエチルエーテルは、特有の甘い刺激性の臭気があり、燃焼範囲は極めて広い。
3 純品の二硫化炭素は、無臭の液体で水に溶けやすく、また水より軽い。
4 酸化プロピレンは、水、エタノールによく溶ける。
5 常温（20℃）で引火の危険性がある。

問31 次の危険物の火災に際し、水溶性液体用泡消火剤でなければ効果的に消火できないものの組合せはどれか。
1 アセトアルデヒド　　ガソリン
2 アセトン　　　　　　エタノール

3	トルエン	酢酸
4	ベンゼン	メタノール
5	灯油	グリセリン

問32 自動車ガソリンの一般的性状として、次のうち誤っているものはどれか。
1 水面に流れたものは広がりやすい。
2 蒸気は空気より重い。
3 揮発性が高く、引火しやすい。
4 不純物として、微量の有機硫黄化合物などが含まれることがある。
5 パラフィン系炭化水素の単体である。

問33 トルエンの性状として、次のうち誤っているものはどれか。
1 無色透明の液体である。
2 特有の芳香を有している。
3 水によく溶ける。
4 引火点は常温（20℃）以下である。
5 濃硝酸と反応してトリニトロトルエンを生成することがある。

問34 重油の性状として、次のうち誤っているものはどれか。
1 褐色又は暗褐色の液体である。
2 水に溶けない。
3 引火点は種類などにより異なる。
4 発火点は70℃～150℃程度である。
5 不純物として含まれる硫黄は、燃えると二酸化硫黄になる。

問35 動植物油類の自然発火について、次のうち誤っているものはどれか。
1 発火点が高いものほど、自然発火しにくい。
2 乾性油より不乾性油の方が、自然発火しにくい。
3 ヨウ素価が小さいものほど、自然発火しやすい。
4 貯蔵中は、換気をよくするほど自然発火しにくい。
5 発生する熱が蓄積される状態にあるほど、自然発火しやすい。

模擬試験 ❷

▶▶ 危険物に関する法令　　［解答＆解説：p.236〜237］

問1 法別表第一に危険物の品名として掲げられているもののみの組合せとして、次のうち正しいものはどれか。

1　カリウム　　　　プロパン
2　黄りん　　　　　消石灰
3　塩酸　　　　　　ニトロ化合物
4　アルコール類　　硝酸
5　液体酸素　　　　硝酸塩類

問2 法令上、特定の製造所等において定めなければならない予防規程について、次のうち誤っているものはどれか。

1　予防規程は、製造所等の火災を予防するために必要な事項について定めなければならない。
2　予防規程を定めたときは、市町村長等の認可を受けなければならない。
3　予防規程は、製造所等の所有者等が定めなければならない。
4　消防署長は、火災の予防のため必要があるときは、予防規程の変更を命ずることができる。
5　製造所等の所有者等及びその従業者は、予防規程を守らなければならない。

問3 法令上、ある製造所において、第4類第2石油類を2,000L製造した場合、指定数量の倍数として次のうち正しいものはどれか。

1　その危険物が非水溶性であれば10倍である。
2　その危険物が水溶性であれば5倍である。
3　その危険物が非水溶性であれば2倍である。
4　その危険物が水溶性であれば2倍である
5　その危険物が非水溶性であれば1倍である。

問4 法令上、製造所等のうち、学校及び病院等の建築物等から、一定の距離（保安距離）を保たなければならない旨の規定が設けられていないものは、次のうちどれか。
1 製造所
2 屋内貯蔵所
3 屋外タンク貯蔵所
4 屋外貯蔵所
5 給油取扱所

問5 法令上、次のうち誤っているものはどれか。
1 指定数量未満の危険物の貯蔵又は取扱いの技術上の基準は、市町村の火災予防条例で定められている。
2 製造所等の譲渡又は引渡があったときは、譲渡又は引渡を受けた者は、市町村長等の承認を受けなければならない。
3 製造所等を廃止したときは、遅滞なくその旨を市町村長等に届け出なければならない。
4 消防吏員が市町村長の定める証票を示して、指定数量以上の危険物を貯蔵し、又は取り扱っている場所に立ち入り、検査や質問をしたときは、これに応じなければならない。
5 製造所等の所有者等は、危険物保安監督者を定めたとき、又はこれを解任したときは、遅滞なくその旨を市町村長等に届け出なければならない。

問6 法令上、製造所等の定期点検について、次のうち誤っているものはどれか。ただし、規則で定める漏れの点検及び固定式の泡消火設備に関する点検を除く。
1 点検記録は、一定期間保存しなければならない。
2 点検は、原則として1年に1回以上行わなければならない。
3 移動タンク貯蔵所は、定期点検を行う必要はない。
4 危険物施設保安員は、点検を行うことができる。
5 危険物取扱者の立会いがあれば、危険物取扱者以外の者が点検を行うことができる。

問7 法令上、危険物取扱者について、次のうち誤っているものはどれか。
1 危険物取扱者は、危険物の取扱作業に従事するときは、貯蔵又は取扱いの技術上の基準を遵守するとともに、当該危険物の保安の確保について細心の注意を払わなければならない。
2 製造所等においては、危険物取扱者以外の者は、甲種又は乙種危険物取扱者が立ち会わなければ危険物を取り扱ってはならない。
3 移動タンク貯蔵所に乗車する危険物取扱者は、甲種及び乙種危険物取扱者に限られる。
4 乙種危険物取扱者が、危険物の取扱作業に関して立会うことができる危険物の種類は、当該免状に指定する種類の危険物に限られる。
5 丙種危険物取扱者は、危険物取扱者以外の者の危険物の取扱いに立会うことはできない。

問8 法令上、危険物取扱者免状の手続きについて、次のうち誤っているものはどれか。
1 危険物取扱者試験に合格したので、試験を行った都道府県知事に免状の交付を申請した。
2 免状を亡失したので、以前免状の書換えをした都道府県知事に免状の再交付を申請した。
3 本籍は変わらないが、居住地が変わったので、新たな居住地を管轄する都道府県知事に免状の書換えを申請した。
4 氏名が変わったので、勤務地を管轄する都道府県知事に免状の書換えを申請した。
5 亡失により免状の再交付を受けたが、亡失した免状を発見したので、再交付を受けた都道府県知事に亡失した免状を提出した。

問9 法令上、危険物保安監督者の業務について、次のうち誤っているものはどれか。
1 危険物施設保安員を置く製造所等にあっては、危険物施設保安員に必要な指示を行うこと。
2 火災等の災害が発生した場合は、作業者を指揮して応急の措置を講ずるとともに、直ちに消防機関等へ連絡すること。
3 危険物の取扱作業の実施に際し、危険物の貯蔵又は取扱いに関する技術上の基準に適合するように作業者に対し必要な指示を与えること。
4 火災等の災害の防止に関し、当該製造所等に隣接する製造所等その他関連する

施設の関係者との間に連絡を保つこと。
5　製造所等の位置、構造又は設備を変更する場合、これらに関する法令上の手続きをとること。

問10　法令上、製造所等に設ける標識、掲示板について、次のうち誤っているものはどれか。

1　給油取扱所には、「給油中エンジン停止」と表示した掲示板を設けなければならない。
2　第4類の危険物を貯蔵する地下タンク貯蔵所には、「取扱注意」と表示した掲示板を設けなければならない。
3　屋外タンク貯蔵所には、危険物の類、品名及び貯蔵又は取扱いの最大数量等を表示した掲示板を設けなければならない。
4　第5類の危険物を貯蔵する屋内貯蔵所には、「火気厳禁」と表示した掲示板を設けなければならない。
5　移動タンク貯蔵所には、「危」と表示した標識を設けなければならない。

問11　法令上、顧客に自ら給油等をさせる給油取扱所における取扱いの基準として、次のうち誤っているものはどれか。

1　顧客用固定給油設備以外の固定給油設備を使用して、顧客に自ら自動車等に給油させることができる。
2　顧客用固定給油設備の1回当たりの給油量及び給油時間の上限は、それぞれ顧客の1回当たりの給油量及び給油時間を勘案して適正に設定する。
3　顧客の給油作業が開始されるときは、火気のないことその他安全上支障のないことを確認した上で、制御装置を用いてホース機器への危険物の供給を開始し、顧客の給油作業が行える状態にしなければならない。
4　従業員は、制御卓で顧客自らによる給油作業を直視等により適切に監視する。
5　顧客の給油作業が終了したときは、制御装置を用いてホース機器に危険物の供給を停止し、顧客の給油作業が行えない状態にする。

問12 法令上、製造所等における危険物の貯蔵又は取扱いの技術上の基準として、次のうち誤っているものはどれか。

1 製造所等には、係員以外の者をみだりに出入りさせてはならない。
2 危険物が残存している設備、機械器具、容器等を修理する場合は、危険物がこぼれないようにしなければならない
3 製造所等においては、常に整理及び清掃を行うとともに、みだりに空箱その他の不必要な物件を置いてはならない。
4 危険物は、温度計、湿度計、圧力計その他の計器を監視して、当該危険物の性質に応じた適正な温度、湿度又は圧力を保つように貯蔵し、又は取り扱わなければならない。
5 法別表第一に掲げる類を異にする危険物は、原則として同一の貯蔵所（耐火構造の隔壁で完全に区分された室が2以上ある貯蔵所においては、同一の室）において貯蔵してはならない。

問13 法令上、製造所等に設置する消火設備の区分について、次のうち第4種消火設備に該当するものはどれか。

1 屋外消火栓設備
2 スプリンクラー設備
3 ハロゲン化物消火設備
4 消火粉末を放射する大型の消火器
5 泡を放射する小型の消火器

問14 法令上、製造所等の法令違反とそれに対して市町村長等から命ぜられる命令の組合せとして誤っているものはどれか。

1 定期点検の未実施……………………………製造所等の使用停止命令
2 亡失した免状の再交付申請未実施……………………………免状返納命令
3 製造所等の位置、構造及び設備が技術上の基準に違反しているとき
……………………………危険物施設の基準適合命令
4 危険物に係る事故の発生に対し、応急措置を講じていないとき
……………………………危険物施設の応急措置命令
5 危険物の無許可貯蔵又は取扱い……………………………危険物の除去命令

問15 法令上、第 4 類の危険物と他の類の危険物を車両に混載して運搬する場合、次のうち誤っているものはどれか。ただし、それぞれの危険物の数量は、指定数量の 1 倍とする。
1 第 1 類の危険物とは、混載することができない。
2 第 2 類の危険物とは、混載することができる。
3 第 3 類の危険物とは、混載することができない。
4 第 5 類の危険物とは、混載することができる。
5 第 6 類の危険物とは、混載することができない。

基礎的な物理学および基礎的な化学　［解答＆解説：p.237〜239］

問16 次の組合せのうち、燃焼が起こり得ないものはどれか。
1 二硫化炭素……酸素……衝撃火花
2 メタン…………空気……電気火花
3 鉄粉……………空気……酸化熱
4 一酸化炭素……酸素……静電気火花
5 二酸化炭素……空気……直射日光

問17 熱伝導率について、次のうち正しいものはどれか。
1 一般に金属の熱伝導率は、他の固体の熱伝導率に比べて小さい。
2 一般に熱伝導率の小さなものほど熱を伝えやすい。
3 水の熱伝導率は、銀より大きい。
4 気体、液体、固体のうち、一般に気体の熱伝導率が最も小さい。
5 燃焼しにくい物質でも粉末にするとよく燃焼するようになるのは、見かけ上の熱伝導率が大きくなるからである。

問18 語句の説明として、次のうち誤っているものはどれか。
1 電解質………砂糖のような、その水溶液が電気を導きにくいものをいう。
2 触媒…………反応速度を大きくするが、自らは変化しない物質のことをいう。
3 中和…………酸と塩基とが反応し、塩と水とが生じることをいう。
4 昇華…………固体が液体を経ずに気体に変化、又はその逆の現象をいう。
5 溶解…………物質が液体に溶けて均一な液体になることをいう。

問19 次の文の（　）内のＡ及びＢに当てはまる語句として、正しい組合せはどれか。

「黄リンや硫黄は、1種類の元素からなっているので（Ａ）であるが、（Ｂ）は2種類以上の物質が混じった状態で存在しているので、混合物である。」

	A	B
1	化合物	空気
2	同素体	水
3	単体	ガソリン
4	単体	エタノール
5	混合物	酸素

問20 炭素が燃焼するときの熱化学方程式は、（Ａ）及び（Ｂ）で表される。この方程式から考えて、次のうち正しいものはどれか。

$$C + \frac{1}{2}O_2 = CO + 110kJ \cdots\cdots (A)$$
$$C + O_2 = CO_2 + 395kJ \cdots\cdots\cdots (B)$$

ただし、炭素の原子量は 12、酸素の原子量は 16 である。

1 炭素が完全燃焼するときは（Ａ）の式、不完全燃焼するときは（Ｂ）の式で表される。
2 二酸化炭素の 1 mol は、28g である。
3 二酸化炭素 1 分子は、炭素 1 原子と酸素 2 原子からなる。
4 炭素 12g が完全燃焼すると、二酸化炭素 28g が生成する。
5 （Ａ）、（Ｂ）両式とも、炭素は吸熱反応により酸化されている。

問21 石油類のように、非水溶性で導電率（電気伝導度）の小さい液体が配管中を流動すると静電気が発生する。次のＡ～Ｅのうち、特に静電気が発生しやすい組合せはどれか。

Ａ　流速が大きい。
Ｂ　配管の内側表面の粗さが小さい。
Ｃ　流れが乱れている。
Ｄ　液温が低い。
Ｅ　空気中の湿度が高い。

1　ＡとＥ　　　2　ＢとＤ　　　3　ＡとＣ　　　4　ＣとＤ　　　5　ＤとＥ

問22 次の危険物の引火点と燃焼範囲の下限値として、考えられる組合せはどれか。

「ある引火性液体は、液温40℃のとき液面付近に濃度8vol%の可燃性蒸気を発生した。この状態でマッチの火を近づけたところ引火した。」

	引火点	燃焼範囲の下限値
1	25℃	10vol%
2	30℃	6 vol%
3	35℃	12vol%
4	40℃	15vol%
5	45℃	4 vol%

問23 消火には、除去消火、窒息消火、冷却消火、抑制作用による消火があるが、それぞれの説明として、次のうち誤っているものはどれか。
1 除去消火は、燃焼に必要な可燃物を取り除くことによって消火する方法で、ガスの元栓を閉めて消火するのがこれにあたる。
2 窒息消火は、燃焼に必要な酸素の供給を遮断することによって消火する方法で、不活性ガスで酸素の濃度を低くして消火するのがこれにあたる。
3 窒息消火は、可燃物に含まれる酸素により燃焼している場合には効果がない。
4 冷却消火は、燃焼に必要な燃焼物の温度を下げることによって消火する方法で、一般的なものとして、ロウソクの炎を吹き消すときのように、冷風を送って消火するのがこれにあたる。
5 抑制作用による消火は、可燃物の分子が次々と活性化し、連鎖的な酸化反応が進行するのを抑制することによって消火する方法で、ハロゲン化物消火剤を放射して消火するのがこれにあたる。

問24 沸点と蒸気圧について、次のうち誤っているものはどれか。
1 液面ばかりでなく、液体内部からも気化が激しく起こることを沸騰という。
2 液体の蒸気圧が外圧と等しくなると、沸騰する。
3 一定圧力のもとで純粋な物質の沸点は、その物質固有の値を示す。
4 沸点は、加圧すると低くなり減圧すると高くなる。
5 液温が上がると、蒸気圧は高くなる。

問25 次の文の（　　）内に当てはまる数値はどれか。

「圧力が一定のとき、一定量の理想気体の体積は、温度が1℃上昇するにしたがって、0℃のときより（　　）増加する。」

1　173分の1
2　273分の1
3　256分の1
4　327分の1
5　372分の1

危険物の性質ならびにその火災予防および消火の方法

［解答＆解説：p.239〜240］

問26 危険物の類ごとの一般的性状について、次のうち正しいものはどれか。

1　第1類の危険物は、酸素を含有し、加熱すると爆発的に燃焼する。
2　第2類の危険物は、固体の無機物質で、比重が1より大きく水に溶けない。
3　第3類の危険物は、自然発火性または禁水性を有するが、多くは両方の危険性を有する。
4　第5類の危険物は、可燃性の固体で、加熱、衝撃、摩擦等により発火爆発する。
5　第6類の危険物は、酸化性の固体で、分解して可燃物を酸化する。

問27 引火性液体の性質と危険性の説明として、次のうち誤っているものはどれか。

1　一般に常温（20℃）では、沸点が低いものほど可燃性蒸気が発生しやすいので、引火の危険性が高まる。
2　アルコール類は、注水して濃度を低くすると蒸気圧は高くなり引火点も高くなる。
3　多くのものは比重が1より小さいので、火災などの際に注水すると水面に浮かんで火面が広がり、かえって火災が拡大する。
4　電気伝導率（伝導度）の小さいものは、急激な流動、ろ過などにより静電気が発生しやすく、静電気による火災が起こりやすい。
5　粘度の大小は、危険物の漏えいによる火災時に影響を与える。

問28 泡消火器の中には、水溶性液体用の泡消火器と、その他の一般の泡消火器がある。次の危険物の火災を消火しようとする場合、一般の泡消火器では適切でないものは、次のうちどれか。
1 ガソリン
2 キシレン
3 灯油
4 アセトン
5 ベンゼン

問29 二硫化炭素は水槽に入れ、水没させて貯蔵する理由として、次のうち正しいものはどれか。
1 可燃物との接触を避けるため。
2 水と反応して安定な物質ができるため。
3 可燃性蒸気が発生するのを防ぐため。
4 不純物の混入を防ぐため。
5 空気と接触して爆発性の物質ができるのを防ぐため。

問30 ガソリンの性状等について、次のうち正しいものはどれか。
1 自然発火しやすい。
2 発火点は、二硫化炭素より低い。
3 燃焼範囲は、ジエチルエーテルより広い。
4 自動車ガソリンは、すべて淡青色又は淡緑色に着色されている。
5 水より軽い。

問31 灯油を貯蔵し、取り扱うときの注意事項として、次のうち正しいものはどれか。
1 発生する蒸気は空気より軽いので、換気口は室内の上部に設ける。
2 静電気を蓄積しやすいので、激しい動揺や流動を避ける。
3 常温（20℃）で分解して発熱するので、冷暗所に貯蔵する。
4 直射日光により、過酸化物を生成するおそれがあるので、容器に日覆いをする。
5 湿気を吸収して爆発する危険性があるので、容器に不活性ガスを封入する。

問32 アセトンの性状について、次のうち誤っているものはどれか。
1 無色透明な揮発性の液体である。
2 引火点は常温（20℃）より低い。
3 水に任意の割合で溶けるが、ジエチルエーテル、クロロホルムにはほとんど溶けない。
4 過酸化水素、硝酸と反応し、発火することがある。
5 沸点は100℃より低い。

問33 第3石油類について、次のうち誤っているものはどれか。
1 重油、クレオソート油などが該当する。
2 水よりも重いものが多い。
3 常温（20℃）で固体のものもある。
4 引火点が70℃以上200℃未満の液体である。
5 水に溶けるものもある。

問34 キシレンの性状として、次のうち誤っているものはどれか。
1 3つの異性体が存在する。
2 無色の液体である。
3 比重は1より小さい。
4 常温（20℃）では引火しない。
5 水によく溶ける。

問35 製造所で改修等の工事を実施する場合、安全管理の対策として、次のうち適切でないものはどれか。
1 事前に工事部分及び施設全体について十分把握し、工事を実施する場合に生じる危険性を予測する。
2 作業方法等を具体的に示した安全マニュアルを作成し、これに従って作業を実施する。
3 責任の所在を明確にして、作業工程ごとのチェック体制等の安全管理組織を確立する。
4 施設全体に影響を及ぼす部分の工事に変更が生じた場合は、現場責任者の判断により速やかに工事を実施し、完了後、工事を統括する責任者に報告する。
5 変更工事の対象となる部分以外を仮使用する場合は、市町村長等の承認を受ける。

模擬試験 ❸

危険物に関する法令　　［解答＆解説：p.241～243］

問1　法令上、製造所等以外の場所において、灯油2,500Lを10日以内の期間、仮に貯蔵し、又は取り扱う場合の手続きとして、次のうち正しいものはどれか。
1　安全な場所であれば手続きは必要ない。
2　所轄消防長又は消防署長に届け出る。
3　当該区域を所轄する都道府県知事に申請し許可を受ける。
4　所轄消防長又は消防署長に申請し承認を受ける。
5　当該区域を所轄する市町村長に届け出る。

問2　法令上、次の文の（　）内のA及びBに当てはまる語句の組合せとして、正しいものはどれか。
「アルコール類とは、1分子を構成する炭素の原子の数が（A）の飽和1価アルコール（変性アルコールを含む。）をいい、その含有量が（B）未満の水溶液を除く。」

	A	B
1	1～3個	60%
2	1～3個	40%
3	2～4個	60%
4	2～4個	50%
5	4～6個	50%

問3　法令上、200L入りの金属製ドラム4本の重油と、200L入りの金属製ドラム2本の灯油を同一場所に貯蔵している場合、ガソリンを最低何L貯蔵すると指定数量以上となるか。
1　40L　　4　70L
2　50L　　5　80L
3　60L

問4 法令上、危険物取扱者について、次のうち誤っているものはどれか。
1 危険物保安統括管理者は、危険物取扱者でなければならない。
2 危険物施設保安員は、危険物取扱者でなくてもよい。
3 丙種危険物取扱者は、危険物取扱者以外の者が危険物の取扱作業を行う場合の立会いはできない。
4 移動タンク貯蔵所で危険物を移送する場合、移送者として危険物取扱者が乗車していれば、運転する者は危険物取扱者でなくてもよい。
5 甲種危険物取扱者は、すべての危険物を取り扱うことができる。

問5 法令上、危険物施設保安員の業務として、次のうち誤っているものはどれか。
1 製造所等の構造及び設備が技術上の基準に適合するように維持するため、定期点検を行う。
2 製造所等の構造及び設備に異常を発見した場合は、危険物保安監督者その他関係のある者に連絡するとともに、状況を判断し適切な措置を講ずる。
3 製造所等の計測装置、制御装置、安全装置等の機能を保持するための保安管理を行う。
4 火災が発生したとき又は火災発生の危険性が著しいときは、危険物保安監督者と協力して、応急の措置を講ずる。
5 危険物保安監督者が事故等により、職務を行うことができない場合、危険物の取扱いの保安に関し、監督業務を行う。

問6 法令上、定期点検を義務づけられていない製造所等は、次のうちどれか。
1 地下タンクを有する製造所
2 地下タンク貯蔵所
3 屋内タンク貯蔵所
4 移動タンク貯蔵所
5 地下タンクを有する給油取扱所

問7 法令上、危険物取扱者免状の書換えが必要な事項について、次のうち正しいものはどれか。
1 現住所を変えたとき。
2 本籍地の属する都道府県を変えずに、市町村を変えたとき。
3 免状の写真が撮影から10年を超えたとき。
4 勤務地が変わったとき。

5　危険物の取扱作業の保安に関する講習を修了したとき。

問8　危険物を貯蔵し又は取り扱う建築物その他の工作物の周囲の空地について、次のうち誤っているものはどれか。ただし、特例が適用されるものを除く。
1　地下タンク貯蔵所は、空地の保有の必要はない。
2　製造所は、空地を保有しなければならない。
3　屋内貯蔵所は、空地の保有の必要はない。
4　屋外貯蔵所は、空地を保有しなければならない。
5　屋外に設置してある簡易タンク貯蔵所は、空地を保有しなければならない。

問9　法令上、製造所等における危険物の貯蔵・取扱いの技術上の基準として、次のうち正しいものはどれか。
1　許可された危険物と同じ類、同じ数量であれば、品名については随時変更することができる。
2　危険物のくず・かす等は、1か月に1回以上当該危険物の性質に応じて、安全な場所、及び安全な方法で廃棄等を行わなければならない。
3　屋外貯蔵所において、危険物の容器は類別ごとに0.2m以上、品名別ごとに0.2m以上、それぞれ間隔を置かなければならない。
4　屋外貯蔵タンク、屋内貯蔵タンク、地下貯蔵タンク又は簡易貯蔵タンクの計量口は、計量するとき以外は閉鎖しておかなければならない。
5　廃油等を廃棄する場合は、焼却以外の方法で行わなければならない。

問10　法令上、地下タンク貯蔵所の構造及び設備について、次のうち誤っているものはどれか。ただし、二重殻タンク及び危険物の漏れを防止することができる構造のタンクを除く。
1　液体の危険物の地下貯蔵タンクには、危険物の量を自動的に表示する装置を設けなければならない。
2　地下貯蔵タンクは、その頂部が0.6m以上地盤面から下にあるように造らなければならない。
3　地下貯蔵タンクを2以上隣接して設置する場合は、その相互間に0.3m以上の間隔を保たなければならない。
4　液体の危険物の地下貯蔵タンクの注入口は、屋外に設けなければならない。
5　地下貯蔵タンクには、漏えい検査管を設けなければならない。

問11 法令上、第1種販売取扱所と第2種販売取扱所の区分並びに位置、構造、設備及び貯蔵、取扱いの技術上の基準として、次のうち正しいもののみの組合せはどれか。

	第1種販売取扱所	第2種販売取扱所
1	取扱数量が、指定数量の倍数が15以下のものをいう。	取扱数量が、指定数量の倍数が15を超え40以下のものをいう。
2	容器入りのままで販売しなければならない。	販売する室で小分けして販売できる。
3	建築物内の1階又は2階に設置できる。	建築物の1階にのみ設置できる。
4	窓は、延焼のおそれがある部分には、設置できない。	窓は、延焼のおそれの有無にかかわらず設置できない。
5	危険物を配合する室は設置できない。	危険物を配合する室は設置できる。

問12 法令上、製造所等に設置する消火設備について、次のうち誤っているものはどれか。

1 第3種の消火設備は、その放射能力に応じて有効に消火することができるように設置しなければならない。
2 第4種の消火設備は、原則として防護対象物の各部分から1つの消火設備に至る歩行距離が30m以下となるように設けなければならない。
3 地下タンク貯蔵所においては、第5種の消火設備を有効に消火できる位置に設置しなければならない。
4 電気設備に対する消火設備は、電気設備のある場所の面積100m^{2}ごとに1個以上設けなければならない。
5 所要単位の計算方法として、危険物は指定数量の100倍を1所要単位とする。

問13 法令上、製造所等の所有者等に対し、製造所等の使用停止を命ぜられる事由として、次のうち誤っているものはどれか。

1 給油取扱所の構造を無許可で変更したとき。
2 変更工事の完成検査を受けないで、屋内貯蔵所を使用したとき。
3 地下タンク貯蔵所の定期点検を規定の期間内に行わなかったとき。
4 基準違反の製造所等に対する、修理、改造又は移転命令に従わなかったとき。
5 移動タンク貯蔵所の危険物取扱者が危険物の取扱作業の保安に関する講習を受講していないとき。

問14 法令上、危険物の運搬に関する技術上の基準として、次のうち誤っているものはどれか。
1 運搬容器は、収納口を上方に向けて積載しなければならない。
2 運搬容器の外部には、危険物の品名、数量等を表示して積載しなければならない。
3 危険物を収納した運搬容器が著しく摩擦または動揺を起こさないように運搬しなければならない。
4 特殊引火物を運搬する場合は、運搬容器を日光の直射から避けるため、遮光性のもので被覆しなければならない。
5 指定数量の10倍以上の危険物を車両で運搬する場合は、所轄消防署長に届け出なければならない。

問15 法令上、製造所等において危険物の流出等の事故が発生した場合の措置について、次のうち誤っているものはどれか。
1 引き続く危険物の流出を防止しなければならない。
2 可燃性蒸気の滞留している場所において危険物を除去する場合は、火花を発する機械器具、工具等の使用には十分に注意しなければならない。
3 災害の拡大を防ぐため、応急の措置を講じなければならない。
4 発見した者は、直ちにその旨を消防署、市町村長等の指定した場所、警察署又は海上警備救難機関に通報しなければならない。
5 流出した危険物の除去その他災害の発生の防止のための応急の措置を講じなければならない。

基礎的な物理学および基礎的な化学　[解答&解説：p.243～244]

問16 次の語句の説明として、誤っているものはどれか。
1 沸点とは、液体の蒸気圧と外圧とが等しくなる液温のこと。
2 化合物とは、2種類以上の元素が化学反応により結合してできたもののこと。
3 混合物とは、化学変化をせずに単体や化合物が混合しているもののこと。
4 潮解とは、物質に含まれている水分が放出されて粉末になること。
5 風解とは、物質が空気中で自然に結晶水を失うこと。

問17 次の文の（　）内のA～Cに当てはまる語句の組合せとして、正しいものはどれか。

「物質が酸素と結合して（A）を生成する反応のうち（B）の発生を伴うものを燃焼という。有機物が燃焼する場合は（A）に変わるが、酸素の供給が不足すると生成物に（C）、アルデヒド、すすの割合が多くなる。」

	A	B	C
1	酸化物	熱と光	二酸化炭素
2	還元物	熱と光	一酸化炭素
3	酸化物	煙と炎	二酸化炭素
4	酸化物	熱と光	一酸化炭素
5	還元物	煙と炎	二酸化炭素

問18 水の性質の説明として、次のうち誤っているものはどれか。
1　水の蒸発熱は大きく、消火に使われる。
2　凝固して氷になるときは体積は増し、比重（密度）も増す。
3　1気圧4℃で体積が最小となり、比重（密度）は最大となる。
4　界面活性剤を添加すると、界面（表面）張力が小さくなる。
5　食塩を溶解すると、沸点が上昇する。

問19 酸化反応について、次のうち誤っているものはどれか。
1　酸素と化合する反応である。
2　電子が奪われる反応である。
3　水素が奪われる反応である。
4　酸素が奪われる反応である。
5　酸化数が増加する反応である。

問20 次の組合せのうち、一般に可燃物が最も燃焼しやすい条件はどれか。

	発熱量	酸化されやすさ	空気との接触面積	熱伝導率
1	大きい	されやすい	大きい	小さい
2	小さい	されやすい	大きい	大きい
3	大きい	されにくい	小さい	小さい
4	小さい	されやすい	大きい	小さい
5	大きい	されにくい	小さい	大きい

問21 物質の摩擦による静電気の発生の防止及び抑制は、材料の特性・性能及び工程上の制約等により、現実的に困難な場合が多いが、次のうち一般的な対策として誤っているもののみの組合せはどれか。

A 接触面積を大きくする。
B 接触する回数を減らす。
C 接触状態にあるものを急激にはがす。
D 接触圧力を低くする。

1　A B　　　4　A C
2　B C　　　5　B D
3　C D

問22 次の文の（　）内のA〜Dに当てはまる語句の組合せとして、正しいものはどれか。

「可燃性液体は、その蒸気と（A）との混合気体がある濃度範囲で混合している場合にのみ燃焼する。混合気体は、可燃性液体の蒸気の濃度が濃すぎても、薄すぎても（B）。混合気体が燃焼するときの濃度範囲を（C）という。（C）の下限値の濃度の蒸気を発生するときの液体の温度を（D）といい、この温度になると、炎、火花を近づければ燃焼する。」

	A	B	C	D
1	酸素	燃焼する	燃焼範囲	燃焼点
2	空気	燃焼する	燃焼範囲	引火点
3	空気	燃焼しない	爆発範囲	発火点
4	水素	燃焼する	爆発範囲	爆発点
5	空気	燃焼しない	燃焼範囲	引火点

問23 有機化合物の一般的な性質について、次のうち誤っているものはどれか。

1 無機化合物に比べて種類が多い。
2 完全燃焼すると二酸化炭素と水を生じる。
3 分子式が同じでも、性質の異なる異性体がある。
4 無機化合物と比べて、融点や沸点が低いものが多い。
5 水によく溶け、ジエチルエーテルやアセトン等の有機溶媒にも溶ける。

問24 電気設備の火災に適応する消火剤の組合せとして、次のうち正しいものはどれか。
1　二酸化炭素　　消火粉末
2　化学泡　　　　強化液
3　二酸化炭素　　水溶性液体用泡
4　機械泡　　　　水
5　化学泡　　　　消火粉末

問25 カリウムとナトリウムについて、次のうち誤っているものはどれか。
1　いずれも銀白色の軟らかい金属である。
2　いずれもイオン化傾向の小さい金属である。
3　いずれも水と作用して、水素ガスを発生する。
4　いずれも水より軽い金属である。
5　いずれも腐食性がある。

危険物の性質ならびにその火災予防および消火の方法

［解答＆解説：p.244～245］

問26 危険物の類ごとに共通する性状について、次のうち正しいものはどれか。
1　第1類の危険物は、強還元性の液体である。
2　第2類の危険物は、可燃性の固体である。
3　第3類の危険物は、水と反応しない不燃性の液体である。
4　第5類の危険物は、強酸化性の固体である。
5　第6類の危険物は、可燃性の固体である。

問27 第4類の危険物の一般的な性状として、次のうち誤っているものはどれか。
1　可燃性蒸気は、空気と一定範囲の混合割合でなければ燃焼しない。
2　引火の危険性は、引火点の低い物質ほど高く、引火点の高い物質ほど低い。
3　引火性を有する液体であり、自然発火性を有するものが多い。
4　水に溶けるものもある。
5　液温が－40℃以下であっても引火するものもある。

問28 アルコール類やケトン類などの水溶性の可燃性液体の火災に用いる泡消火剤は、水溶性液体用泡消火剤とされている。その主な理由として、次のうち適切なものはどれか。

1 他の泡消火剤に比べ、耐火性に優れているから。
2 他の泡消火剤に比べ、消火剤が可燃性液体に溶け込み引火点が低くなるから。
3 他の泡消火剤に比べ、泡が溶解したり、破壊されることがないから。
4 他の泡消火剤に比べ、可燃性液体への親和力が極めて強いから。
5 他の泡消火剤に比べ、水溶性が高いから。

問29 次の文の（　）内のA〜Dに入る語句の組合せとして、正しいものはどれか。
「第4類の危険物の貯蔵及び取扱いにあたっては、炎、火花及び（A）との接触を避けるとともに、発生した蒸気を屋外の（B）に排出するか、又は（C）を良くして蒸気の拡散を図る。また、容器に収納する場合は、（D）危険物を詰め、蒸気が漏えいしないように密栓をする。」

	A	B	C	D
1	可燃物	低所	通風	若干の空間を残して
2	可燃物	低所	通風	一杯に
3	高温体	高所	通風	若干の空間を残して
4	水分	高所	冷暖房	若干の空間を残して
5	高温体	低所	冷暖房	一杯に

問30 移動タンク貯蔵所から給油取扱所の地下専用タンクにガソリンを注入しているときに流出事故が発生した。この場合の処置として、次のうち適切でないものはどれか。

1 移動貯蔵タンクの底部手動閉鎖装置を作動してガソリンの注入を中止する。
2 事務所内の火気設備の火を消すとともに、出入口の扉の閉鎖を確認し、消火の準備をする。
3 大量の水でガソリンを油分離装置に流し込み、界面活性剤で乳化させ、下水に流す。
4 給油取扱所にいる顧客を避難させ、出入りを禁止するとともに、道路通行人へも注意を促す。
5 ガソリンの流出事故の発生を、従業員及び施設内の人に周知するとともに、消防機関に通報する。

問31 自動車ガソリンの一般的性状として、次のうち正しいものはどれか。
1 水より重い。
2 引火点が低く、冬期の屋外でも引火の危険性がある。
3 燃焼範囲はジエチルエーテルよりも広い。
4 比重は一般的な灯油や軽油よりも大きい。
5 蒸気は空気より軽い。

問32 グリセリンの性状として、次のうち誤っているものはどれか。
1 3価のアルコールで、無色無臭の液体である。
2 比重は水よりも小さい。
3 引火点は常温（20℃）より高い。
4 水には溶けるが、ベンゼンには溶けない。
5 火薬の原料になる。

問33 灯油及び軽油に共通する性質として、次のうち誤っているものはどれか。
1 水より軽い。
2 引火点は、常温（20℃）より高い。
3 蒸気は空気より重い。
4 発火点は、100℃以下である。
5 水に溶けない。

問34 エタノールの性状として、次のうち誤っているものはどれか。
1 沸点は100℃より低い。
2 水より軽い。
3 引火点は、灯油とほとんど同じである。
4 無色透明で芳香がある。
5 水にどんな割合でも溶け合う。

問35 ガソリンの火災の消火方法として、次のうち誤っているものはどれか。
1 泡消火剤は、効果的である。
2 二酸化炭素消火剤は、効果的である。
3 粉末消火剤は、効果的である。
4 霧状の強化液は、効果的である。
5 ハロゲン化物消火剤は、効果的でない。

模擬試験 ❹

危険物に関する法令　　［解答＆解説：p.246〜248］

問1 法別表第一に定める危険物の品名について、次のうち誤っているものはどれか。
1　二硫化炭素は、特殊引火物に該当する。
2　アセトンは、第1石油類に該当する。
3　灯油は、第2石油類に該当する。
4　シリンダー油は、第3石油類に該当する。
5　ギヤー油は、第4石油類に該当する。

問2 法令上、貯蔵所及び取扱所の区分について、次のうち誤っているものはどれか。
1　屋内の場所において危険物を貯蔵し、又は取り扱う貯蔵所を屋内貯蔵所という。
2　屋内にあるタンクにおいて危険物を貯蔵し、又は取り扱う貯蔵所を屋内タンク貯蔵所という。
3　屋外にあるタンクにおいて危険物を貯蔵し、又は取り扱う貯蔵所を屋外タンク貯蔵所という。
4　店舗において容器入りのままで販売するため危険物を取り扱う取扱所で、指定数量の倍数が15を超え40以下のものを第2種販売取扱所という。
5　配管及びポンプ並びにこれらに附属する設備によって危険物の移送の取扱いを行う取扱所を一般取扱所という。

問3 法令上、同一場所において、同じ類の危険物A〜Cを貯蔵する場合、次のうち指定数量の倍数の合計が最も大きい組合せはどれか。ただし（　）内は、それぞれの指定数量を示す。

	A（200L）	B（1,000L）	C（2,000L）
1	100L	1,000L	1,800L
2	200L	900L	1,600L
3	300L	700L	1,400L
4	400L	500L	1,200L
5	500L	200L	600L

•201•

問 4 法令上、製造所等の外壁又はこれに相当する工作物の外側から 50m 以上の距離（保安距離）を保たなければならない旨の規定が設けられている建築物等は、次のうちどれか。

1 小学校
2 使用電圧が 35,000V をこえる特別高圧架空電線
3 重要文化財
4 病院
5 高圧ガス施設

問 5 法令上、移動タンク貯蔵所の定期点検について、次のうち正しいものはどれか。ただし、規則で定める漏れの点検を除く。

1 指定数量の倍数が 10 未満の移動タンク貯蔵所は、定期点検を行わなくてもよい。
2 重油を貯蔵し又は取り扱う移動タンク貯蔵所は、定期点検を行わなくてもよい。
3 丙種危険物取扱者は、定期点検を行うことができる。
4 所有者等であれば、免状の交付を受けていない者でも危険物取扱者の立会いなしに定期点検を行うことができる。
5 定期点検は、3年に1回行わなければならない。

問 6 法令上、市町村長等から製造所等の許可の取消しを命ぜられる場合として、その事由に該当しないものはどれか。

1 完成検査又は、仮使用の承認を受けないで、製造所等を使用したとき。
2 製造所等の位置、構造及び設備に係る措置命令に違反したとき。
3 変更の許可を受けないで、製造所等の位置、構造又は設備を変更したとき。
4 製造所等の定期点検の実施、記録の作成、保存がなされていないとき。
5 危険物保安監督者を定めなければならない製造所等において、それを定めていなかったとき。

問 7 法令上、製造所等に設置する消火設備の区分について、次の A〜D のうち、第3種の消火設備の組合せとして正しいものはどれか。

A 粉末消火設備
B 水噴霧消火設備
C スプリンクラー設備
D 消火粉末を放射する消火器

1 AとB　　2 AとD　　3 BとC　　4 BとD　　5 CとD

問8 法令上、危険物の取扱作業の保安に関する講習（以下「講習」という。）を受けなければならない期限が過ぎている危険物取扱者は、次のうちどれか。

1 2年前に免状の交付を受け、その後危険物の取扱作業に従事していなかったが、1年前から製造所等において危険物の取扱作業に従事している者。
2 4年前に免状の交付を受け、2年前から製造所等において危険物の取扱作業に従事している者。
3 6年前から製造所等において危険物の取扱作業に従事しているが、2年前に免状の交付を受けた者。
4 4年前に免状の交付を受けたが、製造所等において危険物の取扱作業に従事していない者。
5 2年6か月前に講習を受け、継続して製造所等において危険物の取扱作業に従事している者。

問9 法令上、製造所等の仮使用について、次のうち正しいものはどれか。

1 製造所等の譲渡又は引渡がある場合に、市町村長等の承認を受けずに、仮に使用すること。
2 製造所等を変更する場合に、変更工事が終了した部分について、順次、市町村長等の承認を受け、仮に使用すること。
3 市町村長等の承認を受ける前に、貯蔵し又は取り扱う危険物の品名、数量又は指定数量の倍数を変更し、仮に使用すること。
4 製造所等を変更する場合に、変更工事に係る部分以外の部分において、指定数量以上の危険物を10日以内の期間で、仮に使用すること。
5 製造所等を変更する場合に、変更工事に係る部分以外の全部又は一部について、市町村長等の承認を受け、完成検査を受ける前に、仮に使用すること。

問10 屋外タンク貯蔵所の位置、構造及び設備について、次のうち誤っているものはどれか。

1 圧力タンク以外のタンクには、無弁又は大気弁付通気管を設けなければならない。
2 液体の危険物（二硫化炭素は除く。）を貯蔵しているタンクの周囲には、防油堤を設けなければならない。
3 防油堤には、水抜口を設けなければならない。
4 発生する蒸気の濃度を自動的に計測する装置を設けなければならない。
5 液体の危険物を貯蔵している屋外貯蔵タンクには、危険物の量を自動的に表示する装置を設けなければならない。

問11 法令上、引火点が40℃以上の第4類の危険物を取り扱う製造所等で、危険物保安監督者を設けなければならないものから除かれるものは、次のうちどれか。

1 製造所
2 販売取扱所
3 屋外タンク貯蔵所
4 移送取扱所
5 給油取扱所

問12 法令上、製造所等における危険物の貯蔵の技術上の基準として、次のうち誤っているものはどれか。

1 屋内貯蔵タンクの計量口は、計量するとき以外は閉鎖しておく。
2 屋外貯蔵タンクに設けられた防油堤の水抜口は、通常は閉鎖しておく。
3 地下貯蔵タンクの注入口の弁又はふたは、危険物を出し入れするとき以外は閉鎖しておく。
4 圧力タンク以外の簡易貯蔵タンクの通気管の先端は、危険物を注入するとき以外は完全に閉鎖しておく。
5 移動貯蔵タンクの底弁は、使用時以外は完全に閉鎖しておく。

問13 法令上、危険物の運搬基準について、次のうち誤っているものはどれか。

1 危険物を混載して運搬することは、一切禁じられている。
2 運搬車両については、市町村長等による許可を必要としない。
3 危険物を運搬する場合、危険物の数量に関係なく運搬基準に従わなければならない。
4 指定数量以上の危険物を車両で運搬する場合には、当該車両に「危」の標識を掲げなければならない。
5 指定数量以上の危険物を車両で運搬する場合には、当該危険物に適応する消火設備を備え付けなければならない。

問14 法令上、移動タンク貯蔵所による危険物の移送の基準として、次のうち正しいものはどれか。

1 危険物を移送するために、移動タンク貯蔵所に乗車している危険物取扱者の免状は、当該移動タンク貯蔵所の常置場所の事務所に保管しておかなければならない。

2 移動タンク貯蔵所で危険物を移送する者は、移動貯蔵タンクの底弁その他の弁、マンホール及び注入口のふた、消火器等の点検を1か月に1回以上行わなければならない。
3 移動タンク貯蔵所のガソリンの移送は、丙種危険物取扱者を乗車させてこれを行うことができる。
4 移動タンク貯蔵所を休憩等のため一時停止させるときは、最寄りの消防署に通報しなければならない。
5 移動タンク貯蔵所で危険物を移送する者は、10日前までにその計画を所轄消防署に届け出なければならない。

問15 法令上、製造所等には、貯蔵し、又は取り扱う危険物に応じた注意事項を表示した掲示板を設けなければならないが、危険物と注意事項の組合せとして、次のうち正しいものはどれか。
1 第1類の危険物は、すべて「禁水」の掲示板を掲げなければならない。
2 第2類の危険物は、すべて「火気注意」の掲示板を掲げなければならない。
3 第3類の危険物は、すべて「火気厳禁」の掲示板を掲げなければならない。
4 第5類の危険物は、すべて「火気厳禁」の掲示板を掲げなければならない。
5 第6類の危険物は、すべて「禁水」の掲示板を掲げなければならない。

基礎的な物理学および基礎的な化学　［解答＆解説：p.248～250］

問16 燃焼について、次のうち誤っているものはどれか。
1 メタンが燃焼して、二酸化炭素と水になることを完全燃焼という。
2 ニトロセルロースのように、分子内に酸素を含有し、その酸素が燃焼に使われることを内部（自己）燃焼という。
3 ガソリンのように、液体がその液表面で燃焼することを表面燃焼という。
4 木材のように、熱分解生成ガスが燃焼することを分解燃焼という。
5 灯油のように、発生した蒸気が燃焼することを蒸発燃焼という。

問17 次の実験結果について、正しいものはどれか。

「空気中で、ある化合物を-50℃から徐々に温めていくと、-42℃で液体になり始めた。そのまま温め続け、常温（20℃）に達したとき、液面上の蒸気濃度は1.8vol%であった。さらに加熱し続けると、液温は115℃で一定となり、すべて気化してしまった。また、常温（20℃）のものを別の容器にとり、液面上に火花をとばすと激しく燃焼した。」

1 この物質の分解温度は-42℃である。
2 この物質の沸点は115℃である。
3 この物質の引火点は20℃である。
4 この物質の融点は-50℃である。
5 この物質の燃焼範囲は0～1.8vol%である。

問18 次のうち、正しいものはどれか。
1 2つの物質の分子式が同じであれば、化学的性質は全く同じである。
2 黄リンと赤リンは、同素体であるから、化学的性質は全く同じである。
3 比重が同じであれば、同一体積の物体の質量は同じである。
4 2つの物質の体積が同じであれば、その質量は同じである。
5 沸点が同じであれば、必ず同一物質である。

問19 温度が一定の場合、次の気体の可逆反応の説明として、正しい組合せはどれか。

$N_2 + 3H_2 \rightleftarrows 2NH_3$

A N_2を加えると、左辺から右辺に平衡が移動する。
B H_2を加えると、右辺から左辺に平衡が移動する。
C 圧力を低くすると、右辺から左辺に平衡が移動する。
D 触媒を加えると、左辺から右辺に平衡が移動する。

1 AとB 2 AとC 3 AとD 4 BとC 5 CとD

問20 次の物質を単体、化合物及び混合物に分類した場合、混合物のみの組合せはどれか。

1 硝酸　　　　酸素
2 硝酸　　　　塩化ナトリウム

3	酸素	空気
4	石油	空気
5	塩化ナトリウム	水銀

問21 静電気に関する説明として、次のうち誤っているものはどれか。
1 静電気は、固体だけでなく気体、液体でも発生する。
2 静電気の帯電量は、物質の絶縁抵抗が大きいものほど少ない。
3 ガソリン等の液体がパイプやホースの中を流れるときは、静電気が発生しやすい。
4 2種類の電気の不導体を互いに摩擦すると、一方が正、他方が負に帯電する。
5 静電気の放電火花は、可燃性ガスや粉じんがあるところでは、しばしば点火源になる。

問22 鋼製の危険物配管を埋設する場合、次のうち最も腐食しにくいものはどれか。
1 土壌埋設配管が、コンクリートの中の鉄筋に接触しているとき。
2 直流電気鉄道の軌条（レール）に近接した土壌に埋設されているとき。
3 エポキシ樹脂塗料に完全に被覆され土壌に埋設されているとき。
4 砂層と粘土層の土壌にまたがって埋設されているとき。
5 土壌中とコンクリート中にまたがって埋設されているとき。

問23 次のうち、正しいものはどれか。
1 引火点と発火点は、固体において同じ温度である。
2 沸点の高い可燃性液体には、引火点がない。
3 可燃性蒸気と空気の混合気体は、混合比に関係なく燃焼する。
4 木炭、コークスなどのように分解して燃焼する形態を分解燃焼という。
5 一般に、酸素濃度を高くすると、激しく燃焼する。

問24 次に示す水素イオン指数について、酸性で、かつ中性に最も近いものはどれか。
1 pH 3.0
2 pH 5.1
3 pH 6.8
4 pH 7.1
5 pH 8.1

問25 油火災に用いる泡消火剤に必要な泡の性質として、次のうち誤っているものはどれか。
1 起泡性を有していること。
2 粘着性があること。
3 寿命が短いこと。
4 流動性があること。
5 耐火性及び耐熱性があること。

危険物の性質ならびにその火災予防および消火の方法

[解答＆解説：p.250〜251]

問26 危険物の類ごとの一般的性状として、次のうち正しいものはどれか。
1 第1類の危険物は、酸素を含有する固体で、爆発的に燃焼する。
2 第2類の危険物は、酸化されやすい液体で、水より軽い。
3 第3類の危険物は、自然発火性又は禁水性を有するが、多くは両方の性質を有する。
4 第5類の危険物は、可燃性の固体で、きわめて燃焼が速いため消火は困難である。
5 第6類の危険物は、可燃性の固体で、強酸化剤である。

問27 液比重が1以上のもののみを掲げた危険物の組合せは、次のうちどれか。
1 ガソリン　　　　酢酸　　　　　　　重油
2 アセトン　　　　重油　　　　　　　二硫化炭素
3 酢酸　　　　　　メチルエチルケトン　灯油
4 ニトロベンゼン　酢酸　　　　　　　二硫化炭素
5 ガソリン　　　　重油　　　　　　　二硫化炭素

問28 第4類の危険物の中には、一般の泡消火剤を用いると泡が消えるため、水溶性液体用泡消火剤を使用しなければならない危険物があるが、次のA〜Eの危険物のうち、該当するものはいくつあるか。
A 二硫化炭素
B アセトアルデヒド
C アセトン
D メタノール

E　クレオソート油

1　1つ　　**2**　2つ　　**3**　3つ　　**4**　4つ　　**5**　5つ

問29　自動車ガソリンの性状について、次のうち誤っているものはどれか。
1　引火点は −40℃ 以下である。
2　流動により静電気が発生しやすい。
3　水より軽い。
4　燃焼範囲は、おおむね 1 ～ 8vol% である。
5　褐色又は暗褐色の液体である。

問30　第 1 石油類の貯蔵タンクを修理または清掃する場合の火災予防上の注意事項として、次のうち誤っているものはどれか。
1　タンク内の洗浄は、静電気の発生を防止するため、高圧で短時間に行う。
2　残油などをタンク内から抜き取るときは、静電気の蓄積を防止するため、容器等を接地する。
3　タンク内の可燃性ガスを排出する。
4　タンク内の作業をする前に、タンク内の可燃性ガス濃度を測定機器で確認してから修理等を開始する。
5　タンク内の可燃性蒸気を置換するときは、窒素等を使用する。

問31　「顧客に自ら給油等をさせる給油取扱所（セルフスタンド）において、給油を行おうと自動車燃料タンクの給油口キャップを緩めた際に、噴出したガソリン蒸気に静電気放電したことによって引火して火災が起こった。」
このような静電気事故を防止するための給油取扱所における静電気対策として、次のうち適切でないものはどれか。
1　固定給油設備等のホース及びノズルの導通を良好に保つ。
2　ガソリン蒸気に静電気放電しないように、給油口キャップを開放する前は金属等に触れないようにする。
3　顧客用固定給油設備等のホース機器等の直近及び見やすいところに、「静電気除去」に関する事項を表示する。
4　給油取扱所の従業員等は、帯電防止服及び帯電防止靴の着用を励行する。
5　地盤面に散水を適時行い、人体等に帯電している静電気を逃がしやすくする。

問32 重油の一般的な性状等について、次のうち誤っているものはどれか。
1. 水に溶けない。
2. 水より重い。
3. 日本工業規格では、1種（A重油）、2種（B重油）及び3種（C重油）に分類されている。
4. 発火点は、100℃より高い。
5. 1種及び2種重油の引火点は、60℃以上である。

問33 ベンゼン、トルエン、キシレンについて、次のうち誤っているものはどれか。以下、ベンゼンをB、トルエンをT、キシレンをXと表す。
1. B、TおよびXは、ベンゼン核を有する化合物である。
2. B、TおよびXは、無色の液体である。
3. 蒸気比重は、B→T→Xの順に大きくなる。
4. 引火点は、X→T→Bの順に高くなる。
5. B、TおよびXは、蒸気が有毒で、吸い込むと中毒症状を呈する。

問34 メタノールの性状として、次のうち誤っているものはどれか。
1. 常温（20℃）で引火する。
2. アルコール類では分子量が最も小さい化合物である。
3. 燃焼しても炎の色が淡く、見えないことがある。
4. 毒性はエタノールより低い。
5. 沸点は約65℃である。

問35 n-ブチルアルコールの性状として、次のうち誤っているものはどれか。
1. 引火点は常温（20℃）より高い。
2. 水より軽い。
3. 各種有機溶媒によく溶ける。
4. 無臭で-10℃では固体である。
5. 無色透明の液体である。

模擬試験 ❺

危険物に関する法令

[解答＆解説：p.252〜254]

問1 法令上、危険物に関する記述として、次のうち誤っているものはどれか。
1. 法別表第一の品名欄に掲げる物品で、同表に定める区分に応じ同表の性質欄に掲げる性状を有するものをいう。
2. 判定試験の結果、一定の性状を示すものが危険物とされる。
3. 危険物の性質により、第1類から第6類に分類されている。
4. 法別表に掲げる品名のほか、政令で定められているものがある。
5. 危険物は、1気圧において、常温（20℃）で液体又は気体である。

問2 法令上、次のA〜Eに掲げる製造所等のうち、指定数量の倍数により予防規程を定めなければならないものの組合せはどれか。
A　製造所
B　屋外タンク貯蔵所
C　移動タンク貯蔵所
D　屋内タンク貯蔵所
E　地下タンク貯蔵所

1. AとB
2. BとC
3. CとD
4. DとE
5. AとE

問3 第4類の危険物であるメタノールを200L貯蔵している同一の貯蔵所に次の危険物を貯蔵した場合、法令上、指定数量以上となるものはどれか。
1. ガソリン 90L
2. ジエチルエーテル 40L
3. アセトン 100L
4. 灯油 400L
5. 重油 900L

問4 法令上、製造所等に設置するタンクには容量制限が設けられているものがある。容量制限として、次のうち誤っているものはどれか。

1 屋内タンク貯蔵所の屋内貯蔵タンクの容量は、指定数量の40倍（第4石油類及び動植物油類以外の第4類の危険物にあっては、当該数量が20,000Lを超えるときは、20,000L）以下であること。
2 簡易タンク貯蔵所の簡易貯蔵タンクの容量は、600L以下であること。
3 移動タンク貯蔵所の移動貯蔵タンクの容量は、30,000L以下であること。
4 給油取扱所の地下専用タンクの容量は、10,000L以下であること。
5 屋外タンク貯蔵所の屋外貯蔵タンクには、容量制限が設けられていない。

問5 法令上、製造所等の消火設備について、次のうち誤っているものはどれか。

1 泡消火設備は、第2種の消火設備である。
2 ハロゲン化物消火設備は、第3種の消火設備である。
3 消火粉末を放射する大型の消火器は、第4種の消火設備である。
4 電気設備に対する消火設備は、電気設備のある場所の面積100m²ごとに1個以上設ける。
5 地下タンク貯蔵所には、第5種の消火設備を2個以上設ける。

問6 法令上、製造所等の変更工事を行う場合の記述として、次のうち正しいものはどれか。

1 変更工事終了後、10日以内に市町村長等の承認を受ける。
2 市町村長等から変更の承認を受けてから、変更工事を開始する。
3 変更工事の許可申請をしていれば、いつでも工事を開始できる。
4 市町村長等から変更許可を受けてから、変更工事を開始する。
5 変更工事の届出をしてから、変更工事を開始する。

問7 製造所の位置、構造及び設備の技術上の基準について、次のうち誤っているものはどれか。ただし、特例基準が適用されるものを除く。

1 危険物を取り扱う建築物は、壁、柱、床、はり及び階段を不燃材料で造ること。
2 危険物を取り扱う建築物の窓及び出入口には、防火設備を設けること。
3 危険物を取り扱う建築物の窓又は出入口にガラスを用いる場合は、厚さ5mm以上の網入ガラスとする。
4 危険物を取り扱う建築物は、地階を有しないものであること。

5 危険物を取り扱う建築物には、危険物を取り扱うのに必要な採光、照明及び換気の設備を設けること。

問8 法令上、学校、病院等の建築物等から一定の距離（保安距離）を設けなければならないものがあるが、次のうち保安距離が必要な製造所等はいくつあるか。

製造所　　　屋外貯蔵所　　　屋外タンク貯蔵所
移動タンク貯蔵所　　　給油取扱所

1　1つ
2　2つ
3　3つ
4　4つ
5　5つ

問9 法令上、製造所等の定期点検について、次のうち正しいものはどれか。ただし、規則で定める漏れの点検及び固定式の泡消火設備に関する点検を除く。
1　定期点検は、製造所等の所有者等が、当該製造所等の設備の状況に応じて適切な時期に行えばよい。
2　定期点検は、特定の製造所等に対し、市町村長等が定期的に行うものである。
3　定期点検は、製造所等の位置、構造及び設備が技術上の基準に適合しているかどうかについて行う。
4　定期点検を実施し、その結果を10日以内に市町村長等に報告する。
5　地下タンクを有する製造所は、定期点検をしなくてもよい。

問10 法令上、危険物取扱者免状について、次のうち誤っているものはどれか。
1　免状の書換え申請は、居住地又は勤務地を管轄する市町村長に対して行わなければならない。
2　免状を汚損又は破損したときは、当該免状を添えて再交付の申請をしなければならない。
3　免状を亡失し再交付を受けた者が亡失した免状を発見したときは、これを10日以内に免状の再交付を受けた都道府県知事に提出しなければならない。
4　危険物取扱者免状には、甲種、乙種、丙種の3種類がある。
5　製造所等においては、乙種危険物取扱者は、免状に記載された類の危険物取扱作業の立会いができる。

問11 法令上、危険物保安監督者について、次のうち正しいものはどれか。
1 危険物保安監督者を定めなければならない製造所等では、危険物保安統括管理者も定めなければならない。
2 屋外タンク貯蔵所は、危険物保安監督者を定めなければならない。
3 危険物保安監督者を定めるには、都道府県知事の認可が必要である。
4 危険物保安監督者は、甲種、乙種又は丙種危険物取扱者の中から選任されなければならない。
5 危険物保安監督者は、危険物施設保安員の指示に従って、保安の監督をしなければならない。

問12 法令上、市町村長等から製造所等の許可の取消しを命ぜられる場合として、その事由に該当しないものはどれか。
1 市町村長等による製造所等の修理、改造または移転命令に違反したとき。
2 製造所等の位置、構造又は設備を無許可で変更したとき。
3 製造所等を設置し、完成検査を受けないで施設を使用したとき。
4 危険物保安監督者に危険物取扱作業に関する保安の監督をさせていないとき。
5 製造所等において、定期点検を実施していないとき、又は点検の記録の作成、保存がなされないとき。

問13 製造所等における危険物の貯蔵・取扱いの基準として、次のうち誤っているものはどれか。
1 製造所等においては、許可若しくは届出に係わる品名以外の危険物を貯蔵し、又は取り扱ってはならない。
2 危険物のくず、かす等は、1日に1回以上当該危険物の性質に応じて安全な場所で廃棄その他適当な処置をしなければならない。
3 危険物が残存し、又は残存しているおそれがある設備、機械器具、容器等を修理する場合は、安全な場所において、危険物を完全に除去した後に行わなければならない。
4 可燃性の蒸気が滞留するおそれのある場所において、火花を発する機械器具、工具等を使用する場合は、注意して行わなければならない。
5 危険物を貯蔵し、又は取り扱う建築物その他の工作物又は設備は、当該危険物の性質に応じ、遮光又は換気を行わなければならない。

問14 法令上、危険物の運搬に関する技術上の基準として、次のうち正しいものはどれか。ただし、運搬に関する技術上の基準とは、運搬容器、積載方法、運搬方法に関するものである。

1 指定数量未満の危険物の運搬については、運搬容器についてのみ適用される。
2 危険物を一の製造所等から当該製造所等の存する敷地と同一の敷地内に存する他の製造所等へ運搬するため積載するときは、運搬容器と積載方法について適用される。
3 指定数量の1/5未満の危険物を運搬するときは、運搬方法のみ適用される。
4 塊状の硫黄等を運搬するため積載するときは、運搬容器については適用されない。
5 指定数量以上の危険物を運搬する場合のみ、運搬容器、積載方法、運搬方法について適用される。

問15 法令上、危険物の取扱作業の保安に関する講習（以下「講習」という。）について、誤っているものはどれか。

1 危険物保安監督者は、受講の対象者である。
2 製造所等において、危険物の取扱作業に従事している危険物取扱者は受講しなければならない。
3 受講義務のある危険物取扱者が受講しなかったときは、免状返納命令の対象となる。
4 免状の交付を受けた都道府県だけでなく、全国どこの都道府県で行われる講習であっても、受講することができる。
5 受講義務のある危険物取扱者のうち、甲種及び乙種危険物取扱者は3年に1回、丙種危険物取扱者は5年に1回、それぞれ受講しなければならない。

基礎的な物理学および基礎的な化学　[解答＆解説：p.254〜255]

問16 燃焼の形式について、次の文に該当するものはどれか。

「可燃性ガスと空気あるいは酸素が、あらかじめ混ざり合い点火源を近づけることによって燃焼することをいう。」

1 表面燃焼
2 分解燃焼
3 予混合燃焼
4 拡散燃焼
5 蒸発燃焼

問17 次の文の（　）内のA～Dに当てはまる語句の組合せとして、正しいものはどれか。

「一般に可燃性固体において、熱伝導率が燃焼に大きく影響するのは、熱の逸散速度が燃焼の持続に重要な要因となるからである。熱伝導率の（A）物質は燃焼しやすく、逆に（B）物質は可燃性であっても燃焼しにくい。しかし、熱伝導率が（C）、燃焼しにくい物質でも粉末にするとよく燃焼するようになるのは、見かけ上の熱伝導率が（D）なるからである。」

	A	B	C	D
1	大きい	小さい	大きく	小さく
2	小さい	大きい	小さく	大きく
3	大きい	小さい	小さく	大きく
4	小さい	大きい	大きく	小さく
5	大きい	大きい	小さく	小さく

問18 可燃性蒸気の燃焼範囲の説明として、次のうち誤っているものはどれか。
1. 空気中において、燃焼することができる可燃性蒸気の濃度範囲のことである。
2. 濃度・圧力・温度などが一定であれば、燃焼範囲は物質に固有のものである。
3. 燃焼範囲の下限値が高く、上限値が低い物質ほど、引火の危険性は高い。
4. 可燃性蒸気の濃度が燃焼範囲の下限値に達すると、火源によって引火する。
5. 燃焼範囲は、可燃性蒸気と空気の混合気体に対する可燃性蒸気の割合で表す。

問19 燃焼、発火に関する一般的な説明として、次のうち誤っているものはどれか。
1. 拡散燃焼では、酸素の供給が多いと燃焼は激しくなる。
2. ハロゲン元素を空気中に混合しても、炭化水素の燃焼には影響を与えない。
3. 分解又は蒸発して可燃性蒸気を発生しやすい物質は、着火しやすい。
4. 高引火点の可燃性液体でも、綿糸に染み込ませると容易に着火する。
5. 固体の可燃物に固体の酸化剤が混在すると、可燃物単独より燃焼は激しくなる。

問20 容器内で燃焼している動植物油（以下「油」という。）に注水すると危険な理由として、最も適切なものはどれか。
1 水が容器の底に沈み、徐々に油面を押し上げるから。
2 高温の油と水の混合物は、単独の油よりも燃焼点が低くなるから。
3 注水が空気を巻き込み、火炎及び油面に酸素を供給するから。
4 油面をかき混ぜ、油の蒸発を容易にするから。
5 水が激しく沸騰し、燃えている油を飛散させるから。

問21 静電気に関する説明として、次のうち誤っているものはどれか。
1 静電気は、空気中の湿度を高くした方が蓄積しにくい。
2 静電気の蓄積による放電火花は、可燃性物質の点火源となることがある。
3 引火性液体に静電気が帯電すると、電気分解を起こし、引火しやすくなる。
4 静電気除去の有効な手段として、接地する方法がある。
5 電気伝導率の大きい物質は、小さい物質より静電気が蓄積しにくい。

問22 金属のイオン化傾向に関する説明として、次のうち誤っているものはどれか。
1 金属のイオンになるなりやすさをイオン化傾向という。
2 イオン化傾向の大きい金属には、希硫酸や希塩酸に溶けて水素を発生するものがある。
3 イオン化傾向の小さい金属は、大きい金属より酸化されやすい。
4 イオン化傾向の大きい金属は、小さい金属より反応性が高い。
5 イオン化傾向の異なる金属を組み合わせて、酸化還元反応を利用して電池ができる。

問23 布や紙等に染み込んで大量に放置されていると、自然発火する危険性が最も高い危険物は次のうちどれか。
1 第4石油類のうちギヤー油
2 動植物油類のうち半乾性油
3 動植物油類のうち不乾性油
4 動植物油類のうち乾性油
5 第3石油類のうちクレオソート油

問24 20℃の水 100g を 100℃まで加熱して蒸発させた。このとき必要なおおよその熱量は、次のうちどれか。ただし、水の密度は 1g/cm³、蒸発熱は 2,257J/g とし、比熱は 4.2J/(g・K)とする。
1　25kJ
2　33.6kJ
3　226kJ
4　260kJ
5　336kJ

問25 物質の状態変化について、次のうち正しいものはどれか。
1　一般に融点は沸点より高い。
2　固体が液体になることを凝固という。
3　気体が液体になることを凝縮という。
4　固体は直接気体になることはない。
5　融点12℃の物質は、常温（20℃）では固体である。

危険物の性質ならびにその火災予防および消火の方法
［解答＆解説：p.255〜256］

問26 危険物の類ごとに共通する性状の組合せとして、次のうち正しいものはどれか。
1　第1類の危険物……液体又は気体
2　第2類の危険物……液体
3　第3類の危険物……固体
4　第5類の危険物……液体又は固体
5　第6類の危険物……固体

問27 第4類の危険物の貯蔵、取扱い方法として、次のA〜Dのうち正しいもののみの組合せはどれか。
A　引火点の低いものを屋内で取り扱う場合には、十分な換気を行う。
B　容器に収納して貯蔵するときは、容器に通気孔を設け、圧力が高くならないようにする。
C　屋内の可燃性蒸気が滞留するおそれのある場所では、その蒸気を屋外の地表に近い部分に排出する。

D 可燃性蒸気が滞留するおそれのある場所で使用する電気設備は、防爆構造のものとする。

1　AとB
2　AとC
3　AとD
4　BとC
5　CとD

問28　第4類の危険物のエタノールの火災が発生した場合、次のうち不適切な消火方法はどれか。
1　水溶性液体用の泡消火剤を使用する。
2　棒状の水を放射する。
3　霧状の強化液を放射する。
4　二酸化炭素消火剤を使用する。
5　バーミキュライト（膨張ひる石）で覆う。

問29　第4類の危険物の一般的性状として、次のうち正しいものはどれか。
1　引火性の固体である。
2　沸点が高いものほど可燃性蒸気を発生しやすく、引火の危険性が高くなる。
3　火源があれば、加熱により液温が引火点に達して燃焼する。
4　酸素を含有する化合物である。
5　常温（20℃）以上に温めると水溶性になる。

問30　製造所等における火災や危険物の流出等の事故を防止するには、施設の保守点検を励行し、常に適正な状態に維持していくことが、欠かせない要件である。第4類の危険物を貯蔵する地下タンク貯蔵所（タンク室に設置）の保守点検の方法および内容として、次のうち誤っているものはどれか。
1　計量口は、ふたの閉鎖状況、変形、損傷の有無を目視により点検する。
2　タンク及び配管の漏れは、窒素ガスを封入し加圧して点検する。
3　漏えい検査管は、変形、損傷及び土砂のつまり等を点検する。
4　タンク室は、亀裂、損傷等を水を張って点検する。
5　消火器は、外観的機能を点検する。

問31 自動車ガソリンの性状として、次のうち誤っているものはどれか。
1 水より軽い。
2 引火点が低く、冬期の屋外でも引火の危険性がある。
3 燃焼範囲はジエチルエーテルより広い。
4 蒸気は空気より重い。
5 水面に流れたものは広がりやすい。

問32 アクリル酸の性状として、次のうち正しいものはどれか。
1 刺激臭のある黄色の液体。
2 腐食性はない。
3 水より軽い。
4 反応性が高く、重合しやすい。
5 水、エーテルに溶けない。

問33 酢酸の性状について、次のうち正しいものはどれか。
1 無色無臭の液体である。
2 蒸気は空気より軽い。
3 水溶液は腐食性を有する。
4 水に溶けないが、アルコール、エーテルには溶ける。
5 常温（20℃）で、容易に引火する。

問34 アセトアルデヒドの性状として、次のうち正しいものはどれか。
1 刺激臭のある黄色の液体である。
2 常温（20℃）では、引火の危険性はない。
3 酸化すると、エタノールになる。
4 水には溶けないが、有機溶媒には溶ける。
5 空気と長時間接触し加圧すると、爆発性の過酸化物を生成するおそれがある。

問35 ベンゼンとトルエンに共通する性状として、次のうち誤っているものはどれか。
1 いずれも蒸気は有毒である。
2 いずれも引火点は、常温（20℃）より低い。
3 いずれも芳香族炭化水素である。
4 いずれも水に溶ける。
5 いずれも水より軽い。

模擬試験 6

危険物に関する法令

[解答＆解説：p.257〜259]

問1 法別表第一に定める第4類の危険物の品名として、次のうち誤っているものはどれか。
1. 二硫化炭素は、特殊引火物に該当する。
2. ジエチルエーテルは、第1石油類に該当する。
3. 軽油は、第2石油類に該当する。
4. 重油は、第3石油類に該当する。
5. シリンダー油は、第4石油類に該当する。

問2 法令上、製造所等において定めなければならない予防規程について、次のうち誤っているものはどれか。
1. 予防規程は、製造所等の火災予防のために必要なものであるから、すべての製造所等において定めなければならない。
2. 予防規程が、製造所等においてする危険物の貯蔵又は取扱いの技術上の基準に適合していないときは、市町村長等から認可されない。
3. 予防規程に定める事項が、火災予防のため必要があるときは、市町村長等から予防規程の変更を命ぜられることがある。
4. 製造所等の所有者等及び従業者は、予防規程を守らなければならない。
5. 予防規程に定める事項について変更する場合は、市町村長等の認可を受けなければならない。

問3 法令上、耐火構造の隔壁で完全に区分された3室を有する同一の屋内貯蔵所において、次に示す危険物をそれぞれの室に貯蔵する場合、この屋内貯蔵所は指定数量の何倍の危険物を貯蔵していることになるか。

三硫化りん……100kg　　軽油……4,000L　　過酸化水素……1,500kg

1. 6倍
2. 8倍
3. 9倍
4. 10倍
5. 11倍

問4 法令上、製造所等の外壁又はこれに相当する工作物の外側から50m以上の距離（保安距離）を保たなければならない旨の規定が設けられている建築物は、次のうちどれか。

1 小学校
2 幼稚園
3 病院
4 神社仏閣などの重要文化財
5 使用電圧が5,000V以下の特別高圧架空電線

問5 法令上、製造所等に設置する消火設備の技術上の基準について、次のうち誤っているものはどれか。

1 消火設備は、第1種の消火設備から第6種の消火設備に区分されている。
2 危険物は、指定数量の10倍が1所要単位である。
3 給油取扱所に設ける第5種の消火設備（小型の消火器等）は、有効に消火できる位置に設けなければならない。
4 地下タンク貯蔵所には、危険物の数量に関係なく第5種の消火設備（小型の消火器等）を2個以上設けなければならない。
5 移動タンク貯蔵所に、消火粉末を放射する消火器を設ける場合は、自動車用消火器で充てん量が3.5kg以上のものを2個以上設けなければならない。

問6 法令上、危険物保安監督者に関する説明として、次のうち誤っているものはどれか。

1 危険物保安監督者は、危険物の取扱作業の実施に際し、当該作業が法令の基準及び予防規程の保安に関する規定に適合するように作業者に対し必要な指示を与えなければならない。
2 危険物保安監督者は、危険物の取扱作業に関して保安の監督をする場合は、誠実にその職務を行わなければならない。
3 製造所等において、危険物取扱者以外の者は、危険物保安監督者が立ち会わなければ、危険物を取り扱うことはできない。
4 危険物施設保安員をおかなくてもよい製造所等の危険物保安監督者は、規則で定める危険物施設保安員の業務を行わなければならない。
5 選任の要件である6か月以上の実務経験は、製造所等における実務経験に限定されるものである。

問7 法令上、製造所等の仮使用の承認申請の記述として、次のうち正しいものはどれか。

1 製造所等の一部を変更する場合に、変更工事に係る部分又は全部について、市町村長等へ承認申請を行う。
2 製造所等の一部を変更する場合に、変更工事に係る部分又は全部について、所轄消防長又は消防署長へ承認申請を行う。
3 変更工事後に、変更した部分ごとに市町村長等へ承認申請を行う。
4 製造所等の一部を変更する場合に、変更工事に係る部分以外の部分の全部又は一部について、市町村長等へ承認申請を行う。
5 製造所等の一部を変更する場合に、変更工事に係る部分以外の部分の全部又は一部について、所轄消防長又は消防署長へ承認申請を行う。

問8 法令上、市町村長等が製造所等の許可の取消し又は使用停止を命ずることができる事由として、次のうち正しいものはどれか。

1 製造所等を譲り受け、その届出を怠っているとき。
2 製造所等の位置、構造又は設備を無許可で変更したとき。
3 危険物施設保安員を定めなければならない製造所等において、それを定めていないとき。
4 製造所等において危険物の取扱作業に従事している危険物取扱者が、氏名を変更したにもかかわらず、免状の書換えをしていないとき。
5 製造所等において危険物の取扱作業に従事している危険物取扱者が、危険物の取扱作業の保安に関する講習を受講していないとき。

問9 法令上、製造所等において規則で定める地下貯蔵タンクの漏れの点検について、次のA～Dのうち正しいもののみを掲げているものはどれか。

A 危険物取扱者又は危険物施設保安員で、漏れの点検方法に関する知識及び技能を有する者は、点検を行うことができる。
B 点検は、タンク容量が10,000L以上のものについて行わなければならない。
C 点検記録には、製造所等の名称、点検年月日、点検方法、結果及び実施者等を記載しなければならない。
D 点検結果は、市町村長等に報告しなければならない。

1 AとB　　4 BとD
2 AとC　　5 CとD
3 BとC

問10 法令上、製造所等において設置しなければならない警報設備に該当するものは、次のうちどれか。

1 ガス漏れ火災警報器
2 拡声装置
3 発煙筒
4 警笛
5 赤色回転灯

問11 法令上、次の文の（　）内のA～Cに当てはまる語句の組合せとして、正しいものはどれか。

「免状の再交付は、当該免状の（A）をした都道府県知事に申請することができる。免状を亡失し再交付を受けた者は、亡失した免状を発見した場合は、これを（B）以内に免状の（C）を受けた都道府県知事に提出しなければならない。」

	（A）	（B）	（C）
1	交付	20日	再交付
2	交付又は書換え	7日	交付
3	交付	14日	再交付
4	交付又は書換え	10日	再交付
5	交付又は書換え	10日	交付

問12 法令上、危険物を車両で運搬する場合について、次のうち正しいものはどれか。

1 運搬容器は、収納口を側方に向けて積載しなければならない。
2 運搬容器を積み重ねる場合においては、容器を積み重ねる高さを3.8m以下となるように積載しなければならない。
3 指定数量以上の危険物を車両で運搬する場合、運搬する危険物に適応する消火器を備えなければならない。
4 指定数量以上の危険物を車両で運搬する場合、運搬容器の外部には、原則として危険物の品名、数量等を表示して積載しなければならない。
5 指定数量にかかわらず、必ず当該車両の前後に標識を掲げなければならない。

問13 法令上、危険物の取扱作業の保安に関する講習（以下「講習」という。）を受けなければならない期限を過ぎている危険物取扱者は、次のうちどれか。

1 乙種危険物取扱者免状（第1類）を取得し、取得直後から2年間危険物の取扱作業に従事している者。
2 甲種危険物取扱者免状を取得後2年間製造所において危険物の取扱作業に従事し、その後2年間給油取扱所において危険物の取扱作業に従事している者。
3 甲種危険物取扱者免状を2年前に取得し、取得直後から危険物の取扱作業に従事し、6か月前から保安監督者に任命された者。
4 5年前に甲種危険物取扱者免状の交付を受け、その後危険物の取扱作業に従事していなかったが、6か月前から従事している者。
5 丙種危険物取扱者免状を取得し、その直後から1年間給油取扱所でガソリンの取扱作業に従事し、1年前から屋内貯蔵所で軽油の取扱作業に従事している者。

問14 法令上、危険物の貯蔵の技術上の基準について、移動タンク貯蔵所に備え付けておかなければならない書類に該当しないものは、次のうちいくつあるか。

A 完成検査済証
B 予防規程
C 譲渡又は引渡の届出書
D 危険物施設保安員の選任・解任届出書
E 危険物の品名、数量又は指定数量の倍数の変更届出書

1 1つ　　2 2つ　　3 3つ　　4 4つ　　5 5つ

問15 法令上、製造所等における危険物の貯蔵及び取扱いのすべてに共通する技術上の基準について、次のうち正しいものはどれか。

1 危険物のくず、かす等は、1日に1回以上当該危険物の性質に応じて安全な場所で廃棄その他適当な処置をしなければならない。
2 危険物が残存し、又は残存しているおそれがある設備、機械器具、容器等を修理する場合は、適宜換気しながら行わなければならない。
3 危険物を保護液中に保存する場合は、危険物の確認のため、その一部を保護液から露出させなければならない。
4 貯留設備又は油分離装置にたまった危険物は、十分希釈して濃度を下げてから下水等に排出しなければならない。
5 製造所等においては、一切の火気を使用してはならない。

基礎的な物理学および基礎的な化学　　[解答&解説：p.260〜261]

問16 二酸化炭素が、温度25℃、圧力1.0atmのときに燃焼しない理由として、次のうち正しいものはどれか。
1　酸化反応を起こしても、熱が発生しないため。
2　酸素と反応するが、引火点、発火点が低いため。
3　酸素と反応するが、燃焼が継続しないため。
4　着火しても、すぐに火が消えてしまうため。
5　酸素と結合しないため。

問17 次の物質の燃焼形態について、誤っているものの組合せはどれか。
1　エタノール、ナフタリン……蒸発燃焼
2　硫黄、固形アルコール………蒸発燃焼
3　石炭、木材……………………分解燃焼
4　木炭、可燃性ガス……………分解燃焼
5　コークス、鉄粉………………表面燃焼

問18 燃焼に関する説明として、次のうち誤っているものはどれか。
1　燃焼は、急激な発熱、発光等を伴う酸化反応である。
2　可燃物は、どんな場合でも空気がなければ燃焼しない。
3　燃焼の三要素とは、可燃物、酸素供給源及び点火源のことである。
4　点火源は、可燃物と酸素の反応を起こすために必要なエネルギーを与えるものである。
5　固体の可燃物は、細かく粉砕すると燃焼しやすくなる。

問19 次のA〜Eの消火剤のうち、油火災及び電気設備の火災のいずれにも適応するものはいくつあるか。
A　炭酸水素塩類を主成分とする消火粉末
B　リン酸塩類を主成分とする消火粉末
C　二酸化炭素
D　泡
E　水

1　1つ　　2　2つ　　3　3つ　　4　4つ　　5　5つ

問20 蓄熱して自然発火が起こることについて、次の文中の（　）内の A～C に当てはまる語句の組合せとして、正しいものはどれか。

「ある物質が空気中で常温（20℃）において自然に発熱し、発火する場合の発熱機構は、分解熱、（A）、吸着熱などによるものがある。分解熱による例には、（B）などがあり、（A）による例の多くは不飽和結合を有するアマニ油、キリ油などの（C）がある。」

	（A）	（B）	（C）
1	酸化熱	セルロイド	乾性油
2	燃焼熱	石炭	半乾性油
3	生成熱	硝化綿	不乾性油
4	反応熱	ウレタンフォーム	不乾性油
5	中和熱	炭素粉末類	乾性油

問21 静電気について、次の説明のうち誤っているものはどれか。
1 放電火花が可燃性物質の着火源になることはない。
2 静電気の電荷間に働く力はクーロン力である。
3 帯電した物体の電荷が移動しない場合の電気を静電気という。
4 2つ以上の物体が摩擦、衝突、はく離等の接触分離をすることにより静電気が発生する。
5 静電気の帯電防止対策として、接地する方法がある。

問22 物質の変化を物理変化と化学変化に区分した場合、次のうち誤っているものはどれか。
1 エタノールにメタノール、ホルマリン等を添加して変性アルコールを作る。……………………物理変化
2 炭化カルシウムに水を加えアセチレンを作る。………………化学変化
3 過酸化水素に二酸化マンガンを加え酸素を作る。………………化学変化
4 原油を蒸留してガソリンを作る。………………………………化学変化
5 ごまの種子を圧搾してごま油を作る。…………………………物理変化

問23 水素イオン指数について、次のうち誤っているものはどれか。
1 水素イオン指数は、pH という記号で表される。
2 水素イオン濃度の逆数を常用対数で表したものを、水素イオン指数という。
3 中性溶液中では、水酸化物イオン濃度は 1.0×10^{-7} mol/L である。
4 水素イオン濃度が高くなるにつれ、水素イオン指数も大きくなる。
5 アルカリ溶液中では、水素イオンは水酸化物イオンより少ない。

問24 酸化剤と還元剤について、次の下線部の説明のうち誤っているものはどれか。
「(A) 酸化剤とは還元されやすい物質のことで、(B) 還元剤とは酸化されやすい物質のことである。(C) 酸化剤と還元剤は、反応する物質によって相対的に決まるものである。たとえば SO_2 を例にあげる。

$SO_2 + 2H_2S \rightarrow 3S + 2H_2O$……………………①
$SO_2 + Cl_2 + 2H_2O \rightarrow H_2SO_4 + 2HCl$……②

①式では、SO_2 は (D) 酸化されて還元剤として働き、②式では SO_2 は (E) 還元されて酸化剤として働いている。」

1　A、B　　2　A、B、C　　3　C　　4　C、D　　5　D、E

問25 0℃のガソリン 1,000L を加熱したところ 1,020L になった。このときガソリンの温度として近いものは、次のうちどれか。ただし、ガソリンの体膨張率を $1.35 \times 10^{-3} K^{-1}$ とし、ガソリンの蒸発は考えないものとする。
1　5℃　　4　20℃
2　10℃　　5　30℃
3　15℃

危険物の性質ならびにその火災予防および消火の方法
［解答 & 解説：p.261〜262］

問26 危険物の性状として、次のうち正しいものはどれか。
1　1気圧において、常温（20℃）で引火するものは、必ず危険物である。
2　すべての危険物には、引火点がある。
3　危険物は、必ず燃焼する。
4　すべての危険物は、分子内に炭素、酸素又は水素のいずれかを含有している。
5　危険物は、1気圧において、常温（20℃）で液体又は固体である。

問27 第4類の危険物の貯蔵及び取扱いの一般的な注意事項として、次のうち正しいものはどれか。
1 危険物を貯蔵していた空容器は、ふたをはずし密閉された部屋で保管する。
2 配管で送油するときは、静電気の発生を抑えるため、なるべく流速を小さくする。
3 万一流出したときは、多量の水で薄める。
4 蒸気発生を防止するため、空間を残さないように容器に詰め密栓する。
5 容器に詰め替えるときは、蒸気が多量に発生するので、床に溝を造って蒸気が拡散しないようにする。

問28 強化液消火剤に関する説明として、次のうち誤っているものはどれか。
1 アルカリ金属塩の濃厚な水溶液である。
2 油火災に対しては、霧状にして放射しても適応性がない。
3 消火後の再燃防止の効果がある。
4 霧状にして放射すれば、電気火災に対しても適応性がある。
5 −20℃でも凍結しないので、寒冷地での使用に適する。

問29 空気との接触や日光のもとで、激しい爆発性の過酸化物を生じやすいのは、次のうちどれか。
1 ジエチルエーテル　　4 ピリジン
2 二硫化炭素　　　　　5 メチルエチルケトン
3 ベンゼン

問30 メタノールとエタノールの性状について、次のうち誤っているものはどれか。
1 いずれも飽和1価アルコールである。
2 いずれも蒸気は空気より重い。
3 燃焼範囲はエタノールよりメタノールの方が広い。
4 メタノールの引火点は常温（20℃）より低いが、エタノールの引火点は常温（20℃）より高い。
5 いずれも水に任意の割合で溶解する。

問31 ニトロベンゼンの性状として、次のうち誤っているものはどれか。
1 淡黄色又は暗黄色の液体である。　　4 水より重い。
2 水、エーテルに溶ける。　　　　　　5 蒸気は有毒である。
3 芳香がある。

問32 自動車ガソリンの性状として、次の組合せのうち誤っているもののみはどれか。
 A　多くの炭化水素の混合物である。
 B　比重は 0.98〜0.99 で、非水溶性である。
 C　引火点は -40℃以下で、燃焼範囲はおおむね 1 〜 8vol%である。
 D　発火点は 200℃未満で、高温体に近づけると引火する危険性がある。

 1　AとB
 2　AとC
 3　AとD
 4　BとD
 5　CとD

問33 動植物油類の性状として、次のうち誤っているものはどれか。
 1　水に溶けない。
 2　いったん火災が発生すると液温が高くなっているため、注水消火は適さない。
 3　引火点が 300℃程度である。
 4　布などに染み込ませて積み重ねると、自然発火する危険性がある。
 5　引火点以上に熱すると、引火の危険性がある。

問34 第 2 石油類の性状として、次のうち誤っているものはどれか。
 1　引火点 20℃未満の物質はない。
 2　水に溶けるものもある。
 3　水より重いものもある。
 4　霧状のとき引火しやすい。
 5　すべて発火点は第 1 石油類よりも高く、第 3 石油類よりも低い。

問35 ベンゼンの性状として、次のうち誤っているものはどれか。
 1　発生する蒸気は空気より重い。
 2　引火点は、常温（20℃）より低い。
 3　発生する蒸気の毒性が強い。
 4　水と反応して発熱する。
 5　流動等により静電気が発生しやすい。

模擬試験 ❶ 解答&解説

▶▶ 危険物に関する法令

解答	問1	問2	問3	問4	問5	問6	問7	問8	問9	問10	問11	問12	問13	問14	問15
	1	5	4	2	4	1	2	4	5	3	5	1	3	4	1

問1 答：1　　消防法上の危険物

1：○　「法別表第一の品名欄に掲げる物品で、同表に定める区分に応じ同表の性質欄に掲げる性状を有するものをいう」とは、消防法で定める**危険物の定義**。

2：✕　危険物の類は、危険性によってではなく、危険物の**性質**によって区分されている。類が増すごとに危険性が高くなるわけではない。

3：✕　「第7類」が誤り。危険物は、その性質により、第1類から第**6**類に区分されている。

4：✕　「すべて単位は〔kg〕である」が誤り。危険性を勘案して政令で定める数量を指定数量といい、指定数量は、**第4類**の危険物は〔L〕で定められており、**第4類以外**の類の危険物は〔kg〕で定められている。

5：✕　プロパンガスやアセチレンガスは、液体であっても気体であっても、法令で定める**危険物**には含まれない。

問2 答：5（AとD）　　予防規程

A：✕　予防規程の作成は、**屋内タンク貯蔵所**、**地下タンク貯蔵所**、**簡易タンク貯蔵所**、**移動タンク貯蔵所**、**販売取扱所**には義務づけられていない。よって、**すべて**の製造所等ではない。

B：○　予防規程を定めるのは、**所有者等**の義務である。

C：○、D：✕　予防規程を定めた場合は、届出ではなく、**市町村長等**の**認可**を受けなければならない。

問3 答：4（5.2倍）　　指定数量の倍数の合計

過酸化水素の指定数量の倍数：300kg／300kg＝1.0倍
過マンガン酸ナトリウムの指定数量の倍数：600kg／300kg＝2.0倍
過塩素酸カリウムの指定数量の倍数：110kg／50kg＝2.2倍
貯蔵量の指定数量の倍数＝1.0＋2.0＋2.2＝**5.2倍**

問4 答：2　　保安距離の対象施設

1：✕　屋内タンク貯蔵所
2：○　**屋外貯蔵所**
3：✕　給油取扱所
4：✕　移動タンク貯蔵所
5：✕　販売取扱所

問5 答：4　　変更工事の手続き

4：○　製造所等の位置、構造または設備を変更する場合は、変更工事をする前に**市町村長等**に変更**許可**の申請を行い、許可を受けた**後に**変更工事を開始する。許可申請までの期限は定められていない。また、手続きは、届出ではない。

•231•

問6　答：1　移動タンク貯蔵所の基準

1：✕　「難燃材料」「地階」が誤り。移動タンク貯蔵所は、屋外の防火上安全な場所または壁、床、はりおよび屋根を耐火構造とし、もしくは<u>不燃材料</u>で造った建築物の<u>1階</u>に常置しなければならない。

問7　答：2　危険物保安監督者の対象施設

1：✕　屋内タンク貯蔵所
2：〇　<u>屋外タンク貯蔵所</u>
3：✕　地下タンク貯蔵所
4：✕　移動タンク貯蔵所
5：✕　販売取扱所

問8　答：4　危険物取扱者

1：✕　都道府県知事から<u>免状の交付</u>を受けていれば、危険物取扱者である。製造所等の所有者等から選任される必要はない。
2：✕　「甲種危険物取扱者だけ」が誤り。危険物保安監督者になることができるのは、甲種危険物取扱者と<u>乙種</u>危険物取扱者。
3：✕　「特殊引火物を取り扱うことができない」が誤り。特殊引火物は第<u>4</u>類の危険物。よって、乙種第4類の免状を有する危険物取扱者は、<u>特殊引火物</u>を取り扱うことができる。
4：〇　丙種危険物取扱者は、危険物取扱者以外の者が危険物を取り扱うときの<u>立会</u>いはできない。
5：✕　「危険物取扱者を置かなくてもよい」が誤り。法令上、製造所等においては、危険物取扱作業を行う<u>危険物取扱者</u>を置かなければならないと定められている。危険物施設保安員を置いていることとは関係がない。

問9　答：5　危険物取扱者免状の不交付

5：〇　「(A)<u>都道府県知事</u>は、危険物取扱者が法又は法に基づく命令の規定に違反して危険物取扱者免状の(B)<u>返納を命ぜられた</u>その日から起算して(C)<u>1年</u>を経過しない者に対しては、免状の交付を行わないことができる。」

問10　答：3　定期点検

3：✕　定期点検の結果を市町村長等に<u>報告</u>する必要はない。

問11　答：5　消火設備の区分

1：✕　「第6種」が誤り。消火設備は第1種から第<u>5</u>種までに区分されている。
2：✕　消火設備は、適応する危険物の類ではなく<u>消火能力</u>に応じて区分されている。第4種は大型消火器である。
3：✕　「第4種」が誤り。消火粉末を放射する<u>小型</u>の消火器は、第<u>5</u>種の消火設備である。
4：✕　「第5種」が誤り。泡を放射する<u>大型</u>の消火器は、第<u>4</u>種の消火設備である。
5：〇　乾燥砂は<u>第5種</u>の消火設備である。

問12　答：1　事故事例：危険物の流出

1：✕　火災が発生した場合、<u>所有者等</u>が公共水道の<u>制水弁</u>を開かなければならないという定めはない。消防法では、消防長等が必要に応じて水道の制水弁の開閉を行うことができるとしている。

問13　答：3　使用停止命令

3：✕　製造所等において、危険物の取扱作業に従事している危険物取扱者が、免状の<u>返納</u>を命ぜられたときは、製造所等の使用停止命令の事由には該当しない。免状の返納命令の管轄は<u>都道府県知事</u>で、使用停止命令の管轄は市町村長等であり、管轄が異なる。

問14 答：4　　運搬容器の表示

表示事項として定められているものを○で、定められていないものを✗で示す。

4：✗　収納する危険物に応じた消火方法は、表示事項として定められていない。
1〜3、5：○　品名、危険等級および化学名、危険物の数量、「水溶性」、注意事項は、いずれも表示事項として定められている。

問15 答：1　　共通する貯蔵・取扱いの基準

1：✗　「危険物保安監督者の立会いのもと」が誤り。危険物が残存し、または残存しているおそれがある設備、機械器具、容器等を修理する場合は、安全な場所において、危険物を完全に除去した後に行わなければならない。

基礎的な物理学および基礎的な化学

解答	問16	問17	問18	問19	問20	問21	問22	問23	問24	問25
	4	2	5	5	3	1	2	3	1	4

問16 答：4（BとE）　　蒸発燃焼

A：✗　木炭の燃焼は表面燃焼。
B：○　灯油の燃焼は蒸発燃焼。
C：✗　石炭の燃焼は分解燃焼。
D：✗　プロパンガスの燃焼は、予混合燃焼あるいは拡散燃焼。
E：○　硫黄の燃焼は蒸発燃焼。

問17 答：2　　粉じん爆発

2：✗　「静電気を起こしにくい」が誤り。粉じん雲は、気体と比べて、粉じんの粒子同士の摩擦によって静電気を起こしやすい。

問18 答：5　　物理変化と化学変化

5：✗　「化学変化」が誤り。水を加熱すると水蒸気が発生したり（蒸発または気化）、冷やすと氷になったり（凝固）するのは、化学変化ではなく、状態が変化している物理変化。

問19 答：5　　化学用語の定義

5：✗　酸化とは、物質が酸素と化合したり、水素を奪われたり、電子を失ったりする反応である。

問20 答：3　　金属の粉体と燃焼

1：✗　「大きくなる」が誤り。金属は、固体の状態では燃焼しにくい物質だが、粉体にすると燃えやすくなるのは、隙間が生じて見かけの熱伝導率が小さくなるから。
2：✗　「供給されにくくなる」が誤り。金属を粉体にすると燃えやすくなるのは、空気との接触面積が大きくなり、空気（酸素）が供給されやすくなるから。
3：○　金属を粉体にすると燃えやすくなるのは、酸素との接触表面積が大きくなるから。
4：✗　「小さくなる」が誤り。金属を粉体にすると燃えやすくなるのは、表面積が大きくなって燃焼が激しくなり、一定時間での単位重量当たりの発熱量が大きくなるから。
5：✗　「拡散しやすくなる」が誤り。金属を粉体にすると燃えやすくなるのは、見かけの熱伝導率が小さくなって熱がこもり拡散しにくくなるから。

問21 答：**1**（AとB）　　引火点と発火点

A：〇　引火点とは、可燃性液体が燃焼範囲の**下限値の濃度の蒸気**を発生する液温をいう。

B：〇　発火点とは、可燃性物質を空気中で加熱した場合、**火源**がなくても、**自ら燃え**だす最低温度のことをいう。

C：✕　「高い」が誤り。一般に、引火点は発火点より**低い**。

D：✕　「物質固有の値」が誤り。発火点は、測定器、加熱時間、装置の形式などの測定方法や試料の形状などによって**変動**する。

問22 答：**2**　　混合物

2：✕　「液体のみから成り立っている」「気体であるとは限らない」が誤り。液体の混合物は**液体**から成り立っているとは**限らない**。たとえば、食塩水は固体の食塩と液体の水の混合物。また、気体の混合物は必ず**気体のみ**から成り立っている。たとえば、空気は主に気体の窒素と酸素の混合物。

問23 答：**3**　　消火剤

3：✕　「冷却効果」が誤り。ハロゲン化物消火剤には、酸素の供給を遮断する**窒息効果**と、燃焼の連鎖的な酸化反応の進行を抑制する**抑制効果**（**負触媒効果**）がある。

問24 答：**1**　　静電気災害の防止方法

1：✕　帯電させると電荷量の**増加**とともに静電気が**蓄積**するので、発火防止方法として適切ではない。

2：〇　ゴムやプラスチックに**導電性**のある炭素や金属を混ぜ込んだ材料のものを**使用**して静電気を逃がすことは、発火防止方法として適切である。

3：〇　空気をイオン化して**電気伝導率**を**大きく**することは、発火防止方法として適切である。

4：〇　**ボンディング**あるいは**接地**をして静電気を逃がすことは、発火防止方法として適切である。

5：〇　静置するなど**緩和時間**を確保し、帯電した静電気を放出させることは、発火防止方法として適切である。

問25 答：**4**（1942.4kJ）　　熱化学方程式

熱化学方程式は、水素 **1 mol**（2 g）と酸素 **1/2mol**（16 g）が反応して水 **1 mol**（18g）を生成し、そのときの発熱量は 242.8kJ であることを表している。

生成した水：$\dfrac{144(g)}{18(g)} = 8\ \text{mol}$

生成した水が 8 mol ならば、発生する熱量は水素 1 mol のときの 8 倍になる。

242.8（kJ）× 8 ＝ **1942.4kJ**

▶▶ 危険物の性質ならびにその火災予防および消火の方法

解答	問26	問27	問28	問29	問30	問31	問32	問33	問34	問35
	5	2	4	4	3	2	5	3	4	3

問26 答：**5**　　類ごとの性状

5：✕　「激しい燃焼を起こす」が誤り。第6類の危険物は、可燃物の燃焼を促進するが、それ自体は**不燃性**である。

問27 答：**2**　　第4類の一般的な性状

2：✕　「小さい」が誤り。第4類の危険物はすべて、蒸気比重が1より**大きい**。

問28 答：4　　水没容器で保管する危険物

1～3：✗　アセトアルデヒド、酸化プロピレン、エタノールは、いずれも水没容器に保管することはない。一般に、第4類の危険物は、容器を**密栓**して**冷暗所**に保管（貯蔵）する。

4：〇　第4類の危険物の中で水没させた容器で保管する危険物は、<u>二硫化炭素</u>だけ。二硫化炭素の可燃性蒸気には**毒性**がある。二硫化炭素の水より重く水に溶けない性質を利用して有毒な可燃性蒸気を<u>発生させない</u>よう水没容器に保管する。

5：✗　第5類のニトロセルロースは、エタノールまたは水で**湿綿**として保管する。

問29 答：4　　第4類に用いる消火剤

4：✗　第4類の危険物の火災には、<u>霧状</u>放射の強化液消火剤ならば効果的であるが、<u>棒状</u>放射の強化液消火剤を流動性のある第4類の危険物に放射すると、被害が拡大するおそれがあるため不適切である。

問30 答：3　　特殊引火物の性状

3：✗　「水に溶けやすく、また水より軽い」が誤り。二硫化炭素は、水に<u>溶けない</u>非水溶性の危険物で、比重は1.26で水より<u>重い</u>。

問31 答：2　　水溶性液体用泡消火剤

1：✗　アセトアルデヒド：<u>水溶性液体</u>、ガソリン：非水溶性液体。

2：〇　アセトン：<u>水溶性液体</u>、エタノール：<u>水溶性液体</u>。

3：✗　トルエン：非水溶性液体、酢酸：<u>水溶性液体</u>。

4：✗　ベンゼン：非水溶性液体、メタノール：<u>水溶性液体</u>。

5：✗　灯油：非水溶性液体、グリセリン：<u>水溶性液体</u>。

問32 答：5　　ガソリンの性状

5：✗　「単体」が誤り。ガソリンは、炭素数4～12程度のパラフィン系炭化水素の<u>混合物</u>である。

問33 答：3　　トルエン

3：✗　第1石油類のトルエンは、水に<u>溶けない</u>非水溶性の危険物。

問34 答：4　　重油

4：✗　「70℃～150℃程度」が誤り。第3石油類の重油の発火点は、<u>250～380℃</u>。

問35 答：3　　動植物油類の自然発火

3：✗　「ヨウ素価が小さいものほど」が誤り。動植物油類は、ヨウ素価が<u>大きい</u>ものほど自然発火しやすい。

模擬試験 ❷ 解答＆解説

危険物に関する法令

解答	問1	問2	問3	問4	問5	問6	問7	問8	問9	問10	問11	問12	問13	問14	問15
	4	4	3	5	2	3	3	5	2	1	2	4	2	3

問1　答：4　　危険物の品名

1：✕　カリウムは**第3類**の品名だが、<u>プロパン</u>は危険物ではない。
2：✕　黄りんは**第3類**の品名だが、<u>消石灰</u>は危険物ではない。
3：✕　<u>塩酸</u>は危険物ではない。ニトロ化合物は**第5類**の品名。
4：◯　アルコール類は**第4類**の品名で、硝酸は**第6類**の品名。
5：✕　<u>液体酸素</u>は危険物ではない。硝酸塩類は**第1類**の品名。

問2　答：4　　予防規程

4：✕　「消防署長」が誤り。<u>市町村長等</u>は、火災の予防のため必要があるときは、予防規程の変更を命ずることができる。

問3　答：3　　第2石油類の指定数量

3：◯　第2石油類の非水溶性の指定数量は<u>1,000L</u>、水溶性の指定数量は<u>2,000L</u>である。2,000Lを製造した場合、**非水溶性**であれば指定数量の倍数は、2,000L／1,000L＝<u>2倍</u>
水溶性であれば指定数量の倍数は、2,000L／2,000L＝<u>1倍</u>
となり、3が正しい。

問4　答：5　　保安距離の対象施設

保安距離を保たなければならない規定が設けられている製造所等を◯で、規定が設けられていない製造所等を✕で示す。
1：◯　製造所
2：◯　屋内貯蔵所
3：◯　屋外タンク貯蔵所
4：◯　屋外貯蔵所
5：✕　<u>給油取扱所</u>

問5　答：2　　届出等

2：✕　「承認を受けなければならない」が誤り。製造所等の譲渡または引渡があったときは、譲渡または引渡を受けた者は、遅滞なくその旨を市町村長等に<u>届け出</u>なければならないが、承認を受ける必要はない。

問6　答：3　　定期点検

3：✕　指定数量の倍数などにかかわらず、すべての<u>移動タンク貯蔵所</u>は、定期点検を実施しなければならない。

問7　答：3　　危険物取扱者

3：✕　移動タンク貯蔵所に乗車する危険物取扱者は、移送する<u>危険物</u>によって決まる。甲種危険物取扱者ならば<u>すべて</u>の危険物を移送でき、乙種危険物取扱者ならば<u>免状に指定</u>された類の危険物を移送でき、丙種危険物取扱者ならば<u>ガソリン</u>などの規則で定められた危険物を移送できる。

問8　答：3　　危険物取扱者免状

3：✕　免状の記載事項に居住地はない。よって、居住地が変わっても書換え申請をする必要はない。

問9　答：5　　危険物保安監督者の業務

5：✕　製造所等の位置、構造または設備を変更する場合に限らず、法令上の手続きをとるのは、所有者等であって危険物保安監督者ではない。

問10　答：2　　標識・掲示板の基準

2：✕　「取扱注意」が誤り。第4類の危険物を貯蔵する製造所等（地下タンク貯蔵所）には、「火気厳禁」と表示した掲示板を設けなければならない。注意事項の掲示板に「取扱注意」はない。

問11　答：1　　セルフスタンドの基準

1：✕　セルフスタンドにおいては、顧客用固定給油設備以外の固定給油設備を使用して、顧客に自ら自動車等に給油させることはできない。顧客用固定給油設備を使用して、顧客に自ら自動車等に給油させなければならない。

問12　答：2　　貯蔵・取扱いの基準

2：✕　「危険物がこぼれないようにしなければならない」が誤り。危険物が残存している設備、機械器具、容器等を修理する場合は、安全な場所において、危険物を完全に除去した後に行わなければならない。

問13　答：4　　消火設備の区分

1：✕　屋外消火栓設備は、第1種消火設備。
2：✕　スプリンクラー設備は、第2種消火設備。
3：✕　ハロゲン化物消火設備は、第3種消火設備。
4：○　消火粉末を放射する大型の消火器は、第4種消火設備。
5：✕　泡を放射する小型の消火器は、第5種消火設備。

問14　答：2　　市町村長等からの命令

2：✕　亡失した免状の再交付申請未実施は、市町村長等からの命令の対象にはならない。また、免状の再交付申請未実施は、消防法などに違反していないので、都道府県知事から免状返納命令が発令されることもない。

問15　答：3　　混載

3：✕　「できない」が誤り。第4類の危険物は、第3類の危険物とは混載することができる。

基礎的な物理学および基礎的な化学

解答	問16	問17	問18	問19	問20	問21	問22	問23	問24	問25
	5	4	1	3	3	3	2	4	4	2

問16　答：5　　燃焼の三要素

燃焼に必要な燃焼の三要素がそろっているものを○で、そろっていないものを✕で示す。

1：○　二硫化炭素：可燃物、酸素：酸素供給源、衝撃火花：点火源
2：○　メタン：可燃物、空気：酸素供給源、電気火花：点火源

3：○　鉄粉：可燃物、空気：酸素供給源、酸化熱：点火源
4：○　一酸化炭素：可燃物、酸素：酸素供給源、静電気火花：点火源
5：×　空気：**酸素供給源**、直射日光：**点火源**はあるが、**可燃物**がない。二酸化炭素は、**酸素**と結合しない不燃性ガスである。よって、燃焼は起こり得ない。

問17　答：4　　　熱伝導率

1：×　「小さい」が誤り。一般に金属の熱伝導率は、他の固体の熱伝導率に比べて**大きく**、熱が伝わりやすい。
2：×　「小さなものほど熱を伝えやすい」が誤り。一般に熱伝導率の**大きな**ものほど熱を伝えやすく、熱伝導率の**小さな**ものほど熱を伝えにくい。
3：×　「銀より大きい」が誤り。熱伝導率は、固体より液体の方が小さく、水の熱伝導率は、銀の熱伝導率より**小さい**。
4：○　熱伝導率は、固体、液体、気体の順に小さくなる。
5：×　「大きくなるから」が誤り。燃焼しにくい固体であっても粉末にするとよく燃焼するようになるのは、隙間が生じて見かけ上の熱伝導率が**小さく**なるからである。

問18　答：1　　　物理学・化学の用語の定義

1：×　**電解質**とは、水溶液中で陽イオン[用]と陰イオン[用]に電離[用]し、その水溶液が電気を**通す**物質のことをいう。砂糖のように電離せず、その水溶液が電気を通さない物質は**非電解質**[用]という。

問19　答：3　　　物質の種類

3：○　「黄リンや硫黄は、1種類の元素からなっているので(A)**単体**であるが、(B)**ガソリン**は2種類以上の物質が混じった状態で存在しているので、混合物である。」

問20　答：3　　　熱化学方程式

1：×　炭素が完全燃焼すると**二酸化炭素**（CO_2）を発生し、不完全燃焼すると**一酸化炭素**（CO）を発生する。よって、正しくは、(A) 式が不完全燃焼、(B) 式が完全燃焼を表す。
2：×　「28g」が誤り。二酸化炭素1 molの質量は、$CO_2 = 12 + 16 \times 2 = 44g$。
3：○　二酸化炭素1分子の分子式[用]はCO_2。炭素1原子(C)と酸素2原子(O_2)からなる。
4：×　「28g」が誤り。炭素が完全燃焼するときの熱化学方程式は (B) である。この式は、炭素**1 mol**と酸素**1 mol**が反応して二酸化炭素**1 mol**を生成することを表している。炭素1 mol = 12g、二酸化炭素1 mol = 44gなので、炭素12gが完全燃焼すると生成する二酸化炭素は44g。
5：×　「吸熱反応」が誤り。(A) (B) とも反応熱[用]は「＋」で表されているので、**発熱反応**により酸化されている。

問21　答：3（AとC）　静電気の発生

A：○　流速が大きい、つまり、配管を流れる液体の速度が**速い**ときは、流体摩擦により静電気が発生しやすい。
B：×　配管の内側表面の粗さが小さいときは、液体の流れが**乱れる**ことが少ないため静電気は発生しにくい。
C：○　流れが**乱れている**ときは、流体摩擦により静電気が発生しやすい。
D：×　液温の**高低**は、静電気の発生に影響しない。
E：×　空気中の湿度が**高い**（約75％以上）ときは、空気の電気伝導率が**大きく**なるため静電気は発生しにくい。

| 問22 | 答：2 | 燃焼範囲と引火点 |

2：○ 液温40℃で引火しているので、引火点は40℃以下であるとわかる。引火点は燃焼範囲の下限値の濃度を発生するときの液温のことであるから、燃焼範囲の下限値は 8 vol％以下である。よって、考えられる組合せは、引火点30℃、燃焼範囲の下限値 6 vol％。

| 問23 | 答：4 | 消火の四要素 |

4：× ロウソクの炎を吹き消すのは、ロウソクから発生する可燃性気体（可燃物）を吹き飛ばして消火する除去消火。

| 問24 | 答：4 | 沸点と蒸気圧 |

4：× 沸点は、加圧すると高くなり、減圧すると低くなる。

| 問25 | 答：2 | シャルルの法則 |

2：○ シャルルの法則より、「圧力が一定のとき、一定量の理想気体の体積は、温度が1℃上昇するにしたがって、0℃のときより273分の1増加する。」

危険物の性質ならびにその火災予防および消火の方法

解答	問26	問27	問28	問29	問30	問31	問32	問33	問34	問35
	3	2	4	3	5	2	3	3	5	4

| 問26 | 答：3 | 類ごとの性状 |

1：× 「爆発的に燃焼する」が誤り。第1類の危険物は、酸素を含有しているが、それ自体は燃焼しない（不燃性）。
2：× 第2類の危険物には、引火性固体のような有機物もあり、一般的な性状として誤り。第2類の危険物の多くは、固体の無機物質で比重は1より大きく水に溶けない。
3：○ 第3類の危険物は、自然発火性または禁水性を有するが、多くは両方の危険性を有する。
4：× 第5類の危険物は、可燃性の液体または固体で、加熱、衝撃、摩擦等により自己反応を起こして分解し、発火爆発する。
5：× 「固体」が誤り。第6類の危険物は、酸化性の液体で、分解して可燃物を酸化する。

| 問27 | 答：2 | 引火性液体の性質 |

2：× 「蒸気圧が高くなり」が誤り。アルコール類は水溶性の危険物で、注水して濃度を低くすると、アルコール成分の蒸気の割合が減少し、蒸気圧は低くなる。蒸気圧が低くなると、燃焼範囲の下限値に達する蒸気を発生する液温（つまり引火点）は高くなる。
5：○ 粘度の低い引火性液体は流動しやすく、漏えいによる火災に影響を与え、火面が拡大しやすい。

| 問28 | 答：4 | 泡消火剤 |

4：× アセトンは水溶性液体なので、一般の泡消火器では泡が消えてしまい消火には不適切である。
1～3、5：○ ガソリン、キシレン、灯油、ベンゼンは、いずれも非水溶性液体なので、一般の泡消火器で消火できる。

問29　答：3　　　二硫化炭素

3：○　特殊引火物の二硫化炭素の可燃性蒸気は**有毒**であるため、蒸気が<u>発生しない</u>よう水槽に入れ、水没させて貯蔵する。二硫化炭素の水より重く、水に溶けない性質を利用している。

問30　答：5　　　ガソリンの性状等

1：×　ガソリンの発火点は約 300℃なので、<u>自然発火</u>しにくい。
2：×　「低い」が誤り。二硫化炭素の発火点は <u>90℃</u>で、これより発火点が低い危険物は第4類にはない。よって、ガソリンの発火点（**約300℃**）は二硫化炭素より<u>高い</u>。
3：×　「広い」が誤り。ガソリンの燃焼範囲は **<u>1.4</u>～<u>7.6</u>**vol％で、ジエチルエーテルの燃焼範囲は 1.9～36(48)vol％。よって、ガソリンの燃焼範囲はジエチルエーテルより<u>狭い</u>。
4：×　「淡青色又は淡緑色」が誤り。自動車ガソリンは、<u>オレンジ色</u>に着色されている。
5：○　ガソリンの比重は **0.65～0.75** で、**水より軽い**。

問31　答：2　　　灯油の貯蔵・取扱い

1：×　第2石油類の灯油を含め、第4類の危険物の蒸気は空気より<u>重い</u>ため、低所に滞留しやすい。低所に滞留した蒸気は屋外の<u>高所</u>に排出する。特に、灯油のような引火点 **70℃未満**の危険物の場合は、低所から高所に排出する設備を設けなければならない。
2：○　灯油を含め、第4類の危険物はすべて、**静電気**を蓄積しやすいので、激しい動揺や流動を避ける。
3：×　「常温（20℃）で分解して発熱する」が誤り。灯油は温度にかかわらず<u>分解</u>しないので発熱することはないが、冷暗所に貯蔵する必要はある。
4：×　灯油は、<u>直射日光</u>により過酸化物を生成するおそれはない。直射日光により過酸化物を生成するのは、特殊引火物の<u>ジエチルエーテル</u>。
5：×　灯油には<u>湿気</u>を吸収して<u>爆発する</u>危険性はない。よって、容器に<u>不活性ガス</u>（窒素など）を封入する必要はない。

問32　答：3　　　アセトン

3：×　「ジエチルエーテル、クロロホルムにはほとんど溶けない」が誤り。第1石油類のアセトンは、水に任意の割合で溶け、ジエチルエーテル、クロロホルムなどの有機溶媒にも<u>よく溶ける</u>。

問33　答：3　　　第3石油類の性状等

3：×　「固体」が誤り。第3石油類を含め、第4類の危険物に固体のものはない。すべて常温（20℃）で<u>液体</u>。

問34　答：5　　　キシレン

5：×　「よく溶ける」が誤り。第2石油類のキシレンは、水に<u>溶けない</u>非水溶性の危険物。

問35　答：4　　　安全対策：改修工事

4：×　工事に変更が生じた場合は、工事を実施する前に市町村長等に変更工事の<u>許可</u>申請をし、<u>許可</u>が下りるまで工事にとりかかることはできない。現場責任者の判断により工事を実施することは不適切。

模擬試験 ❸ 解答&解説

▶▶ 危険物に関する法令

解答	問1	問2	問3	問4	問5	問6	問7	問8	問9	問10	問11	問12	問13	問14	問15
	4	1	1	1	5	3	3	3	4	3	1	5	5	5	2

問1　答：4　　仮貯蔵・仮取扱い

4：○　灯油2,500Lの指定数量の倍数は、2,500L／1,000L＝2.5倍で指定数量以上である。製造所等以外の場所において、指定数量以上の危険物を10日以内の期間、仮に貯蔵し、または取り扱う場合は、所轄消防長または消防署長に申請し承認を受けなければならない。手続き先は、都道府県知事でも市町村長でもない。また、手続きは、許可申請でも届出でもない。

問2　答：1　　アルコール類の定義

1：○　「アルコール類とは、1分子を構成する炭素の原子の数が(A) 1～3個の飽和1価アルコール⓪(変性アルコールを含む。)をいい、その含有量が(B) 60%未満の水溶液を除く。」

問3　答：1　（40L）　指定数量の倍数の合計

重油の指定数量の倍数：(4×200L)／2,000L＝0.4倍
灯油の指定数量の倍数：(2×200L)／1,000L＝0.4倍
　貯蔵量を指定数量以上(1以上)にするには、ガソリンの最低の指定数量の倍数を、1－(0.4＋0.4)＝0.2倍にすればよい。
　ガソリンの指定数量は200Lなので、200L×0.2＝40Lが最低の貯蔵量となる。

問4　答：1　　危険物取扱者

1：✕　「危険物取扱者でなければならない」が誤り。危険物保安統括管理者は事業の実施に関して統括管理できる者でなければならないが、特に資格は必要なく、危険物取扱者でなくてもよい。

問5　答：5　　危険物施設保安員の業務

5：✕　危険物施設保安員は、危険物保安監督者に代わって、その業務を行うことはできない。また、予防規程を定める製造所等では、危険物保安監督者が事故等により職務を行うことができない場合、その職務を代行する者は予防規程に定められている。

問6　答：3　　定期点検の実施対象施設

　定期点検を義務づけられている製造所等を○で、義務づけられていない製造所等を✕で示す。
1：○　地下タンクを有する製造所
2：○　地下タンク貯蔵所
3：✕　屋内タンク貯蔵所
4：○　移動タンク貯蔵所
5：○　地下タンクを有する給油取扱所

問7　答：3　　危険物取扱者免状の書換え

3：○　免状の書換えをしなければならないのは、氏名、本籍地（都道府県）などの

—241—

免状の記載事項に変更が生じたとき、または、免状の写真が撮影から10年を超えたとき。

問8　答：3　　保有空地の対象施設
3：✕　「必要はない」が誤り。屋内貯蔵所は、空地を保有しなければならない。

問9　答：4　　貯蔵・取扱いの基準
1：✕　許可された危険物と同じ類、同じ数量であっても、品名を変更しようとする場合は、10日前までに届出をしなければ変更はできない。
2：✕　「1か月」が誤り。危険物のくず・かす等は、1日に1回以上当該危険物の性質に応じて、安全な場所で廃棄等を行わなければならない。
3：✕　「類別ごとに0.2m以上、品名別ごとに0.2m以上」が誤り。類を異にする危険物は、原則として同一の貯蔵所で同時貯蔵することはできないが、屋内貯蔵所と屋外貯蔵所には例外が認められている。この場合、危険物の容器は類別ごとに1m以上の間隔を置かなければならない。品名別ごとにという規定はない。
4：〇　屋外貯蔵タンク、屋内貯蔵タンク、地下貯蔵タンクまたは簡易貯蔵タンクの計量口は、計量するとき以外は閉鎖しておかなければならない。
5：✕　「焼却以外の方法で行わなければならない」が誤り。廃油等の廃棄は焼却の方法で行うことができる。ただし、焼却する場合は、安全な場所で、かつ、燃焼または爆発によって他に危害または損害を及ぼすおそれのない方法で行うとともに、見張り人をつけることと定められている。

問10　答：3　　地下タンク貯蔵所の基準
3：✕　「0.3m」が誤り。地下タンク貯蔵

所において、地下貯蔵タンクを2基以上隣接して設置する場合は、その相互間に原則として1m以上の間隔を保たなければならない。

問11　答：1　　販売取扱所の基準
1：〇　第1種販売取扱所とは、取り扱う危険物の指定数量の倍数が15以下のものをいい、第2種販売取扱所とは、取り扱う危険物の指定数量の倍数が15を超え40以下のものをいう。
2：✕　「小分けして販売できる」が誤り。どちらも容器入りのままで販売しなければならない。
3：✕　「建築物内の1階又は2階に設置できる」が誤り。どちらも建築物の1階に設置しなければならない。
4：✕　第1種販売取扱所には窓を設置できるが、防火設備を設けなければならない。第2種販売取扱所では、延焼のおそれのある部分には窓を設置できない。
5：✕　危険物を配合する室は、どちらにも設置できる。

問12　答：5　　消火設備の基準
5：✕　「100倍」が誤り。所要単位の計算方法として、危険物の量を基準とする場合は、指定数量の10倍を1所要単位とする。

問13　答：5　　使用停止命令
5：✕　製造所等（移動タンク貯蔵所）の危険物取扱者が危険物の取扱作業の保安に関する講習を受講していないときは、都道府県知事から免状の返納を命ぜられることはあるが、市町村長等から製造所等の使用停止を命ぜられる事由にはならない。

問14　答：5　　運搬の基準
5：✕　「所轄消防署長に届け出なければな

らない」が誤り。危険物を車両で運搬する場合は、指定数量の倍数などに関係なく所轄消防署長にも市町村長等にも届け出る必要はない。

問15　答：2　事故事例：危険物の流出

2：✗　「使用には十分に注意しなければならない」が誤り。可燃性蒸気の滞留している場所においては、火花を発する機械器具、工具等を使用してはならない。

基礎的な物理学および基礎的な化学

解答	問16	問17	問18	問19	問20	問21	問22	問23	問24	問25
	4	4	2	4	1	4	5	5	1	2

問16　答：4　物理学・化学の用語の定義

4：✗　潮解とは、物質（固体）が空気中の水分を吸収して溶ける現象。

問17　答：4　燃焼の基礎理論

4：○　「物質が酸素と結合して(A)酸化物を生成する反応のうち(B)熱と光の発生を伴うものを燃焼という。有機物が燃焼する場合は(A)酸化物に変わるが、酸素の供給が不足すると生成物に(C)一酸化炭素、アルデヒド、すすの割合が多くなる。」

問18　答：2　水の性質

2：✗　「比重（密度）も増す」が誤り。水が凝固して氷になるときは体積が増す。体積が増すと、体積当たりの質量である密度は小さくなることから、正しくは「比重（密度）は減る」。

問19　答：4　酸化反応

4：✗　酸素が奪われる反応は、還元反応である。

問20　答：1　燃焼のしやすさ

1：○　発熱量が大きいほど温度が上がり、燃焼しやすい。

酸化されやすさ：酸化されやすい物質ほど、燃焼しやすい。
空気との接触面積：大きいほど酸素の供給が増え、燃焼しやすい。
熱伝導率：小さいほど熱が蓄積され温度が上がって燃焼しやすい。

問21　答：4　（A、C）　静電気災害の防止方法

A：✗　接触面積を大きくすると、摩擦が多くなり静電気は発生しやすい。接触面積を小さくすれば、静電気の発生を抑制できる。

B：○　静電気は、2つ以上の物体（不導体）の接触分離が原因で発生するので、接触する回数を減らす（摩擦を少なくする）と静電気の発生を抑制できる。

C：✗　接触状態にあるものを急激にはがすと、静電気が発生しやすい。

D：○　接触圧力（摩擦）を低くすると、静電気の発生を抑制できる。

問22　答：5　燃焼範囲と引火点

5：○　「可燃性液体は、その蒸気と(A)空気との混合気体がある濃度範囲で混合している場合にのみ燃焼する。混合気体は、可燃性液体の蒸気の濃度が濃すぎても、薄す

ぎても(B)燃焼しない。混合気体が燃焼するときの濃度範囲を(C)燃焼範囲という。(C)燃焼範囲の下限値の濃度の蒸気を発生するときの液体の温度を(D)引火点といい、この温度になると、炎、火花を近づければ燃焼する。」

(A)に酸素、(C)に爆発範囲を当てはめることはできるが、正しい組合せがない。

問23 答：5　有機化合物の性質

5：✕　「水によく溶け」が誤り。有機化合物の一般的な性質ではない。たとえば、有機化合物である第4類の危険物は、ジエチルエーテルやアセトンなどの有機溶媒に溶けるが、水に溶けないものが多い。

問24 答：1　電気火災と消火剤

1：○　二酸化炭素、消火粉末のどちらも電気設備の火災（電気火災）に適応する。
2：✕　化学泡は電気火災に適応しない。強化液は霧状放射ならば電気火災に適応するが、棒状放射では電気火災に適応しない。
3：✕　二酸化炭素は電気火災に適応するが、水溶性液体用泡は電気火災に適応しない。
4：✕　機械泡は電気火災に適応しない。水は霧状放射ならば電気火災に適応するが、棒状放射では電気火災に適応しない。
5：✕　化学泡は電気火災に適応しない。消火粉末は電気火災に適応する。

問25 答：2　カリウム、ナトリウム

2：✕　「小さい」が誤り。カリウムとナトリウムは、イオン化傾向の大きい金属で第3類の危険物。

▶▶ 危険物の性質ならびにその火災予防および消火の方法

解答	問26	問27	問28	問29	問30	問31	問32	問33	問34	問35
	2	3	3	3	3	2	2	4	3	5

問26 答：2　類ごとの性状

1：✕　「強還元性の液体」が誤り。第1類の危険物は、酸化性の固体である。
2：○　第2類の危険物は、可燃性の固体である。
3：✕　「水と反応しない不燃性」が誤り。第3類の危険物は、自然発火性および禁水性を有する液体または固体で、禁水性物質は、水と激しく反応して可燃性のガスを発生する。また、第3類の危険物は一般に可燃性だが、炭化カルシウムのような不燃性の固体もある。
4：✕　「強酸化性」が誤り。第5類の危険物は、自己反応性を有する液体または固体。酸素を含有しているが、強酸化性はない。
5：✕　「可燃性の固体」が誤り。第6類の危険物は、不燃性の液体である。

問27 答：3　第4類の一般的な性状

3：✕　「自然発火性を有するものが多い」が誤り。動植物油類の乾性油などは自然発火する危険性があるが、第4類の危険物の多くは、自然発火の危険性は低い。

問28 答：3　水溶性液体用泡消火剤

3：○　アルコール類やケトン類などの水溶性の可燃性液体の火災に水溶性液体用泡消火剤が適切な理由は、一般の泡消火剤に

比べ、水溶性液体用泡消火剤の泡が溶解したり、破壊したりすることがないからである。

問29　答：3　第4類の貯蔵・取扱い

3：○　「第4類の危険物の貯蔵及び取扱いにあたっては、炎、火花及び(A)高温体との接触を避けるとともに、発生した蒸気を屋外の(B)高所に排出するか、又は(C)通風を良くして蒸気の拡散を図る。また、容器に収納する場合は、(D)若干の空間を残して危険物を詰め、蒸気が漏えいしないように密栓をする。」

問30　答：3　事故事例：流出事故

3：✕　ガソリンの流出事故が起きた場合、流出量にもよるが、乾燥砂やボロ布などを使ってガソリンを回収するのが一般的。大量の水で油分離装置に流し込むと、油分離装置の容量を超えて下水を通して河川に流れ出る。河川に流れ出たガソリンは河川を汚損し、二次災害を誘発する危険性がある。界面活性剤⑪で乳化させても下水に流すのは不適切である。

問31　答：2　ガソリンの性状

1：✕　「重い」が誤り。ガソリンの比重は0.65～0.75で、水より軽い。

2：○　ガソリンの引火点は-40℃以下。冬期の屋外でも引火の危険性がある。

3：✕　「広い」が誤り。ガソリンの燃焼範囲は1.4～7.6vol%で、ジエチルエーテルの燃焼範囲は1.9～36(48)vol%。よって、ガソリンの燃焼範囲はジエチルエーテルより狭い。

4：✕　「大きい」が誤り。ガソリンの比重は0.65～0.75、灯油の比重は0.8程度、軽油の比重は0.85程度。よって、ガソリンの比重は灯油や軽油よりも小さい。

5：✕　「軽い」が誤り。ガソリンを含め、第4類の危険物はすべて、蒸気が空気より重い。

問32　答：2　グリセリン

2：✕　「小さい」が誤り。第3石油類のグリセリンの比重は1.26で、水より大きい。

問33　答：4　灯油と軽油

4：✕　「100℃以下」が誤り。第4類の中で発火点が100℃以下の危険物は、二硫化炭素だけ。灯油と軽油の発火点は220℃で、100℃より高い。

問34　答：3　エタノール

3：✕　「ほとんど同じである」が誤り。アルコール類のエタノールの引火点は13℃、灯油の引火点は40℃以上で、ほとんど同じとはいえない。エタノールは常温(20℃)で引火し、灯油(第2石油類)は常温(20℃)で引火しないことからも誤りとわかる。

問35　答：5　ガソリンの消火方法

5：✕　「効果的でない」が誤り。ガソリンの火災に窒息効果と抑制効果(負触媒効果)のあるハロゲン化物消火剤は効果的である。

模擬試験 ❹ 解答＆解説

▶▶ 危険物に関する法令

解答	問1	問2	問3	問4	問5	問6	問7	問8	問9	問10	問11	問12	問13	問14	問15
	4	5	4	3	3	5	1	2	5	4	2	4	1	3	4

問1　答：4　第4類の危険物の品名
4：✕　「第3石油類」が誤り。シリンダー油は、第4石油類に該当する。

問2　答：5　製造所等の区分
5：✕　「一般取扱所」が誤り。配管およびポンプならびにこれらに附属する設備によって危険物の移送の取扱いを行う取扱所は、一般取扱所ではなく移送取扱所である。

問3　答：4　(3.1倍) 指定数量の倍数の合計
1：✕　100L／200L＋1,000L／1,800L／2,000L＝0.5＋1.0＋0.9＝2.4倍
2：✕　200L／200L＋900L／1,000L＋1,600L／2,000L＝1.0＋0.9＋0.8＝2.7倍
3：✕　300L／200L＋700L／1,000L＋1,400L／2,000L＝1.5＋0.7＋0.7＝2.9倍
4：○　400L／200L＋500L／1,000L＋1,200L／2,000L＝2.0＋0.5＋0.6＝**3.1倍**
5：✕　500L／200L＋200L／1,000L＋600L／2,000L＝2.5＋0.2＋0.3＝3.0倍

問4　答：3　保安対象物と保安距離
1、4：✕　小学校や病院のような多数の人を収容する建築物との間に保たなければならない保安距離は、30m以上。
2：✕　使用電圧が35,000Vを超える特別高圧架空電線との間に保たなければならない保安距離は、水平距離5m以上。
3：○　重要文化財との間に保たなければならない保安距離は、50m以上。
5：✕　高圧ガス施設との間に保たなければならない保安距離は、20m以上。

問5　答：3　定期点検
1、2：✕　指定数量の倍数などにかかわらず、すべての移動タンク貯蔵所は定期点検を実施しなければならない。
3：○　丙種危険物取扱者は、定期点検を行うことができる。
4：✕　「立会いなしに」が誤り。所有者等であっても危険物取扱者免状の交付を受けていない者は、危険物取扱者の立会いがなければ定期点検を行うことはできない。
5：✕　「3年に1回」が誤り。定期点検は、原則として1年に1回以上行わなければならない。

問6　答：5　許可の取消し
5：✕　危険物保安監督者を定めなければならない製造所等において、それを定めていなかったときは、製造所等の使用停止命令の事由には該当するが、許可の取消しには該当しない。

問7　答：1　(AとB) 消火設備の区分
A：○　粉末消火設備は**第3種**の消火設備。

―246―

B：○ 水噴霧消火設備は**第3種**の消火設備。

C：✗ スプリンクラー設備は第**2**種の消火設備。

D：✗ 消火粉末を放射する<u>消火器</u>は第**4**種または第**5**種の消火設備。

問8　答：2　保安講習の受講期限

ヒント1 保安講習の受講期限は、新たに危険物取扱作業に従事することになった危険物取扱者の場合、原則として従事することになった日から1年以内。ただし、従事することになった日から過去2年以内に免状の交付、または保安講習を受講している危険物取扱者は、免状交付日以後または保安講習受講日以後の最初の4月1日から3年以内。

継続して危険物取扱作業に従事している危険物取扱者の場合、受講期限は、前回の保安講習受講日以後の最初の4月1日から3年以内。

受講期限を過ぎていない者を○で、過ぎている者を✗で示す。

1：○ 2年前に免状の交付を受けた者の場合、**免状交付日以後の最初の4月1日から3年以内**に受講すればよいので、受講期限は過ぎていない。

2：✗ 4年前に免状の交付を受け、2年前から製造所等において危険物の取扱作業に従事している者の場合、4年前の<u>免状交付日</u>以後の最初の4月1日から<u>3年</u>以内に受講しなければならなかったが、すでに3年を超えているので受講期限を過ぎている。

3：○ 2年前に免状の交付を受けた者の場合、**免状交付日以後の最初の4月1日から3年以内**に受講すればよいので、受講期限は過ぎていない。

4：○ 4年前に免状の交付を受けたが、製造所等において危険物の取扱作業に従事していない者の場合は、**受講義務はない**。

5：○ 継続して危険物の取扱作業に従事している者の場合、前回の**受講日以後の最初の4月1日から3年以内**に受講すればよい。前回の受講日が2年6か月前ならば、受講期限は過ぎていない。

問9　答：5　仮使用

5：○ 仮使用とは、製造所等の位置、構造または設備を変更する場合に、変更工事の対象部分<u>以外</u>の全部または一部について、市町村長等に<u>承認</u>を受け、変更工事部分の完成検査前に<u>仮に使用</u>すること。

問10　答：4　屋外タンク貯蔵所の基準

4：✗ 発生する<u>蒸気の濃度</u>を自動的に計測する<u>装置</u>を設ける必要はない。屋外タンク貯蔵所を含め、製造所等にこのような設備の基準は定められていない。

問11　答：2　危険物保安監督者の対象施設

危険物保安監督者を設けなければならない製造所等を○で、除かれる製造所等を✗で示す。

1：○ 条件にかかわらず、**製造所**には、危険物保安監督者を設けなければならない。

2：✗ 引火点が<u>40℃</u>以上の第**4**類の危険物を取り扱う<u>販売取扱所</u>には、危険物保安監督者を設ける必要はない。

3：○ 条件にかかわらず、**屋外タンク貯蔵所**には、危険物保安監督者を設けなければならない。

4：○ 条件にかかわらず、**移送取扱所**には、危険物保安監督者を設けなければならない。

5：○ 条件にかかわらず、**給油取扱所**には、危険物保安監督者を設けなければならない。

問12 答：4　　　製造所等ごとの貯蔵の基準

4：✗　「閉鎖しておく」が誤り。圧力タンク以外の簡易貯蔵タンクの通気管の先端は、タンク内の圧力変化を防ぐため、常に開放しておかなければならない。

問13 答：1　　　運搬の基準

1：✗　「一切」が誤り。第4類と第1類の危険物のように混載を禁じられている組合せはあるが、組合せによっては混載して運搬できる場合がある。たとえば、第4類と第3類の危険物は混載して運搬できる。

問14 答：3　　　移送の基準

1：✗　「事務所に保管しておかなければならない」が誤り。危険物取扱者免状は、移動タンク貯蔵所に乗車する危険物取扱者が携帯していなければならない。
2：✗　「1か月に1回以上」が誤り。底弁その他の弁、マンホールおよび注入口のふた、消火器等の点検は、移送開始する前に十分に行わなければならない。
3：○　ガソリンは丙種危険物取扱者が取り扱える危険物なので、移動タンク貯蔵所に乗車させてこれを行うことができる。
4：✗　「最寄りの消防署に通報しなければならない」が誤り。移動タンク貯蔵所を休憩等のため一時停止させるときは、安全な場所を選ばなければならないが、最寄りの消防署に通報する必要はない。
5：✗　危険物の移送に関し、届出の必要はない。

問15 答：4　　　掲示板の基準

1：✗　「すべて」が誤り。第1類の危険物のうち、アルカリ金属の過酸化物には「禁水」の掲示板を掲げなければならないが、その他の第1類の危険物には注意事項の掲示板に関する定めはない。
2：✗　「すべて」が誤り。第2類の危険物のうち、引火性固体以外の危険物には「火気注意」の掲示板を掲げ、引火性固体には「火気厳禁」の掲示板を掲げなければならない。
3：✗　「すべて」が誤り。第3類の危険物のうち、自然発火性を有する危険物には「火気厳禁」の掲示板を掲げ、禁水性を有する危険物には「禁水」の掲示板を掲げなければならない。
4：○　第5類の危険物は、すべて「火気厳禁」の掲示板を掲げなければならない。
5：✗　第6類の危険物には、注意事項の掲示板に関する定めはない。

▶▶ 基礎的な物理学および基礎的な化学

解答	問16	問17	問18	問19	問20	問21	問22	問23	問24	問25
	3	2	3	2	4	3	5	3	3	3

問16 答：3　　　燃焼のしかた

3：✗　ガソリンの燃焼は、液面から蒸発した可燃性気体が空気と混合して燃える蒸発燃焼。

問17 答：2　　　物質の性質

1：✗　「分解温度」が誤り。-42℃は融点（固体が液体になる温度）。この実験からは、物質の分解温度はわからない。
2：○　沸点は、液体が沸騰する温度で、

•248•

その間液温は一定となり気化が続くことから、この物質の沸点は115℃である。

3：✗ 引火点は、可燃性液体が燃焼範囲の下限値の濃度の蒸気を発生する液温。常温（20℃）で燃焼していることから、この物質の引火点は**20℃以下**であることはわかるが、特定はできない。

4：✗ 「-50℃」が誤り。選択肢1より、この物質の融点は**-42℃**である。

5：✗ 20℃で燃焼しているときの蒸気濃度は1.8vol％であることから、1.8vol％は**燃焼範囲内**であることはわかるが、この物質の燃焼範囲は特定できない。

問18　答：3　　　物質の性質

1：✗ 「全く同じである」が誤り。2つの物質の分子式が同じ場合、分子量は同じであるが、同一物質とはいえないので、一般に化学的性質は**異なる**。

2：✗ 「全く同じである」が誤り。同素体とは、同一の元素からできている**単体**で、原子の結合のしかたによって化学的性質が**異なる**物質同士のことをいう。

3：○ 比重は、1気圧4℃の水の密度（1g/cm³）との比で表すので、比重が**同じ**であれば、同一体積の物体の質量は**同じ**である。

4：✗ 「質量は同じである」が誤り。2つの物質の体積が**同じ**であっても、**比重**が異なれば、その**質量**も異なる。

5：✗ 「必ず同一物質である」が誤り。沸点が**同じ**であっても**同一物質**とは限らない。たとえば、第2石油類のプロピオン酸とアクリル酸は、沸点が同じ141℃であるが、同一物質ではない。

問19　答：2（AとC）　　　化学平衡

A：○ 左辺のN_2を加えてN_2の濃度を高くすると、左辺のN_2の濃度を減少させる方向（**左辺**から**右辺**）に平衡が移動する。

B：✗ 「右辺から左辺」が誤り。Aと同様に、左辺のH_2を加えてH_2の濃度を高くすると、左辺のH_2の濃度を減少させる方向（**左辺**から**右辺**）に平衡が移動する。

C：○ 圧力を低くすると、気体分子の総数の多い方向に平衡が移動する。反応式の気体の分子の総数は、左辺4、右辺2であるから、圧力を低くすると、分子数を増やして圧力を上昇させる方向（**右辺から左辺**）に平衡が移動する。

D：✗ 触媒を加えても**平衡**は移動しない。

問20　答：4　　　混合物

1：✗ 硝酸は**化合物**、酸素は**単体**。
2：✗ 硝酸と塩化ナトリウムは、どちらも**化合物**。
3：✗ 酸素は**単体**、空気は**混合物**。
4：○ 石油と空気は、どちらも**混合物**。
5：✗ 塩化ナトリウムは**化合物**、水銀は**単体**。

問21　答：2　　　静電気全般

2：✗ 「少ない」が誤り。静電気の帯電量は、物質の絶縁抵抗が**大きい**（電気伝導率が**小さい**）ものほど**多い**。

問22　答：3　　　鉄の防食

1：✗ **水分**を含んだ土壌中の鋼製配管は、**コンクリート**の中で不動態皮膜を形成した鉄筋と接触すると電位差が生じ、鋼製配管が腐食しやすい。

2：✗ 直流電気鉄道の軌条（レール）に近接した土壌に埋設された配管は、**迷走電流**により、腐食しやすい。

3：○ エポキシ樹脂塗料（防錆剤）で完全に被覆され土壌に埋設されていると、**空気や水分**との接触を防ぎ、腐食しにくい。

4：✕　砂層と粘土層のように、<u>土質</u>の異なる土壌にまたがって埋設されていると、湿った粘土層部分の配管が腐食しやすい。
5：✕　<u>水分</u>を含んだ土壌中と不動態皮膜を形成する<u>コンクリート</u>中にまたがって埋設された配管は、腐食しやすい。

問23　答：5　物理学・化学の混合問題

1：✕　「同じ温度」が誤り。引火点と発火点は、液体、固体のいずれであっても<u>異なる</u>温度。
2：✕　「引火点がない」が誤り。可燃性液体の蒸気は、沸点以下でも発生しており、燃焼範囲があれば<u>引火点</u>がある。
3：✕　「混合比に関係なく燃焼する」が誤り。可燃性蒸気と空気との混合気体は<u>一定の</u>濃度の範囲（<u>燃焼範囲</u>）でなければ燃焼しない。
4：✕　「分解燃焼」が誤り。木炭やコークスの燃焼は、表面で直接酸素と反応して燃焼する<u>表面燃焼</u>。
5：◯　酸素には<u>支燃性</u>があり、酸素濃度を<u>高く</u>すると激しく燃焼する。

問24　答：3　水素イオン指数

ヒント2　中性ならば、水素イオン指数は7。

1：✕　pH3.0は、pH7（中性）より小さく、かなり<u>強い酸性</u>を示す。
2：✕　pH5.1は、pH7（中性）より小さく、<u>酸性</u>を示す。
3：◯　pH6.8は、pH7（中性）に近く、<u>酸性</u>を示す。
4：✕　pH7.1は、最もpH7（中性）に近いが、pH7より大きいので<u>塩基性</u>を示す。
5：✕　pH8.1は、pH7（中性）より大きく、<u>塩基性</u>を示す。

問25　答：3　泡消火剤

ヒント3　油火災に用いる泡消火剤の泡には、素早く起泡して燃焼面に粘着し、流動展開する性質が必要である。また、耐火性や耐熱性があり、消火したあとも再燃しないようできるだけ長く覆う持続安定性が必要とされる。

3：✕　油火災に用いる泡消火剤の泡の寿命が短ければ<u>持続性</u>を確保できない。よって、泡消火剤の性質として誤り。

▶▶ 危険物の性質ならびにその火災予防および消火の方法

解答	問26	問27	問28	問29	問30	問31	問32	問33	問34	問35
	3	4	3	5	1	2	2	4	4	4

問26　答：3　類ごとの性状

1：✕　「爆発的に燃焼する」が誤り。第1類の危険物は、酸素を含有している固体だが、それ自体は燃焼しない（<u>不燃性</u>）。
2：✕　「液体で、水より軽い」が誤り。第2類の危険物は、酸化されやすい<u>固体</u>で、多くは水より<u>重い</u>。
3：◯　第3類の危険物は、自然発火性または禁水性を有するが、多くは両方の性質を有する。
4：✕　第5類の危険物は、自己反応性を有する可燃性の<u>液体</u>または<u>固体</u>で、きわめて燃焼が速いため消火は困難である。
5：✕　「可燃性の固体」が誤り。第6類の危険物は、<u>不燃性</u>の<u>液体</u>で、強酸化剤である。

250

問27　答：4　　水より重い危険物

ヒント4 二硫化炭素は水より重く、ガソリンは水より軽い、重油は水と同じか軽い。

1：✗　ガソリン（0.65〜0.75）、酢酸（1.05）、重油（0.9〜1.0）
2：✗　アセトン（0.8）、重油（0.9〜1.0）、二硫化炭素（1.26）
3：✗　酢酸（1.05）、メチルエチルケトン（0.8）、灯油（0.8程度）
4：○　ニトロベンゼン（1.2）、酢酸（1.05）、二硫化炭素（1.26）
5：✗　ガソリン（0.65〜0.75）、重油（0.9〜1.0）、二硫化炭素（1.26）

問28　答：3（B、C、D）　　水溶性液体用泡消火剤

A：✗　二硫化炭素は非水溶性液体なので、一般の泡消火剤を使用できる。
B：○　アセトアルデヒドは水溶性液体なので、水溶性液体用泡消火剤を使用する。
C：○　アセトンは水溶性液体なので、水溶性液体用泡消火剤を使用する。
D：○　メタノールは水溶性液体なので、水溶性液体用泡消火剤を使用する。
E：✗　クレオソート油は非水溶性液体なので、一般の泡消火剤を使用できる。

問29　答：5　　ガソリンの性状

5：✗　「褐色又は暗褐色」が誤り。自動車ガソリンは、オレンジ色に着色されている。

問30　答：1　　第1石油類の火災予防方法

1：✗　「高圧で短時間に行う」が誤り。タンク内の洗浄を行うときは、静電気の発生を防止するために低圧でゆっくり行う。

問31　答：2　　事故事例：静電気災害の防止対策

2：✗　「金属等に触れないようにする」が不適切。給油口キャップを開放する前に金属等に触れて、人体に帯電した静電気を除去しておく。

問32　答：2　　重油

2：✗　「重い」が誤り。第3石油類の重油の比重は 0.9〜1.0 で、水と同じか水より軽い。

問33　答：4　　ベンゼン、トルエン、キシレン

ヒント5 ベンゼン(B)とトルエン(T)は第1石油類、キシレン(X)は第2石油類。

4：✗　「X → T → B」が誤り。ベンゼン(B)の引火点は -11℃、トルエン(T)の引火点は 4℃、キシレン(X)の引火点は 27〜32℃で、引火点は B → T → X の順に高くなる。第4類の品名は引火点の低い順に並んでいる。これに当てはめても、キシレン(X)の引火点が最も高いことがわかる。

問34　答：4　　メタノール

4：✗　アルコール類のメタノールには毒性があるが、エタノールには毒性はない。

問35　答：4　　n-ブチルアルコール

4：✗　「無臭」「固体」が誤り。第2石油類の n-ブチルアルコールには特異臭があり、融点は -90℃なので、-10℃では液体。

模擬試験 ❺ 解答＆解説

危険物に関する法令

解答	問1	問2	問3	問4	問5	問6	問7	問8	問9	問10	問11	問12	問13	問14	問15
	5	1	2	4	1	4	3	3	3	1	2	4	4	4	5

問1　答：5　　消防法上の危険物

5：✗　「気体」が誤り。危険物は、1気圧において、常温（20℃）で液体または固体である。消防法で定める危険物に気体のものはない。

問2　答：1（AとB）　　予防規程の対象施設

A：○　指定数量の倍数が10以上の製造所は、予防規程を定めなければならない。
B：○　指定数量の倍数が200以上の屋外タンク貯蔵所は、予防規程を定めなければならない。
C〜E：✗　移動タンク貯蔵所、屋内タンク貯蔵所、地下タンク貯蔵所は、条件にかかわらず、予防規程を定める必要はない。

問3　答：2　　指定数量の倍数の合計

メタノールの指定数量の倍数：200L／400L＝0.5倍

　貯蔵量が指定数量以上（1以上）になるには、指定数量の倍数が0.5以上の危険物が必要である。
1：✗　ガソリン：90L／200L＝0.45倍
2：○　ジエチルエーテル：40L／50L＝0.8倍
3：✗　アセトン：100L／400L＝0.25倍
4：✗　灯油：400L／1,000L＝0.4倍
5：✗　重油：900L／2,000L＝0.45倍

問4　答：4　　タンクの容量制限

4：✗　「地下専用タンク」が誤り。10,000L以下の制限が設けられているのは、給油取扱所の廃油タンクの容量。給油取扱所の地下専用タンクに容量制限は設けられていない。

問5　答：1　　消火設備の基準

1：✗　「第2種」が誤り。泡消火設備は、第3種の消火設備である。

問6　答：4　　変更工事の手続き

4：○　製造所等の変更工事を行う場合は、変更工事をする前に市町村長等に変更許可の申請を行い、許可を受けた後に変更工事を開始する。許可申請までの期限は定められていない。また、手続きは、承認申請でも届出でもない。

問7　答：3　　製造所の基準

3：✗　危険物を取り扱う建築物の窓または出入口にガラスを用いる場合は、網入ガラスとしなければならないが、ガラスの厚さに関する基準はない。

問8　答：3　　保安距離の対象施設

製造所○　屋外貯蔵所○　屋外タンク貯蔵所○　移動タンク貯蔵所✗　給油取扱所✗
よって、保安距離の必要なものは3つ。

・252・

問9　答：3　　　　　定期点検

1：✗　「適切な時期」が誤り。製造所等の定期点検は、原則として<u>1年</u>に<u>1回以上</u>行わなければならない。
2：✗　「市町村長等が定期的に行うもの」が誤り。定期点検は、製造所等の<u>所有者等</u>が定期的に行うものである。
3：〇　定期点検は、製造所等の位置、構造および設備が<u>技術上の基準に適合</u>しているかどうかについて行う。
4：✗　定期点検の結果を市町村長等に<u>報告</u>する必要はない。
5：✗　<u>地下タンク</u>を有する製造所は、定期点検を実施しなければならない。

問10　答：1　　　　危険物取扱者免状

1：✗　「居住地又は勤務地を管轄する市町村長」が誤り。免状の書換え申請は、市町村長ではなく、<u>都道府県知事</u>に対して行わなければならない。また、書換え申請は、居住地もしくは勤務地を管轄する<u>都道府県知事</u>だけでなく、免状を<u>交付</u>した<u>都道府県知事</u>に対しても行うことができる。

問11　答：2　　　　危険物保安監督者

1：✗　危険物保安監督者と危険物保安統括管理者とでは、選任を義務づけられた製造所等が異なる。危険物保安監督者を定める製造所等が、必ずしも危険物保安統括管理者を<u>定め</u>なければならないわけではない。
2：〇　<u>屋外タンク貯蔵所</u>には、条件にかかわらず、危険物保安監督者を<u>定め</u>なければならない。
3：✗　「都道府県知事の認可が必要である」が誤り。危険物保安監督者を定めたときの手続き先は<u>市町村長等</u>。手続きは<u>届出</u>で、認可の必要はない。
4：✗　「丙種危険物取扱者」が誤り。<u>丙種危険物取扱者</u>は、危険物保安監督者になる

ことはできない。
5：✗　「危険物施設保安員の指示に従って」が誤り。正しくは逆で、危険物施設保安員は、危険物保安監督者の<u>指示に従って</u>保安の業務を行わなければならない。

問12　答：4　　　　　許可の取消し

4：✗　危険物保安監督者に危険物取扱作業に関する<u>保安の監督</u>をさせていないときは、製造所等の<u>使用停止命令</u>の事由には該当するが、許可の取消しの事由には該当しない。

問13　答：4　　共通する貯蔵・取扱いの基準

4：✗　「使用する場合は、注意して行わなければならない」が誤り。可燃性の蒸気が滞留するおそれのある場所においては、<u>火花を発する</u>機械器具、工具等を<u>使用</u>してはならない。

問14　答：4　　　　運搬基準の適用

1：✗　「運搬容器についてのみ」が誤り。<u>指定数量未満</u>の危険物の運搬であっても、運搬容器、積載方法、運搬方法について適用される。
2：✗　「運搬容器」が誤り。危険物を一の製造所等から当該製造所等の存する敷地と同一の敷地内に存する他の製造所等へ運搬するため積載するときは、積載方法、運搬方法については適用されるが、<u>運搬容器</u>については適用されない。
3：✗　「運搬方法のみ」が誤り。指定数量の1/5未満のような<u>指定数量未満</u>の危険物の運搬であっても、運搬容器、積載方法、運搬方法について適用される。
4：〇　<u>塊状の硫黄等</u>を運搬するため積載するときは、<u>運搬容器</u>については適用されない。
5：✗　「指定数量以上の危険物を運搬する

場合のみ」が誤り。指定数量以上であっても指定数量未満であっても、<u>数量に関係なく</u>、運搬容器、積載方法、運搬方法について適用される。

種、丙種による違いはない。新たに危険物取扱作業に従事することとなった危険物取扱者は、原則として<u>1年</u>以内に受講しなければならない。継続して危険物取扱作業に従事している危険物取扱者は、前回の講習を受講した日以後の最初の<u>4月1日</u>から<u>3年</u>以内に受講しなければならない。

問15 答：5　　　保安講習
5：✕　保安講習の受講期限に、甲種、乙

▶▶ 基礎的な物理学および基礎的な化学

解答	問16	問17	問18	問19	問20	問21	問22	問23	問24	問25
	3	4	3	2	5	3	3	4	4	3

問16 答：3　　　燃焼のしかた
3：○　「可燃性ガスと空気あるいは酸素が、あらかじめ混ざり合い点火源を近づけることによって燃焼することをいう」とは、<u>予混合燃焼</u>の定義である。

問17 答：4　　　燃焼と熱伝導率
4：○　「一般に可燃性固体において、熱伝導率が燃焼に大きく影響するのは、熱の逸散速度が燃焼の持続に重要な要因となるからである。熱伝導率の(A)<u>小さい</u>物質は燃焼しやすく、逆に(B)<u>大きい</u>物質は可燃性であっても燃焼しにくい。しかし、熱伝導率が(C)<u>大きく</u>、燃焼しにくい物質でも粉末にするとよく燃焼するようになるのは、見かけ上の熱伝導率が(D)<u>小さく</u>なるからである。」

問18 答：3　　　燃焼範囲
3：✕　「下限値が高く、上限値が低い物質ほど」が誤り。燃焼範囲の下限値が<u>低く</u>、上限値が<u>高い</u>物質ほど、燃焼範囲が<u>広く</u>なり引火の危険性は高くなる。

問19 答：2　　　燃焼のしやすさ
2：✕　「影響を与えない」が誤り。ハロゲン元素には、燃焼の連鎖的な酸化反応の進行を抑制する<u>抑制効果</u>（<u>負触媒効果</u>）があるので、炭化水素の燃焼に影響を与える。

問20 答：5　　　注水の危険性
5：○　動植物油は、燃焼しているときの液温が水の<u>沸点</u>（100℃）より<u>高い</u>ため、注水すると水が激しく<u>沸騰</u>して油を飛散させ危険である。

問21 答：3　　　静電気全般
3：✕　「電気分解を起こし、引火しやすくなる」が誤り。引火性液体に静電気が蓄積しても<u>電気分解</u>を起こすことはないので、<u>引火</u>しやすくもならない。

問22 答：3　　　金属のイオン化傾向
3：✕　「酸化されやすい」が誤り。イオン化傾向の<u>小さい</u>金属は、大きい金属より<u>酸化</u>されにくい。鉄の防食に鉄よりイオン化傾向の大きい金属を用いるのは、鉄がマグネシウム、アルミニウム、亜鉛などより酸化しにくいからである。

問23　答：4　　　自然発火

4：○　第4類の危険物のうち、自然発火が起こりやすい危険物は動植物油類で、その中でもヨウ素価が大きい乾性油が自然発火する危険性が最も高い。

問24　答：4（260kJ）　熱量と温度変化

まず、水100gを20℃から100℃に加熱するときに必要な熱量を、次の式に当てはめて求める。

熱量＝比熱×質量×温度変化

熱量＝ 4.2（J/(g・K)）× 100（g）×（100 － 20）(K) ＝ 33,600J……(a)

次に、水100gを蒸発させるのに必要な熱量を、次の式に当てはめて求める。

熱量＝蒸発熱×質量

熱量＝ 2,257（J/g）× 100（g）＝ 225,700J ……(b)

20℃の水100gを100℃まで加熱して蒸発させるのに必要なおおよその熱量は、(a)＋(b)で算出できる。

33,600(J) ＋ 225,700(J) ＝ 259,300J ≒ **260kJ**

問25　答：3　　　状態変化

1：×　「高い」が誤り。一般に融点は沸点より低い。
2：×　「凝固」が誤り。固体が液体になることは融解という。
3：○　気体が液体になることを凝縮または液化という。
4：×　固体は直接気体になることがある。また、気体が直接固体になることもある。どちらも昇華という。
5：×　「固体」が誤り。融点は固体が液体になるときの温度。融点の12℃より高い常温（20℃）では、物質は液体または気体の状態。

▶▶ 危険物の性質ならびにその火災予防および消火の方法

解答	問26	問27	問28	問29	問30	問31	問32	問33	問34	問35
	4	3	2	3	4	3	3	3	5	4

問26　答：4　　　類ごとの性状

1：×　第1類の危険物は、固体。
2：×　第2類の危険物は、固体。
3：×　第3類の危険物は、液体または固体。
4：○　第5類の危険物は、液体または固体。
5：×　第6類の危険物は、液体。

問27　答：3（AとD）　　　第4類の貯蔵・取扱い

A：○　引火点の低いものは、引火の危険性が高いので、十分な換気を行って蒸気の濃度が燃焼範囲にならないようにする。
B：×　第4類の危険物は、可燃性の蒸気が漏れないよう密栓して貯蔵する。
C：×　「地表に近い部分」が誤り。第4類の危険物の蒸気は空気より重いため、低所に滞留しやすい。低所に滞留した可燃性蒸気は、屋外の高所に排出する。
D：○　法令上、可燃性蒸気が滞留するおそれのある場所に設置する電気設備は、防爆構造にしなければならない。

問28　答：2　　　エタノールの消火方法

2：×　エタノールを含め、第4類の危険物に水の放射は、棒状であっても霧状であっても不適切である。

問29　答：3　第4類の一般的な性状

1：✕　「固体」が誤り。第4類の危険物はすべて、引火性の液体。
2：✕　「沸点が高いものほど」が誤り。沸点が低いものほど可燃性蒸気を発生しやすく、引火の危険性が高くなる。
3：○　加熱により引火点に達すると、火源があれば燃焼する。
4：✕　特殊引火物のジエチルエーテルは酸素を含有しているが、第4類の危険物の一般的な性状ではない。また、第4類の危険物には、化合物だけでなく、ガソリンや灯油、軽油のような混合物もある。
5：✕　非水溶性の危険物を温めても水溶性にはならない。

問30　答：4　安全対策：保守点検

4：✕　地下貯蔵タンクの点検にタンク室に関する項目は、設けられていない。

問31　答：3　ガソリンの性状

3：✕　「広い」が誤り。ガソリンの燃焼範囲は 1.4～7.6vol%で、ジエチルエーテルの燃焼範囲は 1.9～36(48)vol%。よって、ガソリンの燃焼範囲はジエチルエーテルより狭い。

問32　答：4　アクリル酸

1：✕　「黄色」が誤り。第2石油類のアクリル酸は、刺激臭のある無色透明の液体。
2：○　アクリル酸には、強い腐食性があり、多くの金属をおかす。
3：✕　「軽い」が誤り。アクリル酸の比重は 1.05 で、水より重い。
4：○　アクリル酸は、反応性が高く重合しやすい。重合熱で火災や爆発の危険性がある。
5：✕　アクリル酸は、水に溶ける水溶性危険物で、エーテルにも溶ける。

問33　答：3　酢酸

1：✕　「無臭」が誤り。第2石油類の酢酸は、無色の液体で刺激臭がある。
2：✕　「軽い」が誤り。酢酸を含め、第4類の危険物はすべて、蒸気は空気より重い。
3：○　酢酸の水溶液は腐食性を有する。
4：✕　「水に溶けない」が誤り。酢酸は、水に溶ける水溶性の危険物で、アルコール、エーテルにも溶ける。
5：✕　「容易に引火する」が誤り。酢酸の引火点は 39℃で、常温（20℃）では引火しない。第2石油類の定義「引火点が21℃以上70℃未満」に当てはめても、常温（20℃）では引火しないことがわかる。

問34　答：5　アセトアルデヒド

1：✕　「黄色」が誤り。特殊引火物のアセトアルデヒドは、刺激臭のある無色の液体。
2：✕　「引火の危険性はない」が誤り。アセトアルデヒドの引火点は -39℃で、常温（20℃）で引火の危険性がある。特殊引火物の定義「引火点が -20℃以下」に当てはめても、常温（20℃）で引火することがわかる。
3：✕　「エタノールになる」が誤り。アセトアルデヒドを酸化すると酢酸になる。エタノールになるのは、還元した場合。
4：✕　「水には溶けない」が誤り。アセトアルデヒドは、水に溶ける水溶性の危険物で、有機溶媒にも溶ける。
5：○　アセトアルデヒドは、空気と長時間接触し加圧すると、爆発性の過酸化物を生成する危険性がある。

問35　答：4　ベンゼンとトルエン

4：✕　「溶ける」が誤り。第1石油類のベンゼンとトルエンは、いずれも水に溶けない非水溶性の危険物。

模擬試験 ❻ 解答＆解説

▶▶ 危険物に関する法令

解答	問1	問2	問3	問4	問5	問6	問7	問8	問9	問10	問11	問12	問13	問14	問15
	2	1	4	4	1	3	4	2	2	2	4	3	2	2	1

問1　答：2　　第4類の危険物の品名
2：✕　「第1石油類」が誤り。ジエチルエーテルは、特殊引火物に該当する。

問2　答：1　　　　　　予防規程
1：✕　「すべて」が誤り。予防規程の作成は、屋内タンク貯蔵所、地下タンク貯蔵所、簡易タンク貯蔵所、移動タンク貯蔵所、販売取扱所には義務づけられていない。

問3　答：4　（10倍）　指定数量の倍数の合計

ヒント6
・三硫化りんは第2類の危険物で、指定数量は100kg。
・過酸化水素は第6類の危険物で、指定数量は300kg。
・第4類は、引火性固体以外の第2類や第6類との同時貯蔵はできないが、ここでは3室に別々に貯蔵されているので、同時貯蔵には該当しない。

三硫化りんの指定数量の倍数：100kg／100kg＝1倍
軽油の指定数量の倍数：4,000L／1,000L＝4倍
過酸化水素の指定数量の倍数：1,500kg／300kg＝5倍
貯蔵量の指定数量の倍数＝1＋4＋5＝10倍

問4　答：4　　保安対象物と保安距離
1〜3：✕　小学校、幼稚園、病院のような多数の人を収容する建築物との間に保たなければならない保安距離は、30m以上。
4：◯　神社仏閣などの重要文化財との間に保たなければならない保安距離は、50m以上。
5：✕　使用電圧が5,000V以下の特別高圧架空電線との間には保安距離に関する規定は設けられていない。

問5　答：1　　　　消火設備の基準
1：✕　「第6種」が誤り。消火設備は、第1種の消火設備から第5種の消火設備に区分されている。

問6　答：3　　　危険物保安監督者
3：✕　製造所等において、危険物取扱者以外の者が危険物を取り扱うときは、甲種危険物取扱者またはその危険物を取り扱える乙種危険物取扱者が立ち会えばよい。立会いは、危険物保安監督者に限定されていない。

問7　答：4　　　　　　　　仮使用
4：◯　製造所等の一部を変更する場合に、変更工事部分の完成検査前に変更工事の対象部分以外の全部または一部を仮に使用するために、市町村長等に承認申請を行う。

257

問8　答：2
許可の取消し・使用停止命令

1：✗　製造所等を譲り受け、その**届出**を怠っているときは、届出の義務違反にはなるが、製造所等の許可の取消しまたは使用停止を命ずる事由にはならない。

2：◯　製造所等の位置、構造または設備を**無許可で変更した**ときは、許可の取消しまたは使用停止を命ずる事由になる。

3：✗　危険物施設保安員の選任に関しては**届出**の義務がない。よって、許可の取消しまたは使用停止を命ずる事由にはならない。

4：✗　危険物取扱者が免状の**書換え**をしていないときは、製造所等の許可の取消しまたは使用停止を命ずる事由にはならない。

5：✗　危険物取扱者が危険物の取扱作業の保安に関する講習を**受講していない**ときは、**都道府県知事**から免状の**返納**を命ぜられることはあるが、市町村長等が製造所等の許可の取消しまたは使用停止を命ずる事由にはならない。

問9　答：2（AとC）　定期点検

A：◯　**危険物取扱者**または**危険物施設保安員**であって、漏れの点検方法に関する知識および技能を有する者は、点検を行うことができる。

B：✗　「10,000L以上」が誤り。地下貯蔵タンクの漏れの点検に関しては、タンクの容量に**規定**は設けられていない。

C：◯　点検記録には、**製造所等の名称**、**点検年月日**、**点検方法**、結果および**点検の実施者**、または点検に立ち会った危険物取扱者名を記載しなければならない。

D：✗　点検結果を市町村長等に**報告**する必要はない。

問10　答：2　警報設備

2：◯　**拡声装置**は警報設備^用に該当する。警報設備には、ほかに**自動火災報知設備**、**消防機関に報知できる電話**、**非常ベル装置**、**警鐘**がある。

問11　答：4
危険物取扱者免状の再交付

4：◯　「免状の再交付は、当該免状の(A)**交付又は書換え**をした都道府県知事に申請することができる。免状を亡失し再交付を受けた者は、亡失した免状を発見した場合は、これを(B)**10日**以内に免状の(C)**再交付**を受けた都道府県知事に提出しなければならない。」

問12　答：3　運搬の基準

1：✗　「側方」が誤り。運搬容器は、収納口を**上方**に向けて積載しなければならない。

2：✗　「3.8m」が誤り。運搬容器を積み重ねる場合においては、容器を積み重ねる高さを**3m**以下となるように積載しなければならない。

3：◯　指定数量以上の危険物を車両で運搬する場合、運搬する危険物に適応する**消火器**を備えなければならない。

4：✗　「指定数量以上」が誤り。**指定数量以上**であっても**指定数量未満**であっても、危険物を車両で運搬する場合は、運搬容器の外部には、原則として危険物の品名、数量等を表示して積載しなければならない。

5：✗　「指定数量にかかわらず」が誤り。**指定数量以上**の危険物を運搬する場合は、必ず当該車両の前後に「**危**」の標識を掲げなければならない。

問13　答：2　　　保安講習の受講期限

受講期限を過ぎていない者を○で、過ぎている者を×で示す。

1：○　乙種危険物取扱者**免状**（第1類）**取得後**の最初の**4月1日から3年以内**に受講すればよいので、受講期限は過ぎていない。

2：×　甲種危険物取扱者**免状取得後**の最初の**4月1日から3年以内**に受講しなければならないが、すでに**4年**が経過しているため受講期限を過ぎている。

3：○　甲種危険物取扱者**免状取得後**の最初の**4月1日から3年以内**に受講すればよいので、受講期限は過ぎていない。保安監督者に任命された時期は、講習の受講期限とは関係がない。

4：○　危険物の取扱作業に従事していなかった危険物取扱者が6か月前から取扱作業に従事している場合は、**従事した日から1年以内**に受講すればよいので、受講期限は過ぎていない。

5：○　丙種危険物取扱者免状を2年前に取得していることになる。この場合、**免状取得後**の最初の**4月1日から3年以内**に受講すればよいので、受講期限は過ぎていない。

問14　答：2　（B、D）　　移送の基準

A：○　**完成検査済証**は、移動タンク貯蔵所に備え付けておかなければならない。

B：×　移動タンク貯蔵所は**予防規程**を定める必要はない。よって、備え付けておかなければならない書類には該当しない。

C：○　**譲渡または引渡の届出書**は、移動タンク貯蔵所に備え付けておかなければならない。

D：×　**危険物施設保安員**の選任・解任については、届出の義務はない。よって、移動タンク貯蔵所に備え付けておかなければならない書類には該当しない。

E：○　危険物の**品名**、**数量**または**指定数量の倍数の変更届出書**は、移動タンク貯蔵所に備え付けておかなければならない。

問15　答：1　　共通する貯蔵・取扱いの基準

1：○　危険物の**くず**、**かす**等は、1日に1回以上当該危険物の性質に応じて安全な場所で廃棄その他適当な処置をしなければならない。

2：×　「適宜換気しながら行わなければならない」が誤り。危険物が残存し、または残存しているおそれがある設備、機械器具、容器等を**修理**する場合は、安全な場所において、危険物を**完全に除去**した後に行わなければならない。

3：×　「その一部を保護液から露出させなければならない」が誤り。危険物を保護液中に保存する場合は、危険物を保護液から**露出**させてはならない。

4：×　「十分希釈して濃度を下げてから下水等に排出しなければならない」が誤り。貯留設備または油分離装置にたまった危険物は、あふれないように**随時**くみ上げなければならない。

5：×　「一切の火気」が誤り。製造所等においては、一切の火気ではなく、**みだりに**火気を使用してはならない。

基礎的な物理学および基礎的な化学

解答	問16	問17	問18	問19	問20	問21	問22	問23	問24	問25
	5	4	2	3	1	1	4	4	5	3

問16 答：5 二酸化炭素と燃焼

5：○　二酸化炭素は、炭素が完全に酸化された安定な物質のため普通の条件下では**酸化反応**が起こらない。つまり、**酸素**と結合しない不燃性ガスであることが燃焼しない理由である。

問17 答：4 燃焼のしかた

4：✕　木炭は**表面燃焼**、可燃性ガスは気体の燃焼なので**予混合燃焼**あるいは**拡散燃焼**。

問18 答：2 燃焼全般

2：✕　「空気がなければ燃焼しない」が誤り。酸素供給源は空気だけとは限らない。第1類や第6類の危険物は酸素を含有しており、加熱、衝撃などによって分解して酸素を発生し、酸素供給源になる。

問19 答：3（A、B、C） 油火災・電気火災と消火剤

A：○　炭酸水素塩類を主成分とする消火粉末は、**油火災**にも**電気火災**にも適応する。
B：○　リン酸塩類を主成分とする消火粉末は、**油火災**にも**電気火災**にも適応する。
C：○　二酸化炭素は、**油火災**にも**電気火災**にも適応する。
D：✕　泡は、**油火災**には適応するが、**電気火災**には適応しない。
E：✕　水は、**油火災**に適応しない。**霧状**放射ならば**電気火災**に適応するが、**棒状**放射では**電気火災**に適応しない。

問20 答：1 自然発火

1：○　「ある物質が空気中で常温（20℃）において自然に発熱し、発火する場合の発熱機構は、分解熱、(A)**酸化熱**、吸着熱などによるものがある。分解熱による例には、(B)**セルロイド**などがあり、(A)**酸化熱**による例の多くは不飽和結合を有するアマニ油、キリ油などの(C)**乾性油**がある。」

問21 答：1 静電気全般

1：✕　「着火源になることはない」が誤り。静電気の放電火花は、可燃性物質の**着火源**（点火源）になり、静電気火災が発生する危険性がある。

問22 答：4 物理変化と化学変化

4：✕　「化学変化」が誤り。蒸留は、混合物の蒸発や凝縮などの状態変化（**物理変化**）を利用した操作。

問23 答：4 水素イオン指数

4：✕　「大きくなる」が誤り。水素イオン濃度が**高く**なるにつれ酸性が強くなり、水素イオン指数は**小さく**なる。

問24 答：5（D、E） 酸化剤と還元剤

D、E：✕　二酸化硫黄（SO_2）は、①式では酸素を失っているので、**還元**されて**酸化剤**として働き、②式では酸素と化合しているので、**酸化**されて**還元剤**として働いている。

問25 答：**3**　(15℃) 体膨張と温度変化

求める温度を t ℃とし、体膨張と温度変化の関係式に当てはめて算出する。

膨張後の体積＝元の体積×(1＋体膨張率×温度変化)

$1,020 (L) = 1,000 (L) × (1 + 1.35 × 10^{-3} (K^{-1}) × (t - 0) (K))$

$1,020 (L) = 1,000 (L) + 1.35t (L)$

$t = \dfrac{1,020 (L) - 1,000 (L)}{1.35 (L)} = 14.81$

よって、1,020Lのときのガソリンの温度は約 **15℃**。

危険物の性質ならびにその火災予防および消火の方法

解答	問26	問27	問28	問29	問30	問31	問32	問33	問34	問35
	5	2	2	1	4	2	4	3	5	4

問26 答：**5**　　危険物の性状

1：✗　「必ず危険物である」が誤り。1気圧において、常温（20℃）で引火するものに、プロパンガスやアセチレンガスなどがあるが、消防法で定める危険物ではない。

2：✗　「すべて」が誤り。危険物であっても、引火性を有する物質でなければ引火点はない。

3：✗　「必ず燃焼する」が誤り。第1類や第6類のように不燃性の危険物がある。

4：✗　「すべて」が誤り。第4類の危険物は、分子内に炭素、酸素または水素のいずれかを含有しているが、第2類の危険物の赤りんや硫黄のように炭素、酸素、水素のいずれも含有していないものがある。

5：○　危険物は、1気圧において、常温（20℃）で液体または固体である。

問27 答：**2**　　第4類の貯蔵・取扱い

1：✗　「ふたをはずし密閉された部屋で保管する」が誤り。空容器には、内部に可燃性蒸気が残っている場合がある。容器は密栓し、通風や換気のよい冷暗所で保管する。

2：○　配管で送油するときは、静電気の発生を抑えるため、配管径を大きくするなどして、なるべく流速を小さく（遅く）する。

3：✗　「多量の水で薄める」が誤り。第4類の危険物は、水より軽く水に溶けないものが多いため、水の表面に広がり、危険性が高くなる。万一流出したときは、危険物の流出が広がらないよう土嚢などで囲む、危険物を回収するなどの方法をとる。

4：✗　「空間を残さないように」が誤り。第4類のような液体の危険物は、周囲の温度が高くなると体積が膨張して漏れる危険性がある。容器内には若干の空間容積を残して詰め密栓する。

5：✗　「床に溝を造って蒸気が拡散しないようにする」が誤り。床に溝を造ると、空気より重い第4類の危険物の蒸気が滞留する危険性がある。容器に詰め替えるときは、蒸気が滞留しないように、屋外の高所に排出する。

問28 答：**2**　　強化液消火剤

2：✗　「適応性がない」が誤り。強化液消火剤は、霧状にして放射すれば、第4類の危険物のような油火災には適応性がある。

問29　答：1　過酸化物を生成する危険物

1：○　空気と長く接触したり、日光にさらされたりすると、激しい爆発性の過酸化物を生じやすいのは、特殊引火物のジエチルエーテル。

問30　答：4　メタノールとエタノール

4：✕　「エタノールの引火点は常温（20℃）より高い」が誤り。アルコール類のメタノールの引火点は 12℃、エタノールの引火点は 13℃ で、いずれも常温（20℃）より低い。

問31　答：2　ニトロベンゼン

2：✕　第3石油類のニトロベンゼンは、エーテルなどの有機溶剤には溶けるが、水に溶けない非水溶性の危険物。

問32　答：4（BとD）　ガソリンの性状

A：○　ガソリンは、多くの炭化水素の混合物である。
B：✕　「比重は 0.98〜0.99」が誤り。ガソリンは、比重 0.65〜0.75 で水に溶けない非水溶性の危険物である。
C：○　ガソリンの引火点は −40℃以下で、燃焼範囲はおおむね 1〜8 vol%である。燃焼範囲の正確な数値は、1.4〜7.6vol%。
D：✕　ガソリンの発火点は約 300℃。また、引火の危険性があるのは、引火点が低い（−40℃以下）からである。

問33　答：3　動植物油類の性状

3：✕　「300℃程度」が誤り。動植物油類の定義「引火点が 250℃未満」より、引火点は 250℃未満である。

問34　答：5　第2石油類の性状

5：✕　「すべて」が誤り。第2石油類の発火点は、灯油や軽油のように第1石油類より低いものも、クロロベンゼンのように第1石油類より高いものもある。また、同様に第3石油類より発火点が低いものも高いものもある。引火点の問題と混同しないように注意。

問35　答：4　ベンゼン

4：✕　第1石油類のベンゼンは、水に溶けないので、水と反応して発熱することはない。

解答用紙 模擬試験❶〜❸

模擬試験❶

問1	問2	問3	問4	問5	問6	問7	問8	問9	問10	問11	問12

問13	問14	問15	問16	問17	問18	問19	問20	問21	問22	問23	問24

問25	問26	問27	問28	問29	問30	問31	問32	問33	問34	問35	

模擬試験❷

問1	問2	問3	問4	問5	問6	問7	問8	問9	問10	問11	問12

問13	問14	問15	問16	問17	問18	問19	問20	問21	問22	問23	問24

問25	問26	問27	問28	問29	問30	問31	問32	問33	問34	問35	

模擬試験❸

問1	問2	問3	問4	問5	問6	問7	問8	問9	問10	問11	問12

問13	問14	問15	問16	問17	問18	問19	問20	問21	問22	問23	問24

問25	問26	問27	問28	問29	問30	問31	問32	問33	問34	問35	

解答用紙 模擬試験❹～❻

模擬試験❹

問1	問2	問3	問4	問5	問6	問7	問8	問9	問10	問11	問12
問13	問14	問15	問16	問17	問18	問19	問20	問21	問22	問23	問24
問25	問26	問27	問28	問29	問30	問31	問32	問33	問34	問35	

模擬試験❺

問1	問2	問3	問4	問5	問6	問7	問8	問9	問10	問11	問12
問13	問14	問15	問16	問17	問18	問19	問20	問21	問22	問23	問24
問25	問26	問27	問28	問29	問30	問31	問32	問33	問34	問35	

模擬試験❻

問1	問2	問3	問4	問5	問6	問7	問8	問9	問10	問11	問12
問13	問14	問15	問16	問17	問18	問19	問20	問21	問22	問23	問24
問25	問26	問27	問28	問29	問30	問31	問32	問33	問34	問35	

用語集

アセトアルデヒド等●法令上の用語。第4類の危険物のうち、特殊引火物のアセトアルデヒドもしくは酸化プロピレン、またはこれらのいずれかを含有するもの。

アボガドロ数● 6.02×10^{23} の数。標準状態（0℃、1気圧）で、22.4L（物質量1molに当たる）の気体が含む分子の数。たとえば、炭素12gに含まれる炭素原子の数。6.02×10^{23} の数の粒子（原子や分子、イオン）の集団を1molという。

アボガドロの法則●気体の法則の1つ。すべての気体は、種類に関係なく、同温同圧のもとで、同じ体積に同じ数の分子を含む。

アルカリ●塩基のこと。

アルキルアルミニウム等●法令上の用語。第3類の危険物のうち、アルキルアルミニウムもしくはアルキルリチウム、またはこれらのいずれかを含有するもの。

アルコール類●第4類の危険物の品名。1分子を構成する炭素の原子の数が1個から3個までの飽和1価アルコール（変性アルコールを含む）をいう。ただし、飽和1価アルコールの含有量が60％未満の水溶液を除く。

イオン●原子や原子団が正または負の電荷（電気の成分）を帯びた粒子。

イオン化傾向●金属の陽イオンになる性質。金属は、水または水溶液中で電子を放出して陽イオンになったり、化合物になるときに陽イオンになったりする。

イオン化列●イオン化傾向の大小の配列。

異性体●同じ分子式を持つが、原子の結合のしかたによって分子の構造や性質が異なる化合物。

移送●法令上の用語。移動タンク貯蔵所で危険物を運ぶこと。

移送取扱所●配管、ポンプ、およびこれらに附属する設備によって危険物の移送の取扱いを行う取扱所（パイプライン）。

一般取扱所●給油取扱所、販売取扱所、移送取扱所以外で危険物を取り扱う取扱所。

移動タンク貯蔵所●車両に固定されたタンクで危険物を貯蔵し、または取り扱う貯蔵所。

陰イオン●負（−）の電荷（電気の成分）を帯びるイオン。例として、水酸化物イオン（OH^-）、塩化物イオン（Cl^-）がある。

引火点●液体から発生する可燃性気体が空気と混合し、点火源によって燃えだすのに十分な濃度の蒸気を発生する最低の液温。燃焼範囲の下限値の濃度を発生するときの液温にあたる。

運搬●法令上の用語。危険物を車両等によって1つの場所から他の場所へ移すこと。

液化●物質の状態変化の1つ。凝縮ともいう。気体が液体に変わる現象。このときの一定の温度を液化点といい、液化に伴う放熱を液化熱という。液化熱は潜熱の1つ。

液比重●液体や固体の比重のこと。

塩●酸の水素イオン（H^+）を他の陽イオンに置き換えた化合物。あるいは、塩基の水酸化物イオン（OH^-）を他の陰イオンに置き換えた化合物。同一濃度で同体積の酸と塩基の中和反応

で生じる。

塩基●水に溶けると電離して水酸化物イオン（OH⁻）を生じる物質。または、他の物質から水素イオン（H⁺）を受け取る物質。

炎色反応●金属を炎の中に入れると、その金属特有の色を発する現象。

屋外タンク貯蔵所●屋外のタンクで危険物を貯蔵し、または取り扱う貯蔵所。

屋外貯蔵所●屋外の場所で、第2類の危険物のうち硫黄、硫黄のみを含有するものもしくは引火性固体（引火点が0℃以上のものに限る）または第4類の危険物のうち第1石油類（引火点が0℃以上のものに限る）、アルコール類、第2石油類、第3石油類、第4石油類もしくは動植物油類を貯蔵し、または取り扱う貯蔵所。

屋内タンク貯蔵所●屋内のタンクで危険物を貯蔵し、または取り扱う貯蔵所。

屋内貯蔵所●屋内の場所で危険物を貯蔵し、または取り扱う貯蔵所。

温度●物質の温かさや冷たさを表す尺度。セ氏温度、カ氏温度、絶対温度がある。

界面活性剤●界面（2つの性質の異なる物質の境界面）の性質を変える物質。液体の表面張力を極端に小さくする働きがある。洗剤の主な成分。

化学式●元素記号を組み合わせて物質の組成や構造を示した式。

化学反応式●化学式を使って化学反応を示した式。

化学平衡●可逆反応において、正反応と逆反応の速さが等しくなり、見かけ上反応が進行していない状態。

化学変化●物質を構成する元素などの成分が変化し、異なる物質に変わる変化。変化を示す化学反応式がかける。

可逆反応●化学反応式において、正反応と逆反応が同時に進行する反応。

拡散燃焼●気体の燃焼形態の1つ。可燃性気体が連続的に供給され、空気と混合しながら燃焼可能な濃度の範囲に達し、炎を出して燃焼する形態。

化合●化学変化の1つ。2種類以上の物質から、異なる物質を生じる反応。

化合物●純物質の1つ。2種類以上の原子が結合してできる物質。化学式がかける。

可塑剤●第4類の第4石油類に属する物質。プラスチックや合成ゴムなどに加えて、流動性や柔軟性などを増加させる添加剤。フタル酸エステル、リン酸エステルなどの化合物がある。

活性化エネルギー●化学反応において、物質が変化するときの活性化状態を超えるのに必要な最小のエネルギー。

可燃物●燃焼の三要素の1つ。可燃性物質ともいう。酸化されやすい物質。

仮使用●製造所等の位置、構造または設備を変更する場合において、変更工事部分の完成検査を受ける前に、変更工事を行う部分以外の全部または一部について、市町村長等の承認を受けて仮に使用すること。

仮貯蔵・仮取扱い●製造所等以外の場所で、事前に所轄消防長または消防署長の承認を受けて、指定数量以上の危険物を10日以内の期間に限り、仮に貯蔵し、または取り扱うこと。

簡易タンク貯蔵所●簡易タンクで危険物を貯蔵し、または取り扱う貯蔵所。

還元●還元反応ともいう。物質が酸素を奪われたり、水素と化合する反応。または、物質が

電子を受け取る反応。
還元剤●相手の物質を還元する目的で使用する物質。自らは酸化される。
乾性油●ヨウ素価が130以上の動植物油類。一般に乾きやすく、自然発火しやすい。アマニ油、キリ油などがある。
完全燃焼●酸素の供給が十分な燃焼。炭素は完全燃焼すると二酸化炭素になり、炭化水素の化合物は完全燃焼すると二酸化炭素と水になる。
官能基●有機化合物の性質を特徴づける原子や原子団。
気化●物質の状態変化の1つ。蒸発ともいう。液体が気体に変わる現象。このときの一定の温度を沸点といい、気化に伴う吸熱を気化熱という。気化熱は潜熱の1つ。
希ガス元素●元素の周期表18族の元素。ヘリウム、ネオン、アルゴンなどがある。希ガス元素は、他の元素とは容易に反応しない不活性ガス。
危険等級●危険等級Ⅰ、危険等級Ⅱ、危険等級Ⅲに区分され、危険物の危険性の程度を示す。
危険物施設保安員●製造所等において、危険物保安監督者のもとで、製造所等の構造や設備の保安業務を行う者。
危険物取扱者●都道府県知事から交付された危険物取扱者免状を持つ者。免状には、甲種、乙種、丙種の3種類がある。
危険物保安監督者●製造所等において、危険物の取扱作業に関する保安の監督をする者。
危険物保安統括管理者●複数の製造所等を有し、大量の第4類の危険物を取り扱う事業所において、事業所全体の保安の業務を統括管理する者。
規則●法令上の略語。危険物の規制に関する規則のこと。
逆反応●化学反応式において、右辺から左辺へ進行する反応。
吸着熱●表面積の大きい可燃物が、物質の吸着に伴って蓄える熱。自然発火の原因となる。
吸熱●物質が熱を吸収すること。
吸熱反応●熱の吸収を伴う化学反応。
給油空地●給油取扱所の固定給油設備のうちホース機器の周囲に、自動車等に直接給油し、および給油を受ける自動車等が出入りするための、間口10m以上、奥行6m以上の空地。
給油取扱所●給油設備によって自動車等の燃料タンクに直接給油するため危険物を取り扱う取扱所。併せて、灯油もしくは軽油を容器に詰め替え、または車両に固定された容量4,000L以下のタンクに注入するため固定した注油設備によって危険物を取り扱う取扱所を含む。
凝固●物質の状態変化の1つ。液体が固体に変わる現象。このときの一定の温度を凝固点といい、凝固に伴う放熱を凝固熱という。凝固熱は潜熱の1つ。
凝固点降下●溶媒に不揮発性物質を溶かしたときの溶液の凝固点が、溶媒自身の凝固点よりも低くなる現象。
凝縮●物質の状態変化の1つ。液化ともいう。気体が液体に変わる現象。このときの一定の温度を凝縮点といい、凝縮に伴う放熱を凝縮熱という。凝縮熱は潜熱の1つ。
共有結合●原子と原子が互いに電子を共有して分子ができる化学結合。

クーロン力●静電気力ともいう。2つの荷電粒子（電荷を帯びた粒子）間に働く力。

軽金属●比重が4以下の金属。

掲示板●法令上の用語。製造所等において、防火上の必要な事項を示したもの。

警報設備●法令上の用語。火災などが発生したときに、従業員などに早期に知らせる設備。

限界酸素濃度●可燃物の燃焼に必要な酸素の最低濃度。

権限者●消防法で定められた、製造所等が手続きを行う相手。市町村長、都道府県知事、総務大臣のいずれかを指す。

原子●物質を構成する基本となる粒子。

原子団●分子構造に含まれる、共有結合によって結ばれた原子の集団。

原子量●元素の原子1個の質量を比べるための相対的な値。炭素原子1個の質量を12と決め、それを基準に他の原子の相対質量を表す。

元素●物質を構成する成分。

高引火点危険物●法令上の用語。引火点が100℃以上の第4類の危険物。

構造式●化学式の1つ。分子の構造を示すために、分子内の原子の結合のしかたを直線で表した式。

顧客に自ら給油等をさせる給油取扱所●顧客に自ら自動車等に給油させ、または灯油もしくは軽油を容器に詰め替えさせる給油取扱所。セルフスタンドのこと。

顧客用固定給油設備●顧客に自ら給油等をさせる給油取扱所（セルフスタンド）において、顧客に自ら自動車等に給油させるための固定給油設備。

顧客用固定注油設備●顧客に自ら給油等をさせる給油取扱所（セルフスタンド）において、顧客に自ら灯油または軽油を容器に詰め替えさせるための固定注油設備。

告示●法令上の略語。危険物の規制に関する技術上の基準の細目を定める告示のこと。

混合●物理変化の1つ。異なった性質の物質が混じり合うこと。

混合物●物質の種類の1つ。2種類以上の単体や化合物が混じり合った物質。化学式がかけない。

酸●水に溶けると電離して水素イオン（H^+）を生じる物質。または、他の物質に水素イオンを与える物質。

酸化●酸化反応ともいう。物質が酸素と化合したり、水素を奪われる反応。または、物質が電子を失う反応。

酸化還元反応●酸化反応と還元反応をまとめていう。酸化と還元は必ず同時に起こる。

酸化剤●相手の物質を酸化する目的で使用する物質。自らは還元される。

酸化数●酸化還元反応において、物質の酸化による変化の程度を示す値。化学反応では、物質の酸化数の変化によって、増えれば酸化、減れば還元と判断する。

酸化熱●酸化に伴って発生する熱。自然発火の原因となる。

酸化物●燃焼などの酸化によって生成される、酸素を含む化合物。

酸素供給源●燃焼の三要素の1つ。燃焼に必要な酸素を与える物質。空気や酸素のほかに、分解して酸素を発生する第1類や第6類の危険物も酸素供給源になる。

自衛消防組織●一定規模以上の製造所等を有する事業所に義務づけられる組織。火災等の事故が発生した場合に被害を最小限にするために編成される。

敷地内距離●法令上の用語。屋外タンク貯蔵所における、タンクの側板から敷地境界線までの距離。

自己燃焼●物質の燃焼形態の1つ。内部燃焼ともいう。分子内に多くの酸素を含む物質が自己反応を起こして分解し、外部からの酸素の供給がなくても燃焼する形態。例として、ニトロセルロース、セルロイドがある。

示性式●化学式の1つ。分子中の化合物の性質を決める官能基がわかるように、官能基を選び出して明記した式。例として、CH_3OH（メタノール）やCH_3CHO（アセトアルデヒド）がある。

自然発火●空気中で物質が酸化や分解などによって発熱し、その熱が長時間蓄積されることによって発火点に達し、点火源なしに燃焼する現象。

市町村長等●法令上の用語。市町村長、都道府県知事、総務大臣のこと。

指定数量●危険物の危険性を勘案して政令別表第三で定める数量。

シャルルの法則●気体の法則の1つ。圧力が一定の状態では、一定質量の気体の体積は温度に比例する。温度には絶対温度(K)を用いる。

重金属●比重が4より大きい金属。

重合●化学変化の1つ。簡単な分子が互いに結合して、分子量の大きな高分子（ポリマー）をつくる反応。

重合熱●重合に伴って発生する熱。自然発火の原因となる。

潤滑油●第4類の第4石油類に属する物質。タービン油、切削油、ギヤー油、シリンダー油などがある。

準特定屋外タンク貯蔵所●屋外タンク貯蔵所のうち、その貯蔵し、または取り扱う液体の危険物の最大数量が500kL以上1,000kL未満の貯蔵所。

純物質●物質の種類の1つ。ただ1つの成分からなる物質。単体と化合物がある。

常温常圧●一般に、20℃、1気圧の状態。

昇華●物質の状態変化の1つ。固体が直接気体に変わる現象、もしくは気体が直接固体に変わる現象。昇華に伴う吸熱または放熱を昇華熱という。昇華熱は潜熱の1つ。

消火の三要素●燃焼の三要素それぞれに対応した3つの消火方法。除去消火、窒息消火、冷却消火をいう。

消火の四要素●消火の三要素に、燃焼の継続に対応する抑制消火を加えたもの。

蒸気比重●標準状態（0℃、1気圧）での気体の密度と空気の密度（1.293g/L）との比で表す気体の比重。

状態変化●物質の三態間の物理変化。

蒸発●物質の状態変化の1つ。気化ともいう。液体が気体に変わる現象。このときの一定の温度を沸点といい、蒸発に伴う吸熱を蒸発熱という。蒸発熱は潜熱の1つ。

蒸発燃焼（液体）●液体の燃焼形態。液面から蒸発した可燃性気体が、空気と混合して燃焼

蒸発燃焼（固体）●固体の燃焼形態の1つ。加熱により液体となり、液面から蒸発した気体が燃焼する形態や、昇華性の可燃性固体が固体から直接気体になって燃焼する形態。例として、硫黄、固形アルコール（引火性固体）、ナフタリンがある。

蒸留●液体成分の分離、精製を行う操作。混合物をいったん蒸発させ、後で再び凝縮（液化）させることで、沸点の異なる成分を集める。

除去消火(効果)●消火方法(効果)の1つ。可燃物を取り去って消火する方法。

触媒●反応速度を変化させる物質。活性化エネルギーを小さくして反応速度を大きくする。反応の前後でそれ自体は変化しない。

所有者等●製造所等の所有者、管理者または占有者のこと。

所要単位●製造所等に必要な消火設備の能力を定めるときに用いる基準単位。消火設備の設置対象となる建築物等の面積や構造、危険物の指定数量により決められる。

水酸化物イオン●塩基が水に溶けたときに生じる陰イオン。OH^-で示す。

水素イオン●酸が水に溶けたときに生じる陽イオン。H^+で示す。

水素イオン指数●水素イオン濃度指数ともいう。溶液の酸性または塩基性の強弱を示す数値。pH（ペーハーまたはピーエッチ）で表す。pH 7が中性を示し、pH 7より数値が小さければ酸性を示し、pH 7より数値が大きければ塩基性を示す。

生成熱●反応熱の1つ。化合物1 molが構成元素の単体から生成するときに出入りする熱量。

製造所●危険物を製造する施設。

製造所等●法令上の用語。製造所、貯蔵所、取扱所のこと。

静電気●静止状態の電気。一般に、電気的に絶縁された2つの異なる物質が接触すると、一方が正（＋）の電荷を帯び、他方が負（－）の電荷を帯びることによって発生する。

正反応●化学反応式において、左辺から右辺へ進行する反応。

政令●法令上の略語。危険物の規制に関する政令のこと。

セ氏温度●日常生活で使われる温度で、1気圧下での氷の融点を0℃、水の沸点を100℃としてその間を100等分した温度の尺度。単位は℃で表す。

絶縁性●電気の通しにくさのこと。絶縁性の高いものは電気を通さない。

絶縁体●不導体ともいう。電気を通さない物質。

絶対温度●理想気体がシャルルの法則に従って体積ゼロとなる温度（-273℃）を絶対零度とする温度の尺度。単位はK（ケルビン）で表す。

セルフスタンド●顧客に自ら給油等をさせる給油取扱所のこと。

潜熱●物質の状態変化における、温度変化を伴わない熱エネルギー。融解熱、凝固熱、蒸発熱または気化熱、凝縮熱または液化熱、昇華熱はすべて潜熱。点火源にならない熱。

組成式●化学式の1つ。化合物を構成している原子の数の割合を最も簡単な整数比で示した式。

第1石油類●第4類の危険物の品名。アセトン、ガソリンその他1気圧において引火点が21℃未満のものをいう。

第2石油類●第4類の危険物の品名。灯油、軽油その他1気圧において引火点が21℃以上

70℃未満のものをいう。

第3石油類●第4類の危険物の品名。重油、クレオソート油その他1気圧において引火点が70℃以上200℃未満のものをいう。

第4石油類●第4類の危険物の品名。ギヤー油、シリンダー油その他1気圧において引火点が200℃以上250℃未満のものをいう。

第1種販売取扱所●取り扱う危険物の指定数量の倍数が15以下の販売取扱所。

第2種販売取扱所●取り扱う危険物の指定数量の倍数が15を超え40以下の販売取扱所。

体膨張●熱膨張の1つ。温度上昇に伴う体積の膨張。1℃(K)当たりの体膨張の割合を体膨張率という。

対流●熱の移動のしかたの1つ。温度差によって液体や気体が移動し、熱が運ばれる現象。

立会い●法令上の用語。製造所等において、危険物取扱者以外の者が危険物を取り扱うとき、または、定期点検を行うときに、危険物取扱者が立ち会うこと。

炭化●化学変化の1つ。有機物が酸素の少ない状態で加熱されたり、硫酸などによる強力な脱水作用を受けたりして、炭素分の富んだ物質になる反応。

単体●純物質の1つ。1種類の元素からなる物質。

地下タンク貯蔵所●地盤面下に埋没されたタンクで危険物を貯蔵し、または取り扱う貯蔵所。

置換●化学変化の1つ。化合物中の原子または原子団などが、他の原子または原子団に置き換わる反応。

窒息消火(効果)●消火方法(効果)の1つ。酸素の供給を断って消火する方法。

中和熱●反応熱の1つ。中和反応において、1molの水が生成するときに発生する熱量。

中和反応●同一濃度で同体積の酸と塩基を混合したときに、塩と水を生成する化学反応。中和といえば中和反応を指す。

潮解●固体が空気中の水分(湿気)を吸収して溶ける現象。

定期点検●製造所等の位置、構造および設備が技術上の基準に適合しているかどうかについて、所有者等が定期に行う点検。

電解質●水溶液中で電離し、その水溶液が電気を通す物質。

点火源●燃焼の三要素の1つ。熱源ともいう。可燃物と酸素が結びついて燃焼を起こすのに必要な着火エネルギーを持つもの。

電気伝導率●導電率ともいう。物質中の電気の通りやすさを示す値。電気伝導率が大きいほど電気は流れやすく、小さいほど電気は流れにくい。

伝導●熱の移動のしかたの1つ。熱が物質の中を次々に伝わっていく現象。

電離●水溶液中で溶質が陽イオンと陰イオンになる現象。溶質が電離した度合いを電離度という。

同時貯蔵●法令上の用語。危険物と危険物以外の物品との貯蔵、または、類の異なる危険物同士の貯蔵。

動植物油類●第4類の危険物の品名。動物の脂肉等または植物の種子もしくは果肉から抽出したものであって、1気圧において引火点が250℃未満のものをいう。

同素体●同じ元素からなるが、性質の異なる単体同士。例として、第2類の赤りんと第3類の黄りん、酸素とオゾン、ダイヤモンドとグラファイト（黒鉛）、単斜硫黄と斜方硫黄、ゴム状硫黄（硫黄は第2類）がある。

導体●良導体ともいう。電気を通しやすい物質。

導電性●物質中の電気の通りやすさのこと。通りやすさを示す値を導電率または電気伝導率という。

特殊引火物●第4類の危険物の品名。ジエチルエーテル、二硫化炭素その他1気圧において、発火点が100℃以下のもの、または引火点が-20℃以下で沸点が40℃以下のものをいう。

特定屋外タンク貯蔵所●屋外タンク貯蔵所のうち、その貯蔵し、または取り扱う液体の危険物の最大数量が1,000kL以上の貯蔵所。

ドルトンの法則●気体の法則の1つ。ドルトンの分圧の法則ともいう。混合気体の全圧は、各成分気体の圧力（分圧）の和に等しい。

内部燃焼●物質の燃焼形態の1つ。自己燃焼ともいう。分子内に多くの酸素を含む物質が自己反応を起こして分解し、外部からの酸素の供給がなくても燃焼する形態。例として、ニトロセルロース、セルロイドがある。

熱化学方程式●反応熱を加えた化学反応式。発熱反応の場合は発生する熱量を「＋」で表し、吸熱反応の場合は吸収する熱量を「－」で表す。

熱源●点火源のこと。

熱伝導率●熱の伝導の度合いを示す値。熱伝導率が大きいほど熱が伝わりやすく、小さいほど熱は伝わりにくい。

熱膨張●温度上昇により物質が膨張する現象。1℃(K)当たりの膨張する割合を熱膨張率という。

熱容量●物質の温度を1℃上げるために必要な熱量。

熱量●高温の物質から低温の物質に伝わる熱エネルギーの量。

燃焼●熱と光の発生を伴う酸化反応。

燃焼下限値●燃焼範囲のうち、濃度の最低値。下限値の低いものほど引火の危険性が高い。

燃焼上限値●燃焼範囲のうち、濃度の最高値。

燃焼点●可燃物の燃焼が継続するのに必要な濃度の蒸気を発生する温度。

燃焼熱●反応熱の1つ。1molの物質が酸素と反応して完全燃焼するときに発生する熱量。

燃焼の三要素●燃焼を起こすための3つの要素。可燃物、酸素供給源、点火源をいう。

燃焼の四要素●燃焼の三要素に、燃焼の継続を加えたもの。

燃焼範囲●点火によって燃焼が起こるのに必要な、可燃性気体と空気の混合気体の濃度範囲。燃焼範囲の広いものほど引火の危険性が高い。

能力単位●所要単位に対応する消火設備の消火能力の基準単位。

爆発範囲●燃焼範囲のこと。または、火源によって粉じん爆発が起こるのに必要な、空気中での粉じんの濃度範囲。

発火点●空気中で可燃物を加熱したとき、点火源がなくても自ら発火し燃焼する最低の温度。

発酵熱●物質内部の微生物による発酵や腐敗に伴って発生する熱。自然発火の原因となる。
発熱反応●熱の発生を伴う化学反応。
ハロゲン元素●元素の周期表17族の元素。フッ素、塩素、臭素、ヨウ素などがある。ハロゲン化物消火剤は、ハロゲン化物（ハロン類）の負触媒作用を利用した消火剤。
半乾性油●ヨウ素価が100〜130の動植物油類。ゴマ油、ナタネ油、綿実油などがある。
反応速度●反応の速さ。単位時間当たりの反応物質の濃度変化で表す。
反応熱●化学反応が起こるときに、発生または吸収する熱量。
販売取扱所●店舗において容器入りのままで危険物を取り扱う取扱所。
比重●液体や固体の密度と、1気圧4℃での水の密度（$1g/cm^3$）との比。密度と同じ数値を示すが単位がない。比重といえば、一般に液比重を指す。
非電解質●水溶液中で電離せず、その水溶液が電気を通さない物質。
比熱●質量1gの熱容量。または、物質1gの温度を1℃上げるための熱量。
標識●法令上の用語。危険物を貯蔵し、または取り扱う施設であることを示す標識。
表面張力●液体が表面をできるだけ小さくしようとする力。
表面燃焼●固体の燃焼形態の1つ。固体が表面で直接酸素と反応して、高温を保ちながら燃焼する形態。例として、木炭、コークス、練炭がある。
風解●固体結晶に含まれる水分（結晶水）が失われて粉末になる現象。
不活性ガス●他の物質との反応を起こさない安定な気体。窒素が代表的。
不乾性油●ヨウ素価が100以下の動植物油類。ヤシ油、ツバキ油、オリーブ油、ヒマシ油などがある。
不完全燃焼●酸素の供給が不十分な燃焼。炭素は不完全燃焼すると一酸化炭素になる。
不揮発性物質●蒸発しにくい物質。
ふく射●放射のこと。
負触媒●反応速度を遅くする触媒。
負触媒消火(効果)●抑制消火(効果)のこと。
物質の三態●物質の固体、液体、または気体のいずれかの状態のこと。物質の状態は、温度や圧力によって変化する。
物質量●$6.02×10^{23}$個の粒子の量。単位はmol(モル)で表す。化学反応式においては、化学式の係数が物質量を示す。
沸点●沸騰している物質が示す一定の温度。
沸点上昇●溶媒に不揮発性物質を溶かしたときの溶液の沸点が、溶媒自身の沸点よりも高くなる現象。
沸騰●物質の状態変化の1つ。液体の表面からだけでなく内部でも気化が起こる現象。液体の飽和蒸気圧と外圧とがつりあったときに起こる。このときの一定の温度を沸点という。
物理変化●物質の状態や形が変化するだけで、物質を構成する元素などの成分が変わらない変化。変化を示す化学反応式がかけない。
不導体●絶縁体ともいう。電気を通さない物質。

不動態皮膜●金属の腐食がそれ以上進行しないよう、金属の表面に形成された薄い酸化物の皮膜。

不燃性ガス●そのもの自体は燃えない気体。二酸化炭素が代表的。不活性ガスは不燃性ガスに含まれる。

不飽和結合●有機化合物の結合のしかた。二重結合（C=C）や三重結合（C≡C）を含む結合。

不良導体●熱または電気を通しにくい物質。

分解●化学変化の1つ。化合物が2種類以上の物質に分かれる反応。

分解熱●分解に伴って発生する熱。ニトロセルロースなどでは自然発火の原因となる。

分解燃焼●固体の燃焼形態の1つ。加熱により固体が分解され、発生する可燃性気体が燃焼する形態。例として、木材、石炭、プラスチックがある。

分子●複数の原子が共有結合で結びついてできる、物質の特性を示す最小単位。

分子式●化学式の1つ。分子を構成している原子の数を示した式。

分子量●分子の中に含まれる元素の原子量の和。

粉じん雲●空気中に一定の濃度で浮遊している粉じんの粒子。

粉じん爆発●微粉状の可燃性固体が空気と一定の割合で混合し、火源によって起こる爆発。

分留●蒸留法の1つ。蒸留を繰り返し、沸点の差を利用して各成分を分離する方法。

pH●水素イオン指数を表す記号。ピーエッチとも読む。

保安距離●製造所等において災害が発生したときに、その影響が付近の住宅や学校、病院などの保安対象物に及ばないようにするために定められた距離。

保安検査●移送取扱所と大規模な屋外タンク貯蔵所を対象に、構造や設備が技術上の基準にしたがって維持されているかどうかについて、市町村長等が行う検査。

保安講習●製造所等で危険物取扱作業に従事する危険物取扱者が、定められた期間内に受講しなければならない、危険物取扱作業の保安に関する講習。

ボイル・シャルルの法則●気体の法則の1つ。一定質量の気体の体積は、圧力に反比例し、絶対温度に比例する。

ボイルの法則●気体の法則の1つ。温度が一定の状態では、一定質量の気体の体積は圧力に反比例する。

放射●熱の移動のしかたの1つ。ふく射ともいう。高温の物体から出る光を熱エネルギーとして吸収し、この熱エネルギーのあたる部分の温度が上がる現象。

放熱●物質が熱を放出すること。

防爆構造●可燃性気体などが滞留するおそれのある場所において、発火や爆発が起こらないよう電気機械器具に施す構造。

防油堤●二硫化炭素以外の液体の危険物を貯蔵し、または取り扱う屋外貯蔵タンクの周囲に設けられた、危険物の流出防止用の囲み。

法令●略語。消防法、政令、規則、告示のこと。

飽和1価アルコール●二重結合（C=C）を持たない水酸基（-OH）が1つだけのアルコール。

飽和蒸気圧●見かけ上蒸発が止まった状態のときに、気体（蒸気）が示す圧力。

保有空地●危険物を取り扱う建築物などの周囲に、消火活動や延焼防止のために設けられた空地。

ボンディング●静電気防止策の1つ。導体同士を電気抵抗の小さい電線で電気的に接続して同電位に保つこと。

密度●単位体積当たりの物質の質量。単位は g/cm³ で表す。

無機化合物●炭素を含有していない化合物。一酸化炭素や二酸化炭素は炭素を含有しているが無機化合物に分類される。

迷走電流●回路から漏れた電流。直流電気鉄道が近い場所では、迷走電流により土中の鉄の腐食が進行しやすい。

mol●物質量の単位。物質 1mol 当たりの質量は、原子量や分子量の値に「g（グラム）」を付けた数値。

融解●物質の状態変化の1つ。固体が液体に変わる現象。このときの一定の温度を融点といい、融解に伴う吸熱を融解熱という。融解熱は潜熱の1つ。

有機化合物●有機物ともいう。炭素原子に水素、窒素、酸素などが共有結合で結びつき、決まった分子構造を持つ化合物。

陽イオン●正（＋）の電荷（電気の成分）を帯びるイオン。例として、水素イオン(H^+)、ナトリウムイオン(Na^+)がある。

溶液●溶解したときに得られる混合液体。溶媒が水である場合を水溶液という。

溶解●物質（溶質）が液体（溶媒）に溶けて均一な液体になる現象。溶質が溶媒に溶ける度合いを溶解度という。

溶解熱●反応熱の1つ。1mol の物質が多量の溶媒に溶解するときに出入りする熱量。

溶質●溶液において、液体に溶けている物質。

ヨウ素価●油脂 100g に吸収されるヨウ素のグラム数。ヨウ素価が大きいほど自然発火しやすい。

溶媒●溶液において、物質を溶かしている液体。

抑制消火(効果)●消火方法(効果)の1つ。燃焼の連鎖反応を抑制して消火する方法。

予混合燃焼●気体の燃焼形態の1つ。可燃性気体と空気が、あらかじめ燃焼可能な濃度範囲内の混合気体を形成したところで着火し、燃焼する形態。気体の爆発にあたる。

予防規程●製造所等の火災を予防するために、所有者等が定める自主保安に関する規程。

理想気体●ボイル・シャルルの法則や気体の状態方程式を成り立たせるために想定した、絶対温度0Kで体積がゼロになる気体。

リトマス紙●ある溶液が酸性であるか塩基性であるかを判定する pH 指示薬の1つ。酸性の場合は青から赤になり、塩基性の場合は赤から青になる。

良導体●熱または電気を通しやすい物質。

理論酸素量●可燃物を完全燃焼させるのに必要な酸素の量。

冷却消火(効果)●消火方法(効果)の1つ。燃焼物の温度を下げて、点火源となる熱を奪うことで消火する方法。

●監修者

赤染　元浩（あかぞめ　もとひろ）

1964年生まれ。京都で育つ。千葉大学大学院工学研究院教授。1993年京都大学大学院工学研究科博士課程修了。イェール大学博士研究員、千葉大学大学院准教授を経て、2012年より現職。工学部総合工学科共生応用化学コースで安全工学を担当し、危険物取扱者の受験を指導。危険物安全協会の受験者講習会の講師もつとめる。

監修書に『一発合格！ 乙種1・2・3・5・6類危険物取扱者試験テキスト&問題集』、『一発合格！ 甲種危険物取扱者試験テキスト&問題集』、『一発合格！ 甲種危険物取扱者試験＜ここが出る＞問題集』、『一発合格！ 乙種第4類危険物取扱者試験テキスト&問題集』、『完全攻略！ ここが出る！ 毒物劇物取扱者試験　テキスト&問題集』（いずれもナツメ社）、共著に『スパイラル有機化学—基礎から応用、発展へ!』（筑波出版会）、分担執筆に『改訂5版化学便覧基礎編』（丸善）、『第2版標準化学用語辞典』（丸善）などがある。

■スタッフ

●本文DTP／ライク・ワーク・カンパニー
●本文デザイン・編集協力／メビウス
●編集担当／原 智宏（ナツメ出版企画）

本書に関するお問い合わせは、書名・発行日・該当ページを明記の上、下記のいずれかの方法にてお送りください。電話でのお問い合わせはお受けしておりません。

・ナツメ社webサイトの問い合わせフォーム
　https://www.natsume.co.jp/contact
・FAX（03-3291-1305）
・郵送（下記、ナツメ出版企画株式会社宛て）

なお、回答までに日にちをいただく場合があります。正誤のお問い合わせ以外の書籍内容に関する解説・受験指導は、一切行っておりません。あらかじめご了承ください。

一発合格！ 乙種第4類危険物取扱者試験〈ここが出る〉問題集

2015年10月1日初版発行
2025年2月1日第15刷発行

監修者　赤染元浩
発行者　田村正隆
発行所　株式会社ナツメ社
　東京都千代田区神田神保町1-52　ナツメ社ビル1F（〒101-0051）
　電話　03(3291)1257(代表)　FAX　03(3291)5761
　振替　00130-1-58661
制　作　ナツメ出版企画株式会社
　東京都千代田区神田神保町1-52　ナツメ社ビル3F（〒101-0051）
　電話　03(3295)3921(代表)
印刷所　ラン印刷社

ISBN978-4-8163-5902-6　　Printed in Japan

（定価はカバーに表示しています）
（落丁・乱丁本はお取り替えします）

ナツメ社Webサイト
https://www.natsume.co.jp
書籍の最新情報（正誤情報を含む）はナツメ社Webサイトをご覧ください。

● 第4類の主な危険物

品名	水溶性	危険物名	比重	沸点 (℃)	引火点 (℃)	発火点 (℃)	燃焼範囲 (vol%)	指定数量 (L)
特殊引火物	非水溶性	ジエチルエーテル ($C_2H_5OC_2H_5$)	0.71	34.6	−45	160 (180)*1	1.9〜36(48)*1	50
		二硫化炭素(CS_2)	1.26	46	−30以下	90	1.3〜50	
	水溶性	アセトアルデヒド (CH_3CHO)	0.78	20	−39	175	4.0〜60	
		酸化プロピレン ($CH_3-CH-CH_2$ \ O /)	0.83	35	−37	449	2.3〜36	
第1石油類	非水溶性	ガソリン(混合物)	0.65〜0.75	40〜220*2	−40以下*2	約300	1.4〜7.6	200
		ベンゼン(C_6H_6)	0.88	80	−11	498	1.2〜7.8	
		トルエン($C_6H_5CH_3$)	0.87	111	4	480	1.1〜7.1	
		n-ヘキサン(C_6H_{14})	0.70	69	−22	240	1.1〜7.5	
		酢酸エチル ($CH_3COOC_2H_5$)	0.9	77	−4	426	2.0〜11.5	
		メチルエチルケトン ($CH_3COC_2H_5$)	0.8	80	−9	404	1.4〜11.4	
	水溶性	アセトン(CH_3COCH_3)	0.8	56	−20	465	2.2〜13.0	400
		ピリジン(C_5H_5N)	0.98	116	20	482	1.8〜12.4	
アルコール類	水溶性	メタノール(CH_3OH)	0.79	65	12	464	6.0〜36	400
		エタノール(C_2H_5OH)	0.79	78	13	363	3.3〜19	
		n-プロピルアルコール ($CH_3(CH_2)_2OH$)	0.8	97	23	412	2.1〜13.7	
		イソプロピルアルコール (($CH_3)_2CHOH$)	0.79	83	12	399	2.0〜12.7	

*1 ( )内の数値で示されている資料もある。
*2 自動車ガソリンの数値